Die Rosenfenster
der gotischen Kathedralen

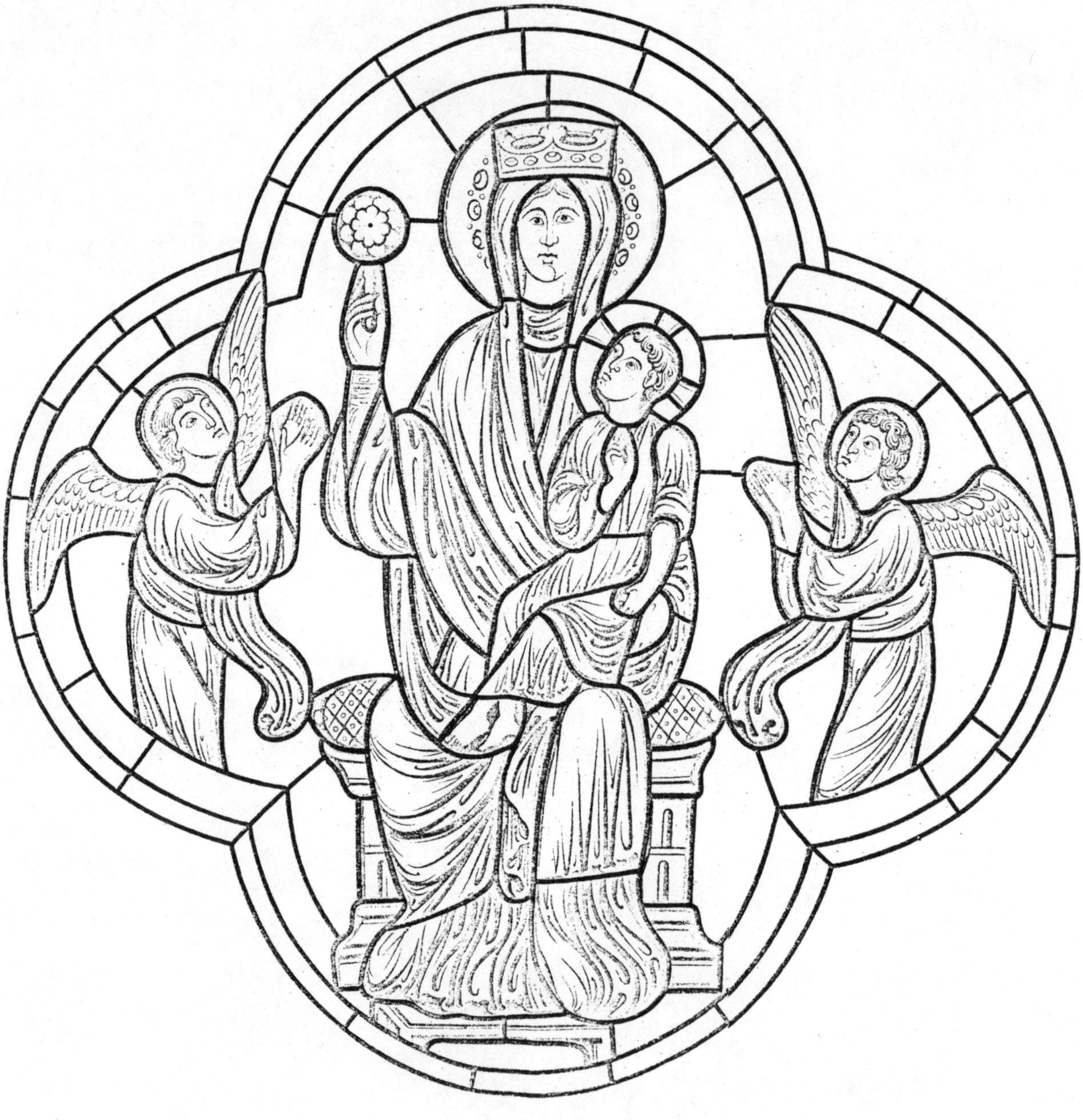

Painton Cowen

Die Rosenfenster der gotischen Kathedralen

Mit 141 Abbildungen,
davon 59 in Farbe

Herder Freiburg · Basel · Wien

Titelseite:
Jungfrau und Kind mit Rose;
Ostfenster in Laon

Meinen Eltern gewidmet

und allen meinen Freunden, die dieses Buch ermöglicht haben, besonders Ted Matchett und Guy und Piera de Vogüé. Ich möchte auch Anne und Alain Nérot danken, Jean-Pierre und Dinx Rosetti, Surgeon Captain E. C. (Buster) Glover RNR, Roger Godfrey, Lavinia Merton, Peter Lund, meiner Schwester Caroline, den Direktoren der Bezirksarchive in Frankreich und vielen anderen, die in verschiedener Weise geholfen haben. Tad Mann und Quentin Neill möchte ich meinen besonderen Dank für ihre hervorragende Arbeit bei der Herstellung der Strichzeichnungen aussprechen.
Die Fotografien im Tafelteil sind von mir, mit Ausnahme von Bild Nr. 17 (Washington DC), das Irwin Wensink zur Verfügung gestellt hat.

Ins Deutsche übersetzt von INGEBORG SCHMID
Die englische Originalausgabe erschien unter dem Titel ROSE WINDOWS
in der von Jill Purce herausgegebenen Reihe *Art and Imagination*
im Verlag Thames and Hudson, London

Dritte Auflage 1990

ISBN 3-451-21876-3

Inhalt

Licht in die Finsternis

Ein Geschenk der Vergangenheit 7
Ein Symbol der Wahrheit 8
Königin der Kathedralen 12

Bildteil 17

Die Entwicklung

Vom Rad zur Rose und zur Flamme 33
Die Rose in der Kathedrale 39
Das Glas in der Rose 41

Bildteil 49

Die Bedeutung

Läuterung – Weisheit 81
Das Universum – Die Hinwendung zum Einen 85
Von Zeit zu Ewigkeit – Rad und Rose 86
Ein Schlüssel zur Natur 90
Zahlen und Geometrie der Schöpfung 91
Erleuchtung – Wissen 95
Der Stern 95
Juwelenartiges Licht 95
Vereinigung – Liebe 97
Die erleuchtende Rose 97
Die Rose und der Gral 100
Das Königreich des Geistes 102

Bildteil 105

Göttliche Geometrie

Geometrische Grundformen 122
Schöpfung 128
Rosen für die Himmelskönigin 134
Offenbarung 136

Quellennachweis 141
Weitere Literatur 141
Stichwortverzeichnis 142

Machen wir etwas Schönes,
das noch lange leben soll,
wenn wir schon nicht mehr sind;
machen wir etwas Schönes,
das die hungrigen Seelen sättigt.

Ob es aus Holz oder Marmor,
ob es Musik, Kunst oder Poesie ist,
machen wir etwas Schönes,
damit des Menschen beengter Geist
frei werde.

Edward Matchett

Der Traum des Glasers, 1978, Tintenzeichnung von Quentin Neill

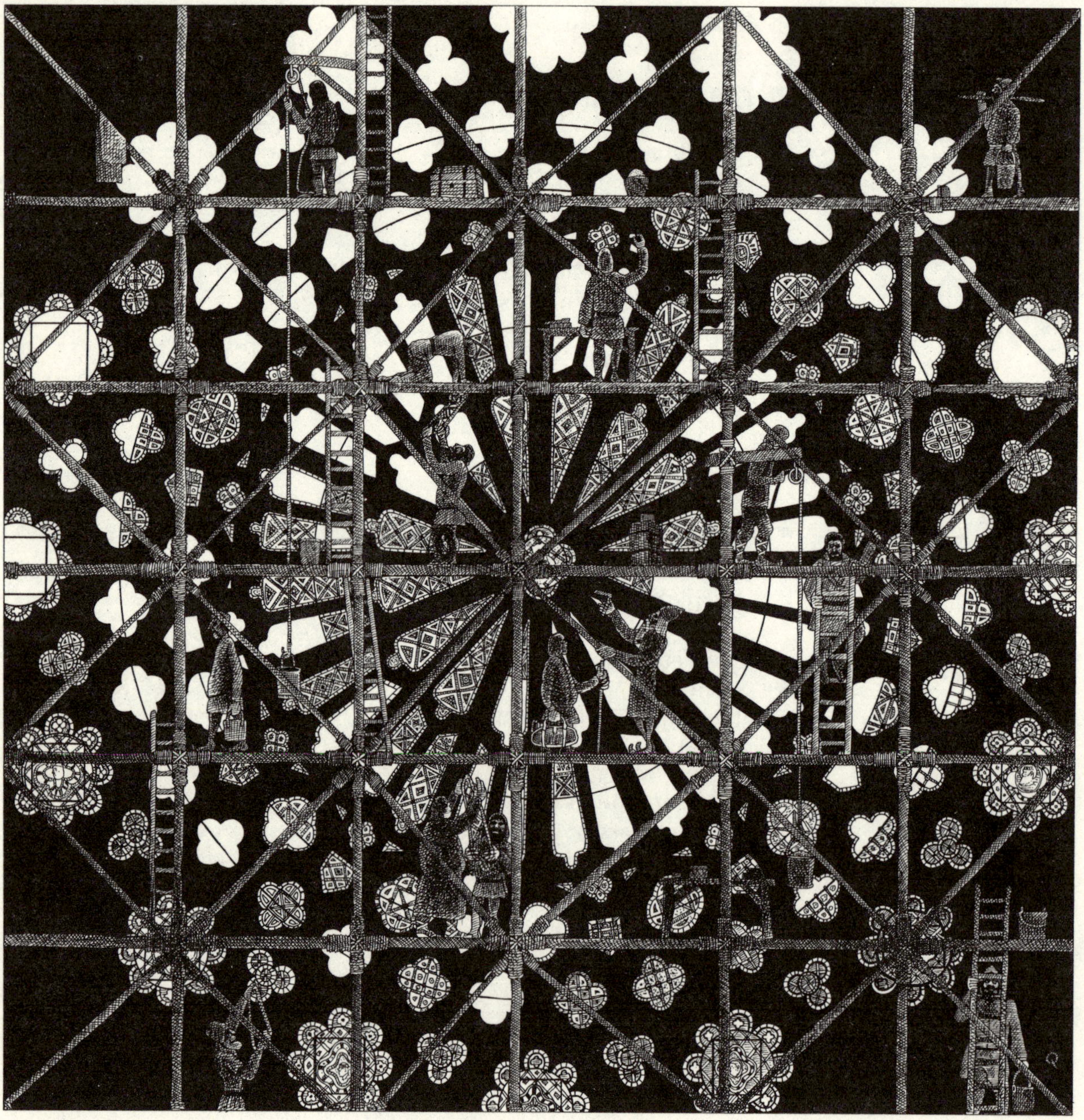

Licht in die Finsternis

Ein Geschenk der Vergangenheit

Die Fähigkeit, Schönheit zu schaffen, ist Gottes größte Gabe an den Menschen. Und der Sinn für Schönheit, sei sie von Menschenhand geschaffen oder natürlich, gibt nicht nur Freude, sondern ist zugleich ein wirksamer Aufruf zu etwas Größerem als man selbst ist. In seltenen Augenblicken unseres Lebens mag es uns gewährt werden, Verzauberung durch Schönheit zu erfahren, wenn eine Person, ein Platz, eine Ansicht, ein Gegenstand oder eine Situation uns im Innersten treffen und wir plötzlich die Welt in ganz anderem Lichte sehen. Solche Augenblicke sind oft begleitet von einer plötzlichen inneren Weitung und der Erkenntnis, daß das Leben weit mehr an Erfahrungen bereit hält und vieles, das unerfüllt bleibt. Mögen solche Augenblicke auch unerwartet auftreten, immer tragen sie den Charakter des Absoluten. Sie sind selten und flüchtig, aber sie hinterlassen bei uns ein Empfinden von Ehrfurcht und Verwunderung, von dem wir gewahr werden, daß es unser Geburtsrecht ist.

Die gotischen Kathedralen haben vielen Menschen etwas von dieser Erfahrung vermittelt. Ihre sich türmenden Höhen, betont durch die schlanken, aufsteigenden Säulen, die sich mit dem Gewölbe darüber verweben, schließen einen Raum ein, der verzaubert scheint durch die Spannung seiner Steinstruktur; und in diesen Schauplatz wird Licht gegossen, Licht von fast unendlichen Farbschattierungen, funkelnd wie Juwelen in der Sonne oder ruhig glühend im Licht eines bedeckten Himmels.

Ein wertvolles Schriftstück ist auf uns überkommen, das ausdrückt, was ein einzelner, Abt Suger, angesichts des ersten gotischen Gebäudes empfand. Als Abt Suger 1144 die Abtei Saint-Denis betrat, die auf seine eigenen Anweisungen hin gebaut worden war, schien es ihm, als besäßen die Juwelen und das Fensterglas in seiner neuen Kirche die Fähigkeit, das „Materielle ins Immaterielle zu verwandeln... Dann kommt es mir vor, als sähe ich mich selbst in einer seltsamen Gegend des Universums, die weder ganz im Schmutz der Erde existiert noch ganz in der Reinheit des Himmels, und ich fühle, daß ich durch die Gnade Gottes von dieser unteren Erde in die höhere Welt versetzt werden kann."[1]

Sugers gotisches Saint-Denis war sicherlich eine architektonische Neuerung, obwohl seine Kirche eine Anzahl von Merkmalen aufweist, die bereits in bestimmten Kirchen Englands und Frankreichs üblich waren. In Cluny wurden zum Beispiel schon Strebebögen verwendet, um die oberen Teile der Wände und die Gewölbe des Chores zu stützen; und in Durham wurde das erste Rippengewölbe um 1104 fertiggestellt. Auch hatte Cluny bereits Spitzbögen in seine romanische Struktur eingeführt. Buntes Glas gab es in Europa mindestens 100 Jahre vor Saint-Denis in verhältnismäßig kleinen Fenstern an bevorzugten Stellen mancher Kirchen. Aber als Suger alle diese Entwicklungen in einem einzigen Gebäude zusammenführte, war die Wirkung zauberisch. Das Gebäude erweckte nicht mehr den Eindruck jener massiven Schwere und Festigkeit, wie sie für den romanischen Stil charakteristisch sind; eine neue Leichtigkeit war gefunden, die eine neugewonnene Energie verriet, ein rastloses Höherstreben, gleichsam zum wirklichen Himmelsgewölbe.

Diese Kraft ist im Licht symbolisiert. Die Strebebögen ermöglichen es, viel Gewicht vom Gewölbe auf den Boden außerhalb des Gebäudes zu übertragen, und nun konnten an Stelle der bemalten romanischen Steinwände in Saint-Denis die riesigen Flächen von glühendem, farbigem Licht erscheinen. Es schien, als ob die Materie besiegt sei und das Licht diesen Sieg voll ausnütze, indem es hereinflutete in jeder Gestalt und Farbe, die Architekten und Glaser erfinden konnten. Fast jede gotische Kirche, die später gebaut wurde, wollte Abbild des Neuen Jerusalems sein, jenes Jerusalems in der Geheimen Offenbarung des Johannes, dessen Grundmauern mit kostbaren Steinen besetzt sind. Diese Idee ist in höchster Vollkommenheit verwirklicht in Chartres und, in kleinerem Maßstab, in der Sainte-Chapelle in Paris.

Unter diesen Abbildern des Paradieses, die während des 13. Jh. in ganz Frankreich aufkamen, finden wir häufig als höchstes Juwel die Rosenfenster. Sie sind zwischen Boden und Gewölbe angebracht, gleichsam zwischen Himmel und Erde, und sie bilden einzigartige, schön geschnittene Juwelen, die zahllose andere enthalten. Sie scheinen fast unirdisch, nicht meßbar, nach etwas Höherem strebend als die Kathedrale selbst. Die großen Rosenfenster von Paris und Chartres nehmen uns den Atem mit ihren großartigen Geweben von Glas, Blei und Stein; sie besitzen eine Vollkommenheit, wie sie die Geometrie hervorbringt, die, wie Rodin meint, „zu unserem Herzen spricht, weil sie das allgemeine Gesetz der Dinge ist"[2].

Der französische Architekt Eugène Viollet-le-Duc aus dem 19. Jh. machte eine ähnliche Erfahrung, während er das südliche Rosenfenster von Notre Dame in Paris betrachtete. In diesem Augenblick wußte er, daß es seine Bestimmung war, dazu beizutragen, dieses unschätzbare mittelalterliche Erbe Frankreichs retten zu helfen. Krieg, Nachlässigkeit, Plünderung hatten durch Jahrhunderte ihren Zoll gefordert. Wiederaufbau und Restauration dessen, was verloren oder beschädigt war, wurden für Viollet-le-Duc zum Beruf. Sein Werk, vollbracht zusammen mit anderen Restauratoren, wird oft geschmäht, doch muß anerkannt werden, daß ohne seine Forschungen und Bestrebungen nicht viel von den großartigen Kirchen und Kathedralen in Frankreich übriggeblieben wäre.

Trotz Beschädigungen und Ausbesserungen vermitteln die großen Rosenfenster auch heute noch etwas von jenem Staunen, das sie zur Zeit ihrer Entstehung ausgelöst haben. Dies ist in erster Linie der machtvollen und einzigartigen Formgebung innerhalb eines Kreises zu verdanken, einer Form, in der moderne Künstler immer noch unbegrenzte Möglichkeiten des Ausdrucks finden.

Das Auftauchen von Rosenfenstern in den Kathedralen ist eine Art Geheimnis. Sie waren ganz plötzlich um das Jahr 1200 da, und innerhalb von 50 Jahren hatten sie sich über ganz Frankreich verbreitet. Einige fanden sich auch in England, Italien, Spanien und Deutschland, aber sie blieben im wesentlichen ein französisches Phänomen. Um Paris finden wir die größten Schätze. In den drei frühen großen Kathedralen um Paris wurden die größtmöglichen Rosenfenster von Anfang an auf drei Seiten eingebaut, und in Laon vielleicht auf vier Seiten. Die Gründe für die Bevorzugung dieses Motivs können in der Symbolsprache und im geistigen Hintergrund der Epoche gefunden werden.

Ein Symbol der Wahrheit

Einer der wichtigsten Beiträge des Abtes Suger zur gotischen Architektur war die umfassende Anwendung typologischer Ikonographie, die Gegenüberstellung je eines neutestamentlichen Themas und eines aus dem Alten Testament, das ersteres vorzuformen scheint. So wird etwa die Geschichte von Jona und dem Walfisch als Vorbild der Auferstehung gesehen. In Chartres steht die Nordrose mit Königen, Priestern und Propheten der Südrose mit den 24 Ältesten der Apokalypse gegenüber. Das ist ein typologischer Bezug, der sich quer durch die Kirche spannt; das heißt durch die Kirche als räumliches Bauwerk, aber auch durch die Kirche als zeitliches Gebilde.

Das Gebäude selbst ist der beste Führer zum Verständnis dieser doppelten Rolle kraft seiner Anlage, die durch ihre räumliche Teilung in zwei Seiten – Nord und Süd – und die entsprechende zeitliche Teilung in Altes und Neues Testament sich letztlich auf die Menschwerdung bezieht. Zwischen beiden Bezugspunkten liegt das Schiff, als lateinisches Kreuz geformt, das vom gleicharmigen griechischen Kreuz vieler frühchristlicher Kirchen abgeleitet ist. Das Wort Schiff verrät eine tiefere Bedeutung, weil es vom lateinischen Wort navis kommt: Gemeint ist damit die Arche des Alten Testamentes, die einst alles

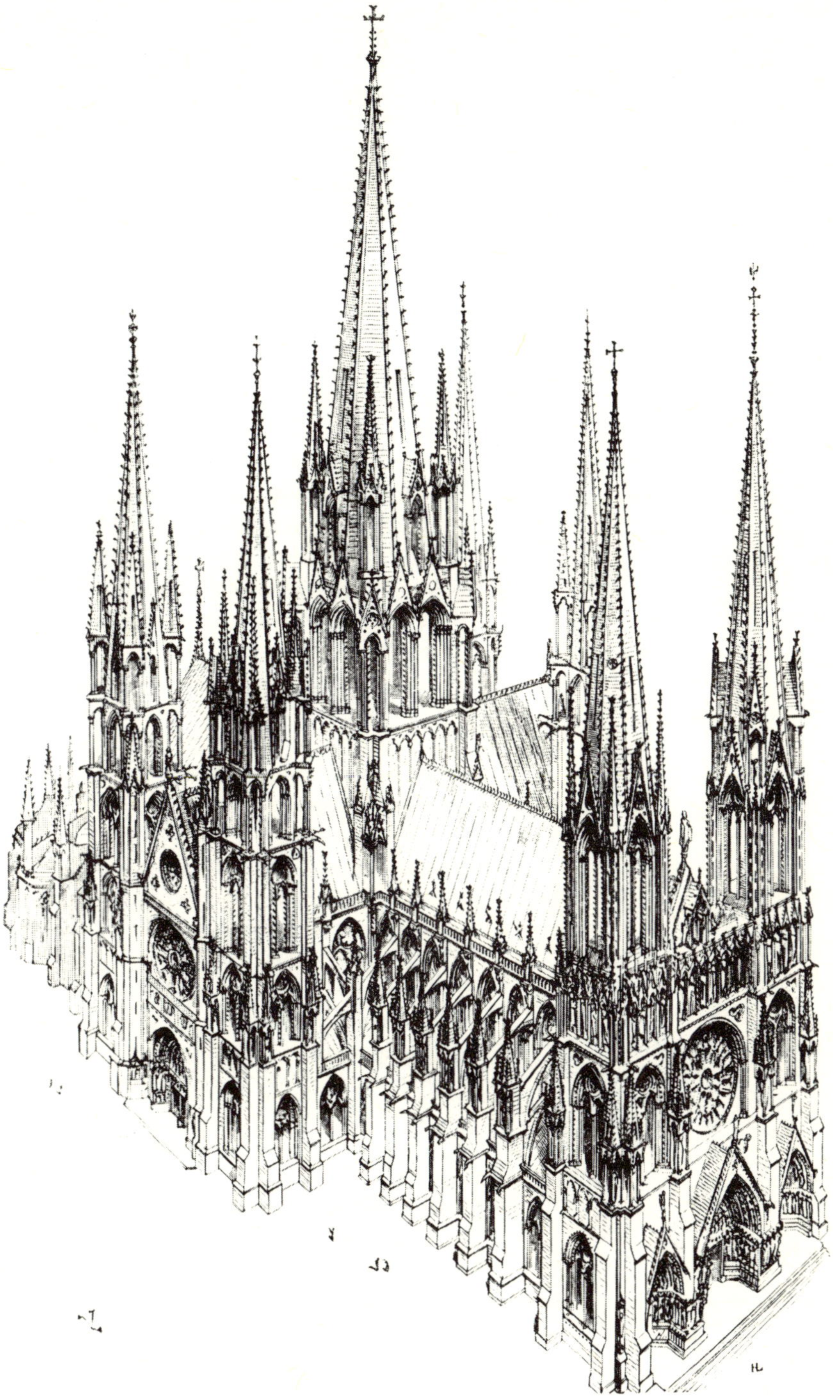

Die idealisierte Kathedrale, wie Viollet-le-Duc sie sich vorgestellt hatte, ist nie ausgeführt worden. Sechs der sieben Turmspitzen und die drei Rosenfenster sind zu den drei Fassaden ausgestaltet, die nach Norden, Süden und Westen blicken. Der Norden wurde im allgemeinen mit dem Alten Testament verbunden, der Süden mit dem Neuen Testament und der Westen mit dem Jüngsten Gericht

Leben vor der Flut rettete; sie wurde typologisch übertragen auf die Kirche des Neuen Testamentes. Die Arche wird so zu einer Art metaphysischem Gefäß, das die Menschheit durch die Zeit trägt; die Rosenfenster sind Sterne, die seine Fahrt lenken.

Aber es gibt noch eine andere Arche, die Arche des Bundes, oder das Gesetz, das Mose von Gott für die Menschheit anvertraut wurde. Diese beiden Archen sind in wesentlichen Punkten verwandt: die Arche des Bundes symbolisiert das Wissen, das durch die Geschichte getragen werden muß. Als sich Christus den Leiden der Passion unterzog, wurde der Vorhang des Tempels in zwei Teile zerrissen, was einen Wendepunkt in der Geschichte der Menschheit bedeutet. Von nun an sollte an den Mysterien der alten Welt nicht mehr länger festgehalten werden. Sie hatten ihren Zweck erfüllt: „Es ist vollbracht."

Die Fensterrose als ewiges Symbol übersteigt die Ausdruckskraft des Wortes. Im Inneren der Kathedrale sehen wir Steine, Licht, Farbe und Schatten, alles in Größe und Proportion nach menschlichem Maß gestaltet. Sie betonen das menschliche Dasein auf der Erde, während die senkrechte Richtung des Schiffes, des Chores und des Querschiffes die Sehnsucht nach Größerem in uns weckt. Die benachbarten farbigen Glasfenster erzählen Geschichten und Gleichnisse, das Leben der Heiligen und die ganze Geschichte von der Ausbreitung des Wortes Gottes. In den Rosenfenstern aber scheinen Dimension und Maß zu verschwinden, es scheint, als ob sie unendlich groß oder unendlich klein sein könnten. Sie stellen die ewige Wahrheit dar: den Logos, das Wort selbst. Im Christentum ist Christus der Logos. Er kommt in der Mitte jeder der drei Rosen zu Chartres vor, von denen jede seine dreifache Natur darstellt: Das Kind im Norden, den Auferstandenen im Süden, den Richter im Westen. Jede dieser Richtungen innerhalb des Gebäudes symbolisiert eine Zeit: der Norden die Vergangenheit (das Alte Testament), der Süden die Gegenwart (das Neue Testament) und der Westen die Zukunft (das Jüngste Gericht und die Schaffung des Neuen Jerusalems).

Durch den Logos werden alle drei in einer ewigen Gegenwart vereinigt; und im Rosenfenster ereignet sich aufgrund seiner reinen Form die Verwirklichung auf dem tiefsten Grund des menschlichen Bewußtseins. Rosenfenster sind, um den Ausdruck zu verwenden, der durch C. G. Jung bekanntgeworden ist, Mandalas (bzw. Mandorlas). Ihre radiale und hauptsächlich vierteilige Form erscheint spontan in Träumen und in der Kunst als Ausdruck der menschlichen Sehnsucht nach Ganzheit und Einheit: „Es ist ein Ordnungsmuster, das wie ein psychologischer Wegweiser in Form eines Kreuzes im Kreis oder als viergeteilter Kreis auf das psychische Chaos aufgelegt wird, so daß alles an den rechten Platz tritt und die wogende Verwirrung durch den schützenden Kreis zusammengehalten wird."[3]

Das Rosenfenster symbolisiert des Menschen höchste Sehnsüchte: Gottes Ordnung zu erkennen, eins mit ihm zu sein und schließlich Mitschöpfer mit ihm zu werden. Als Mandalas erfüllen sie die erste Aufgabe, die denjenigen gestellt ist, die sich mit dieser Suche beschäftigen. Sie befähigen sie, der strengen Anweisung von Psalm 46 zu gehorchen: „sei still und wisse, daß ich Gott bin."

Der Weg der christlichen Mystik schließt Studium, Denken, Betrachtung und Tätigkeit ein; im letzten sucht sie, die Lehre Christi besser zu verstehen, besonders die Worte: „Ich bin gekommen, damit sie Leben haben und es in Fülle haben" (Joh 10,10); Leben findet dabei seinen höchsten Ausdruck in der Tat. Aus diesem Grunde ist christliche Mystik „bemerkenswert und erfrischend irdisch, menschlich leidenschaftlich und weltlich", wie William McNamara sie beschreibt. Christliche Mystik ist ein Weg der Disziplin, der als Ziel die „höchste Form der Nächstenliebe erstrebt und nicht, wie es bei anderen mystischen Formen der Fall ist, ein geheimnisvolles Mittel, übernatürliches Wissen zu erwerben"[4].

Die erste Forderung der Mystik ist es, die Seele zu finden durch Reinigung, „vollkommen zu werden wie euer Vater im Himmel es ist (Matth 5,48). Diese Vollkommenheit ist in der Jungfrau Maria symbolisiert, die gewöhnlich als Mittelpunkt der Nordrose dargestellt wird. Sie verkörpert die Summe der Vergangenheit, sie ist Höhepunkt und reinste Form des Alten Testaments und von allem, was vor Christus kam. Die vollkommene geometrische Aufgliederung der Fensterfelder lädt den Betrachter zum Nachdenken ein über die mit den

Augen wahrgenommene Ordnung: still zu werden und mit sich selbst und der Welt in Einklang zu kommen, bevor er handelt. In diesem Sinne könnte das Rosenfenster der Schlüssel zur eigenen Seele genannt werden und die übrige Kathedrale der Schlüssel zu einer Weltsicht, die durch das Wort verklärt ist.

Aber hier sind Gefahren. Der anonyme mittelalterliche Verfasser der „Wolke des Nicht-Wissens" warnt seine Leser, daß ein Mensch, der die Kräfte der Seele nicht kennt, leicht getäuscht werden könne in seinem Verständnis: Mystik sucht Gnade, nicht als die Frucht der Anstrengung, viel eher als Geschenk Gottes. Der Vermittler der Gnade ist der Heilige Geist. Er schwebt in der Darstellung der Nordrose in Chartres in Gestalt einer Taube zur Jungfrau Maria herab, die das Christuskind in den Armen hält. Diese Mandala von auserlesener Schönheit lehrt das erste Erfordernis der Mystik: Eine Offenheit „wie die Unschuld der kleinen Kinder". Aber Gnade ist für die unwissende Seele auch Schutzmittel gegen das Böse, „die Welt, das Fleisch und den Teufel", wie es der hl. Paulus ausdrückt. Die Mandala-Form ist auch hier zutreffend: Sie symbolisiert, was Jung den Individuationsprozeß nennt, den Prozeß, durch den Individuum und Gemeinschaft ein Ganzes werden können. Dieses Ungleichgewicht, verursacht durch die Unfähigkeit, das Unbewußte anzuerkennen und mit ihm fertig zu werden, führte zu einer einseitigen Entwicklung der Persönlichkeit, zur Unkenntnis seiner selbst, zum fehlenden Ausdruck des echten Wesens, zu einer andauernden Vergegenständlichung und Projektion der eigenen Unausgeglichenheit in Gegenstände und Umstände außerhalb seiner selbst oder in Bilder, die aus dem Unbewußten aufsteigen. Aber Jung macht auch aufmerksam auf die Gefahren fehlgeleiteter Individuation, die unbewußte Freilassung von Kräften der Seele. Der christliche Kampf gegen den Teufel und all seine Werke kann in diesem Sinn erkannt werden als ein über dem Aberglauben stehender Kampf gegen den Terror des Unbewußten, ein Kampf zwischen Krankheit und Gesundheit, zwischen Wissen und Unwissenheit. Jung bemerkte, daß Mandalas dazu neigen, in Situationen psychischer Verwirrung zu erscheinen. Man kann sagen, daß eine solche Situation in der mittelalterlichen Bildwelt dargestellt ist in der „psychischen Verwirrung" des Jüngsten Gerichtes, wie sie die Westrosen von Chartres (Abb. 27, 29) und Mantes (Abb. 65) zeigen, mit der Gegensätzlichkeit von gut und böse, oben und unten, zwischen denen Christus als Mittler im Zentrum thront. Das 12. und 13. Jh. waren sicherlich Zeiten psychischer Verwirrung: Der Fanatismus der Kreuzzüge, der Kampf zwischen Glaube und Vernunft in der Kirche und an den Universitäten, die zunehmenden Häresien und die Kämpfe zwischen Kirche und Staat (exemplarisch dargestellt am Mord des Thomas von Canterbury), all das trug bei zum verwirrten Zustand der Seele in dieser Zeit. Diese Ereignisse gingen zwar über die Köpfe der meisten hinweg, aber alle erlebten die rücksichtslose und gefürchtete Inquisition. Und doch – bevor diese tragische Zeit der Kirchengeschichte in Spanien und den Albigenser-Kreuzzügen ihren Höhepunkt erreichte – war der Kathedralbau schon in Blüte, und Rosenfenster erschienen in der Île de France und verbreiteten sich schnell auch anderswo. In Jungscher Sicht würden sie als Ausdruck des Gruppenunterbewußtseins der Zeit gelten, denn Jung sah die spontane und sogar unbewußte Herstellung von Mandalaformen in Kunst und Architektur als die Schaffung von „Gefäßen", in welche jede Person (Künstler oder Betrachter) ihre Psyche hineinprojizierte und welche umgekehrt einen heilenden und wiederherstellenden Prozeß einleiten konnten.

Die ausstrahlende Form und das Muster der meisten Rosenfenster zeigen symbolisch die vielen Pfade zu dem einen Zentrum; sie entsprechen den vielen Wegen, die zum eigentlichen Selbst im Zentrum der Seele führen. Diese Reise ist die Sehnsucht des Mystikers: Dem Unendlichen im Zustand der Unschuld mit dem wahrhaften Selbst zu begegnen. Dies ist kein passiver Prozeß, da jeder

Schritt, der innerlich getan wird, bezahlt werden muß durch irgendeine Tat in der äußeren Welt, gefolgt von einer weiteren Zeit des Nachdenkens und einer weiteren Tätigkeit und so fort, wie Ausatmen und Einatmen; Gegensätze müssen in Einklang gebracht werden, nicht unähnlich der Aufnahme von „yin" und „yang" im Tao der chinesischen Philosophie. Das Gegenstück zu Tao ist in der christlichen Lehre „der Weg", mustergültig dargestellt durch Christus im Mittelpunkt des Rosenfensters, in der Mitte zwischen Himmel und Hölle.

Königin der Kathedralen

Paris war im 12. Jh. Mittelpunkt der mittelalterlichen Renaissance und spielte die Rolle eines Schmelztiegels des Wissens, das aus allen Teilen Europas und auch aus Gegenden des mittleren Ostens kam. Dieser Geist hielt sich durch den größten Teil des folgenden Jahrhunderts, bis Pest, Krieg und Erschöpfung seine Flamme auslöschten. Nach der Aussage des Architekturhistorikers Henry Adam wurden nach dem 13. Jh. „neun von zehn Kirchen bereits tot geboren ... Die Kirchenbaukunst wurde eine reine Angelegenheit von Mechanik und Mathematik"[5].

Die Kirchenbautätigkeit dieser Epoche war überreich. Henry Adams und Abbé Bulteau schätzen, daß etwa 80 Kathedralen und 500 Kirchen von fast Kathedralengröße in Frankreich allein in der Zeit zwischen 1170 und 1270 begonnen wurden, und viele von ihnen wurden in dieser Epoche fast beendet. Man schätzt, daß diese Tätigkeit mindestens ein Drittel von dem verschlang, was wir heute das Bruttosozialprodukt nennen. Diese Leistung des Kathedralenbaus ist ein Ereignis, das es vorher niemals gab und das es vermutlich auch

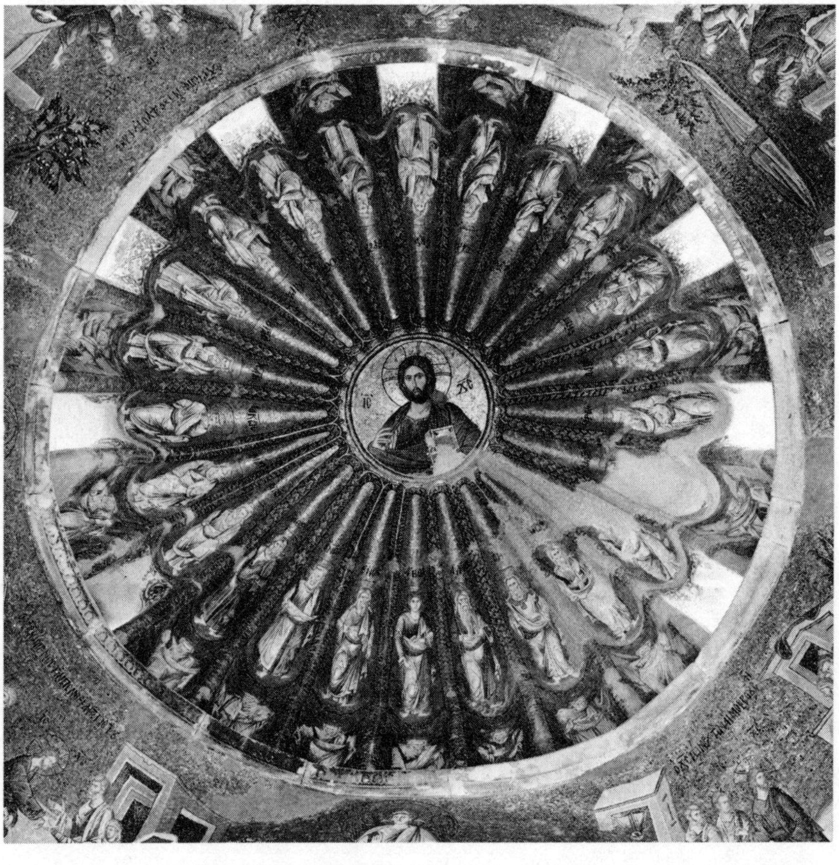

Die Kuppeln von frühchristlichen und byzantinischen Kirchen mit ihrer Mosaiken- und Freskengestaltung wählten oft ein mächtiges strahlenförmiges Muster um Christus als Pantocrator oder die Jungfrau mit Kind. Sie mögen wohl die Anlage der riesigen Rosenfenster beeinflußt haben, die in der Folge der ersten drei Kreuzzüge in der Gegend von Paris auftraten. 24 Propheten umgeben Christus im Kuppelmosaik der Kariye Camii in Istanbul (Foto des Dumbarton Oaks Center für byzantinische Studien, Washington, D. C.)

nie mehr geben wird. Rückblickend sehen wir lediglich, daß irgend etwas Leute aller Gewerbe und Klassen veranlaßte, ein Abenteuer zu wagen, das sie in einem in der Geschichte der Menschheit selten erreichten Grade zu Handwerkskunst und zu künstlerischer Leistung befähigte. Kenneth Clark drückt das Chartres-Phänomen in seinem Buch „Civilisation" so aus:

„... Die Gläubigen spannten sich vor die Karren, die die Steine brachten, und schleppten sie vom Steinbruch zur Kathedrale. Die Begeisterung breitete sich über ganz Frankreich aus. Männer und Frauen kamen von weit her und trugen schwere Lasten von Verpflegung für die Arbeiter – Wein, Öl und Korn. Unter ihnen waren Herren und Damen, die zusammen mit den anderen die Wagen schoben. Es herrschte vollkommene Disziplin und tiefes Schweigen. Alle Herzen waren vereint, und jeder vergab seinen Feinden."[6]

Und als sie ihre Kathedrale vollendet hatten – oder den größten Teil davon, weil ja wenige damals wirklich vollendet wurden –, müssen die Menschen das Gefühl gehabt haben, etwas geleistet zu haben, das sich in Worten nicht ausdrücken ließ. David Macaulay gibt uns in seinem vorzüglichen Buch „Cathedral" einen Einblick:

„Riesige Banner hingen vom Triforium, und alle Kerzen brannten an den Pfeilern. Als der Chor zu singen begann, füllte sich das Gebäude mit wunderbaren Klängen, und die Menschen, die meisten von ihnen Großenkel jener Männer, die den Grundstein gelegt hatten, wurden ergriffen von gewaltiger Ehrfurcht und großer Freude. 86 Jahre lang hatte die städtische Bevölkerung ein großes Ziel gemeinsam, und es war zuletzt erreicht worden."[7]

Die Renaissance des 12. Jh. kann nach Originalität und Energie mit jener von Florenz verglichen werden, die ungefähr 250 Jahre später stattfand, denn sie hat einen unverwischbaren Eindruck in der westlichen Kultur hinterlassen. Die frühen Kreuzzüge brachten aus dem mittleren Osten viel griechisches und arabisches Wissen und Anregungen mit, besonders auf dem Gebiet der Mathematik, der Baukunst, der Dichtung und der Philosophie. Die Werke des Aristoteles waren wiederentdeckt worden und wurden vereinigt mit einem davon getrennten Strom arabisch beeinflußten griechischen und jüdischen Gedankenguts, der sich in Spanien entwickelt hatte; und einige der Klöster – vor allem Cluny – hatten sogar den Koran studiert. Eine gemeinsame Sprache – Latein – verband die ganze scholastische Kulturgemeinschaft. Bischöfe, Geistliche und Gelehrte aus Frankreich, England, Italien, Deutschland und Spanien wechselten oft ihren Wohnsitz für einige Zeit und trugen so zur Verbreitung und Abwandlung des Wissens bei.

Von allen Schulen, die das Wissen des Zeitalters studierten und lehrten, war eine der ursprünglichsten und einflußreichsten die Schule an der Kathedrale von Chartres. Ihre Werke spiegeln die charakteristische Verbindung von neuerungsfreudiger Erregung und Ehrfurcht vor der Tradition wider:

„Wir sind als Zwerge auf die Schultern der Riesen gestiegen, so daß wir mehr und weiter als sie sehen können. Aber nicht kraft der Schärfe unserer Augen, noch wegen der Größe unserer Gestalt, sondern weil wir erhoben und getragen werden von dieser riesigen Menge".[8]

Mit diesen Worten zitiert John v. Salisbury Bernard von Chartres, der vielleicht der größte Kanzler dieser Schule war. In den zwanziger Jahren des 13. Jh., ein Jahrhundert nach Bernards Zeit, wurde das riesige südliche Rosenfenster eingesetzt, oberhalb von fünf Lanzettfenstern mit Darstellungen der Jungfrau Maria und der vier Evangelisten (Abb. 36); die Evangelisten erscheinen als Zwerge oder als junge Männer auf den Schultern von Riesen. War das ein Zufall – oder ein Wunsch, den Einfluß Bernards und der Schule anzuerkennen?

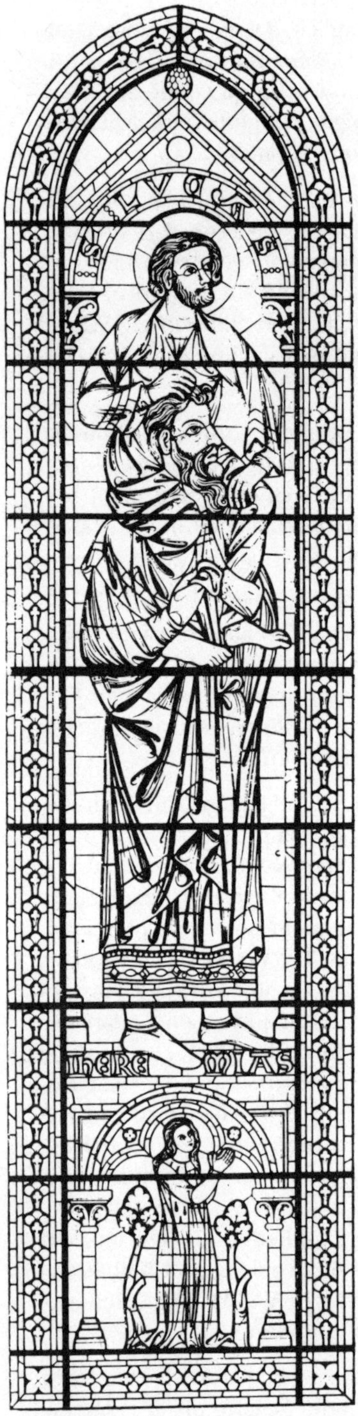

Evangelisten auf den Schultern der Propheten: der hl. Lukas auf Jeremias und Matthäus auf Jesaja. Zwei der Lanzettfenster unterhalb des südlichen Rosenfensters der Kathedrale von Chartres

Es besteht kein Zweifel, daß sein Werk und seine Erkenntnisse wesentliche Faktoren sind zum Verständnis der Kathedrale von Chartres und aller in diesem lebendigen gotischen Geist erbauten Kirchen. Denn Chartres ist darin einzigartig, daß sein ikonographisches Programm in Glas und Stein vielleicht das vollendetste seiner Zeit war und daß es heute noch mehr oder weniger erhalten ist.

Friedrich Heer bezeichnet die Schule als das „vielleicht leuchtendste Symbol der geistigen Bewegung des 12. Jh. in ihrer ursprünglichen Jugendlichkeit und ungeheuren Kühnheit“[9]. Zu den Riesen, auf denen sie weiterbauten, gehörten Plato, Plotin, Boethius, St. Augustin und die Bibel. Ihre freie und vorurteilslose Haltung dem Erwerb von Wissen gegenüber befähigte die Gelehrten von Chartres, ihren christlichen Glauben weiter zu entwickeln im Lichte klassischer Klarheit, islamischer Hingabe und arabischen Denkens. Sie folgten genau dem Rat des frühen Mystikers Hugo von St. Victor: alles zu lernen, was möglich war. Aus christlichen und heidnischen Quellen gleicherweise studierten sie das Erschaffene, um den Schöpfer kennenzulernen.

„Durchschaubarkeit“ (Intellectibilitas), schreibt Heer, „war ein neues, in Chartres geprägtes Wort und offenbart den leitenden Grundsatz: Gott, der Kosmos, Natur und Menschheit können geprüft, mit Vernunft bedacht und gemessen werden in ihren Verhältnissen nach Zahl, Gewicht und Harmonie“.[10] Eines der frühesten für die Schule von Chartres wegweisenden Werke war Kanzler Thierrys *Hexameron,* oder „Sechstagewerk der Schöpfung“, das größtenteils auf den Theorien des Pythagoras von der Bedeutung der Zahl aufgebaut war. Es führte zu einer Würdigung Gottes als dem in allen Dingen Seienden: „Alle Zahlen leiten sich her aus der Einheit: alle Dinge von Gott.“[11] Als das 12. Jh. fortschritt, wandelte die Schule Thierrys Auffassung von der Schöpfung in ein Verständnis der Schöpfung in jedem Augenblick um. Werke von Plotin und Boethius waren besonders bedeutend, weil sie auf der Bibel aufbauten, ebenso Platos Timäus, weil er half, einen Begriff von Natur und Weisheit als schöpferischer Kraft des Kosmos zu formulieren. Und in Bernhards de Silvestris *De mundi universitate* treffen wir die Göttin Natur als die ewige, fruchtbare Mutter aller Lebewesen. Die Natur wurde als schöpferische Kraft (vor allem bei Alain de Lille, einem anderen Gelehrten der Schule) mit dem Eros des klassischen Altertums gleichgesetzt, der im christlichen Sinne zur Liebe Gottes wird. Auch er sah Zahlen als die bindende Kraft des Kosmos an.

Die Schule von Chartres scheint einen Begriff der Evolution erarbeitet zu haben, der gespeist ist aus allen verfügbaren Quellen – christlichen und heidnischen gleicherweise –, die das Alte Testament, Zahlen, Geometrie, Natur, Kosmos, göttliche Liebe und das Neue Testament umfaßten. Es ist vor allem der Logos, das Wort, aus dem Johannesevangelium (Joh 1,1), das gesehen wird im Licht der jüngsten Wissenschaft des Zeitalters. Johannes sah Christus als das menschgewordene Wort Gottes an oder, anders gesagt, als die Personifikation und Offenbarung des philosophischen Begriffs des Logos. Dieser wurde im 1. Jh. n. Chr. von den Gelehrten in Alexandria erkannt als das schöpferische Prinzip des Universums innerhalb der absoluten Vernunft, tätig in allen Dingen, von den Sternen angefangen bis zu den Schneeflocken und letztlich bis zu den Angelegenheiten der Menschen. Diese Verschmelzung von griechischem, ägyptischem und jüdischem Gedankengut fand ihre Hauptsynthese und ihren Ausdruck durch Philo von Alexandria. Es war der hl. Johannes, der die Bedeutung dieser Philosophie für die Zukunft des Menschengeschlechts sah und ihre von der Vorsehung bestimmte Gleichzeitigkeit mit Christi Dienst auf Erden erkannte.

Das Studium der Philosophie des Logos scheint (entsprechend der Meinung des mittelalterlichen Gelehrten J. van der Meulen) die Schule von Chartres dazu geführt zu haben, ihr eigenes Werk als Beitrag zu Gottes Ordnung in der

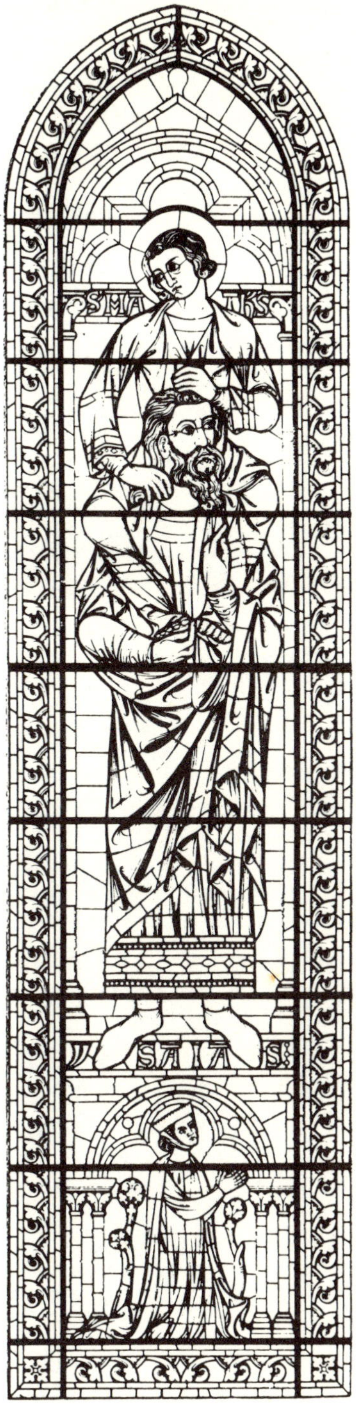

Schöpfung zu sehen[12], so daß, in Übereinstimmung mit dem klar entfalteten Plan der Schöpfung, die Welt bereit war, neues Wissen durch die Schule selbst aufzunehmen. Auf diese Weise hatte die Schule die Anrufe des Heiligen Geistes beantwortet, denn sie sah Studien des Logos als die Grundlage für die Lehre von der göttlichen Vorsehung an.[13] Die treibende Kraft der Vorsehung verkörperte der Heilige Geist, der, wie Kanzler Thierry es sah, „die geschaffene Materie liebt und beherrscht"[14].

In der Kathedrale von Chartres gibt es zwei kleine Rosetten hoch über den Lichtgadenfenstern, eine im nördlichen Querschiff und eine im Chor (Abb. 8). Beide stellen Christus dar, der als Schöpfer über dem vorzeitlichen Chaos thront. Seine linke Hand hält die Erdkugel des Kosmos, in Land, Meer und Himmel aufgeteilt, mit dem Schloß der Menschheit in der Mitte; seine rechte Hand ist segnend erhoben. Es ist ein direktes Porträt von Christus als dem Logos, dem Mittler zwischen Himmel und Erde. Die viel größeren Rosenfenster in Chartres können gesehen werden als wirklicher Ausdruck des Logos – das eine zeigt im Mittelpunkt Christus als das Wort, das Fleisch geworden ist, und das andere im Mittelpunkt die Mutter Christi. Jedes Rosenfenster ist ein Symbol der göttlichen Liebe, des Universums und der Ewigkeit, aber es ist auch eine Konstruktion, die Geometrie, Zahl und Licht verkörpert; und alle diese Momente gehören zum Logos.

Jedes der Rosenfenster von Chartres hat etwas Besonderes an sich (Analysen S. 122–26). Das des nördlichen Querschiffs (Abb. 6) ist gebaut nach den drei sich überlagernden Sätzen der Geometrie. Einer dieser Sätze basiert auf den Fibonacci-Reihen – ein mathematisch-geometrisches Phänomen, das unter anderem das Wachstum und die Stellung der Blätter und der Blüten gewisser Pflanzen bestimmt. Ein zweites geometrisches Gesetz vereinigt alle größeren Züge eines Fensters zu einem System von gleichseitigen Dreiecken, und ein drittes führt auf, was durch die beiden anderen geschaffen wurde. Aber da ist noch mehr: Denn die Zahl 12, die dem ganzen Fenster zugrunde liegt, ist das Ergebnis von 3 und 4. Die 3 symbolisiert den Geist (Dreieinigkeit), die 4 die Materie (die Elemente). Das Ergebnis 12 enthält alle möglichen Verbindungen von 4 und 3 und symbolisiert die Eingießung des Geistes in die Materie des ganzen Kosmos, dessen Abbild die Rose selbst ist. So kann die Wirksamkeit des Geistes in dem Fenster auch gesehen werden als eine vierfältige oder „vierdimensionale" Taube, weil der Geist immerwährend handelt, wie Thierry es ausdrückt, „durch alle Zeiten und Räume, alles Geschaffene liebt und lenkt". Als Symbol dieser Liebe verkörpert die Rose den Eros oder die göttliche Liebe der schaffenden Kraft des Kosmos. Sie ist eine vollkommene Verschmelzung und Offenbarung der Philosophie der Schule: ein Ding von größter Schönheit, geschaffen vom Menschen für Gott.

Die christliche Verkörperung des Ideals göttlicher Liebe ist die Jungfrau Maria. Als Mutter Gottes wird sie zu Unserer Lieben Frau von Christi Kirche. Ihr sind die meisten der großen französischen Kathedralen gewidmet. Wie einst die Rose die Blume der Aphrodite war, wird sie auch die Blume Marias. Die Rose ist ein Symbol der Liebe und der Vereinigung; übertragen auf das Rosenfenster stellt sie die Liebe des Schöpfers dar. Es ist sowohl eine Schau der Welt und des Kosmos als auch durch die Mandala-Rose ein Symbol der Ganzheit, die der Welt auferlegt ist.

Wo soll man beginnen?
Es gibt keinen Anfang. Beginnt beim Eingang, verweilt vor dem, was euch reizt. Und arbeitet! Schritt für Schritt werdet ihr das Ganze erfassen. Mit wachsendem Interesse werdet ihr zu einer Methode des Erfassens gelangen. Und Einzelheiten, die ihr beim ersten Hinsehen aussondert, um sie genauer zu betrachten, werden sich zum Gesamteindruck verbinden.

In der friedlichen Einsamkeit solcher Arbeit lernen wir zuerst Geduld, aus der wir wiederum Energie erfahren, und diese Energie gibt uns ein immerwährendes Jungsein, das aus Begeisterung und Konzentration entspringt. Mit dieser Einstellung erkennen und verstehen wir das Leben, jenes köstliche Leben, das wir durch die Verkünstelungen unseres engen und unfreien Geistes entwürdigen, obwohl wir von Meisterwerken der Natur und Kunst umgeben sind. Doch wir verstehen diese nicht mehr, wir sind trotz all unserer Unruhe blind, blind inmitten dieser Herrlichkeiten.

Wenn wir jedoch die Kunst der Gotik verstehen könnten, würden wir unaufhaltsam zur Wahrheit zurückgeführt werden.

Auguste Rodin in „Die Kathedralen Frankreichs".[15]

1 Die Höhensehnsucht der Gotik war in Beauvais an ihre Grenze geführt, wo die Gewölbe eine schwindelnde Höhe von 66 m erreichten. 1284 fiel der Chor zusammen und wurde, mit Abwandlungen, wiederaufgebaut. Ein Teil stürzte 1573 erneut zusammen, ebenso die Turmspitze. Doch die Querarme mit ihren Rosenfenstern überlebten. – Beauvais, Nordquerhaus, 1537, modernes Glas von Max Ingrand

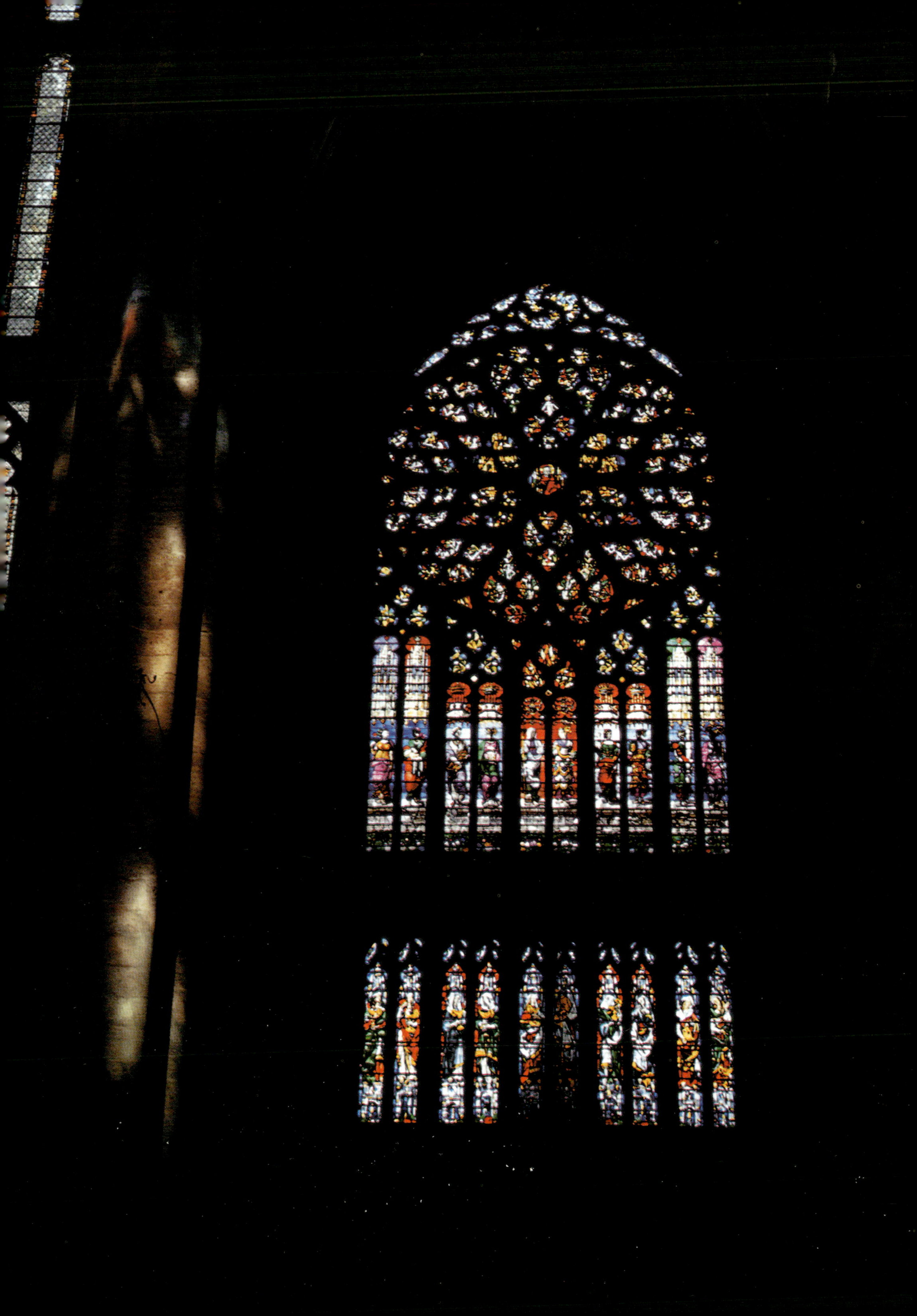

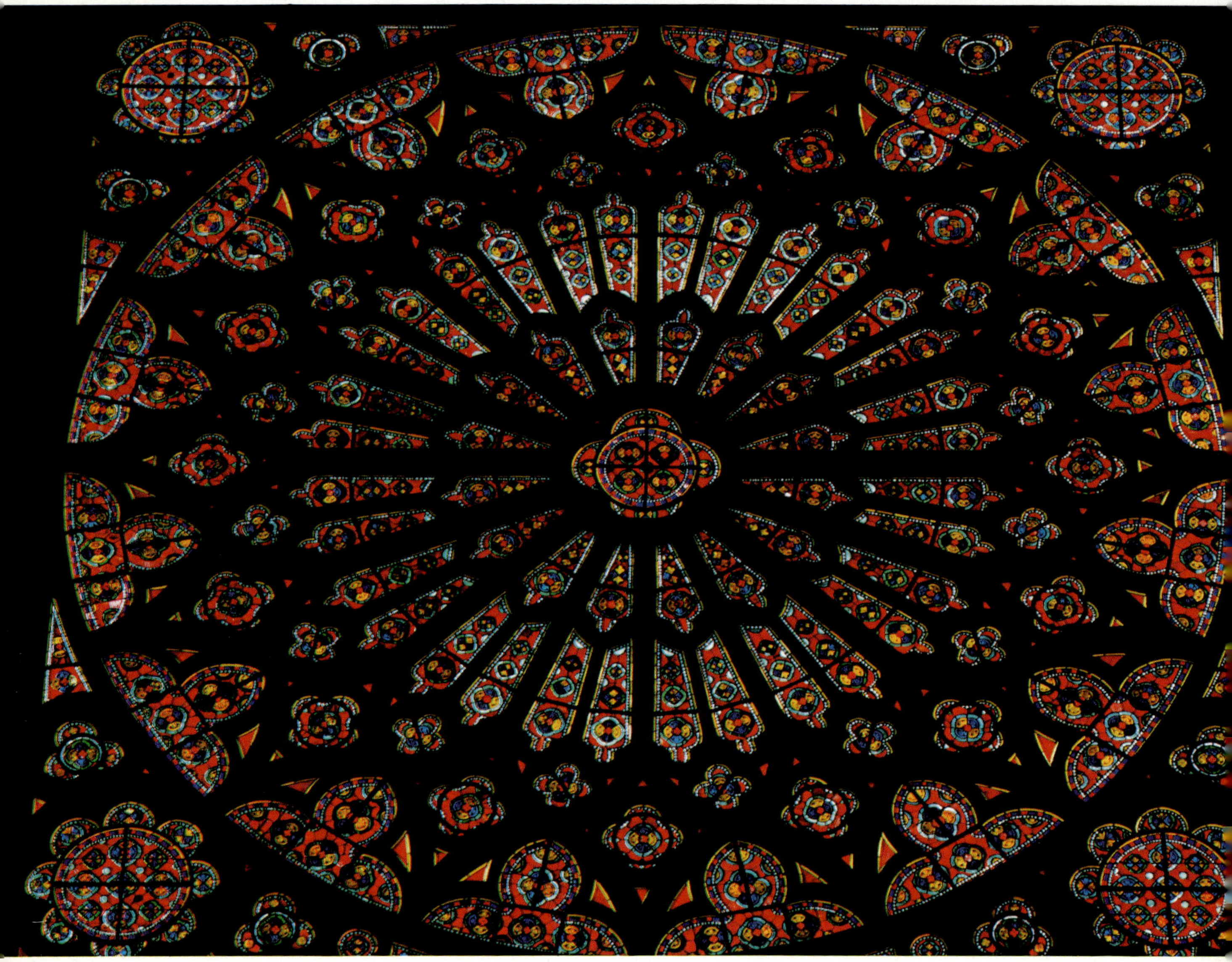

2 In einer Anzahl von Rosenfenstern ist das der christlichen und islamischen Symbolik eigene Bestreben, das Endliche mit dem Unendlichen durch das Quadrat und den Kreis zu verbinden, deutlich sichtbar. – Clermont-Ferrand, Südrose, 14. Jh., das Glas wurde 1903 renoviert

3 Licht war in der mittelalterlichen Auffassung eine metaphysische Substanz, welche die Macht besaß, die Seele zu verwandeln. – Straßburg, Westrose, um 1318, Glas nach einem Sturm 1840 renoviert

Umseitig:
4, 5, Farbe, Licht und Sonnenstrahlen erzeugen oft eigenartige Eindrücke: Rot herrscht in der großen Westrose in Reims stark vor, wenn die Sonne direkt vor dem Fenster steht. Bei Sonnenuntergang jedoch, wird sie ein glühender Feuerball, der das Ende der Zeit heraufbeschwört. Der Gegenstand ist der Marientod, der sowohl das Ende der Kirche wie auch das Ende der Zeit symbolisiert; Maria ist hier umgeben von den zwölf Aposteln und den himmlischen Chören; in den äußersten Kreisen sind die Könige unter den Vorfahren Marias dargestellt, während im Tympanon Christus zwischen Sonne und Mond sitzt, der die Seele seiner Mutter empfängt. – Reims, Westrose, um 1270, stark restauriert

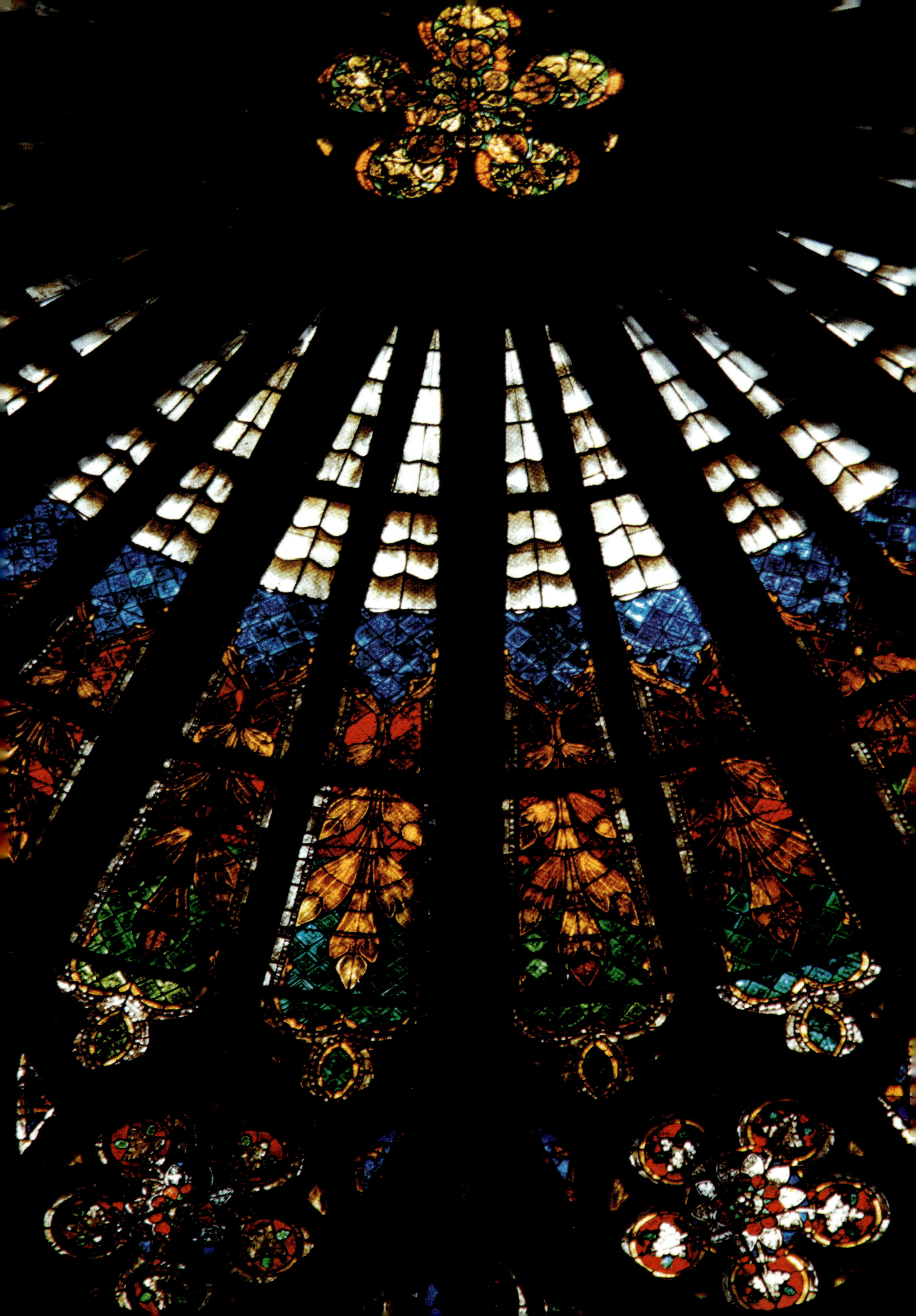

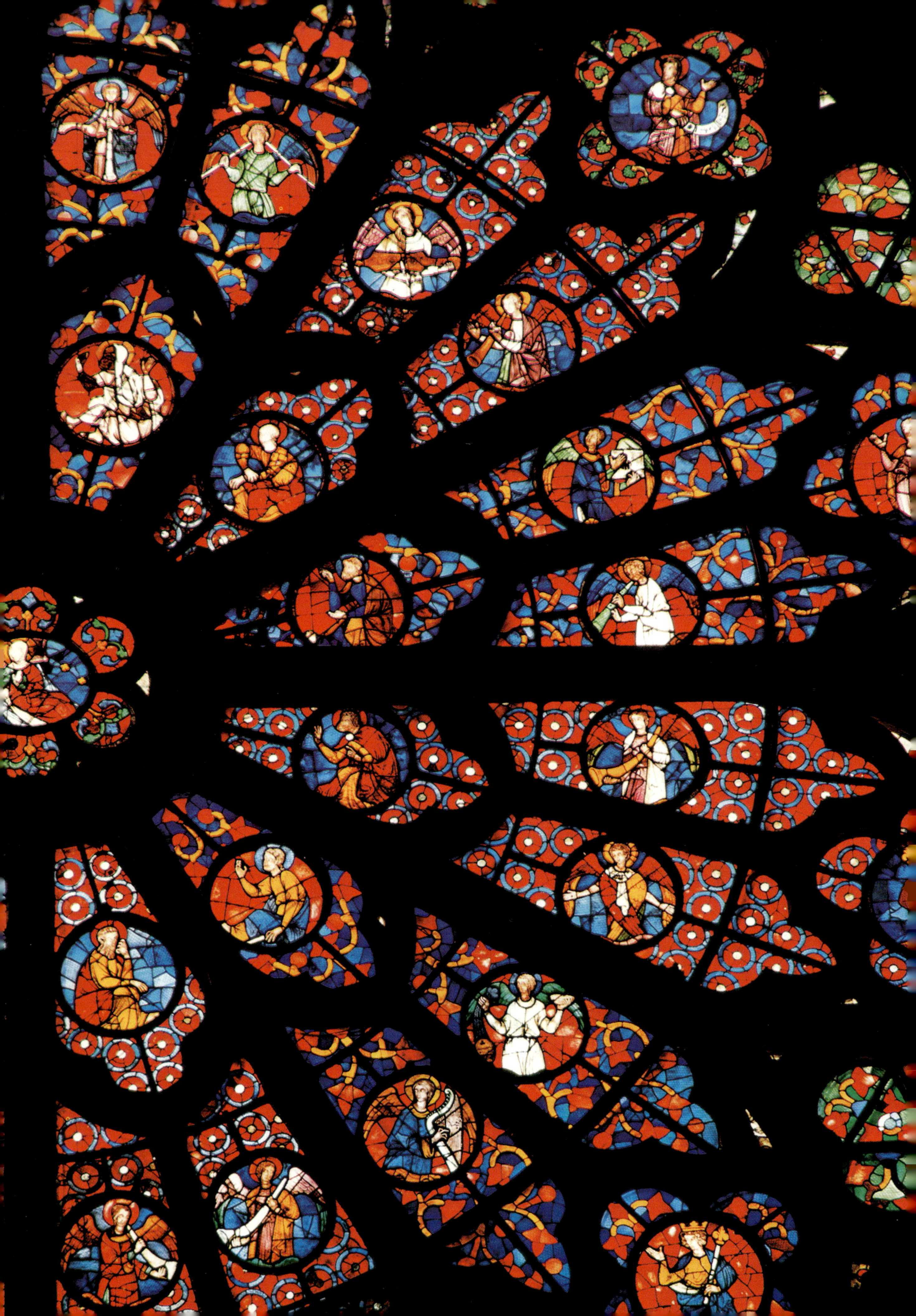

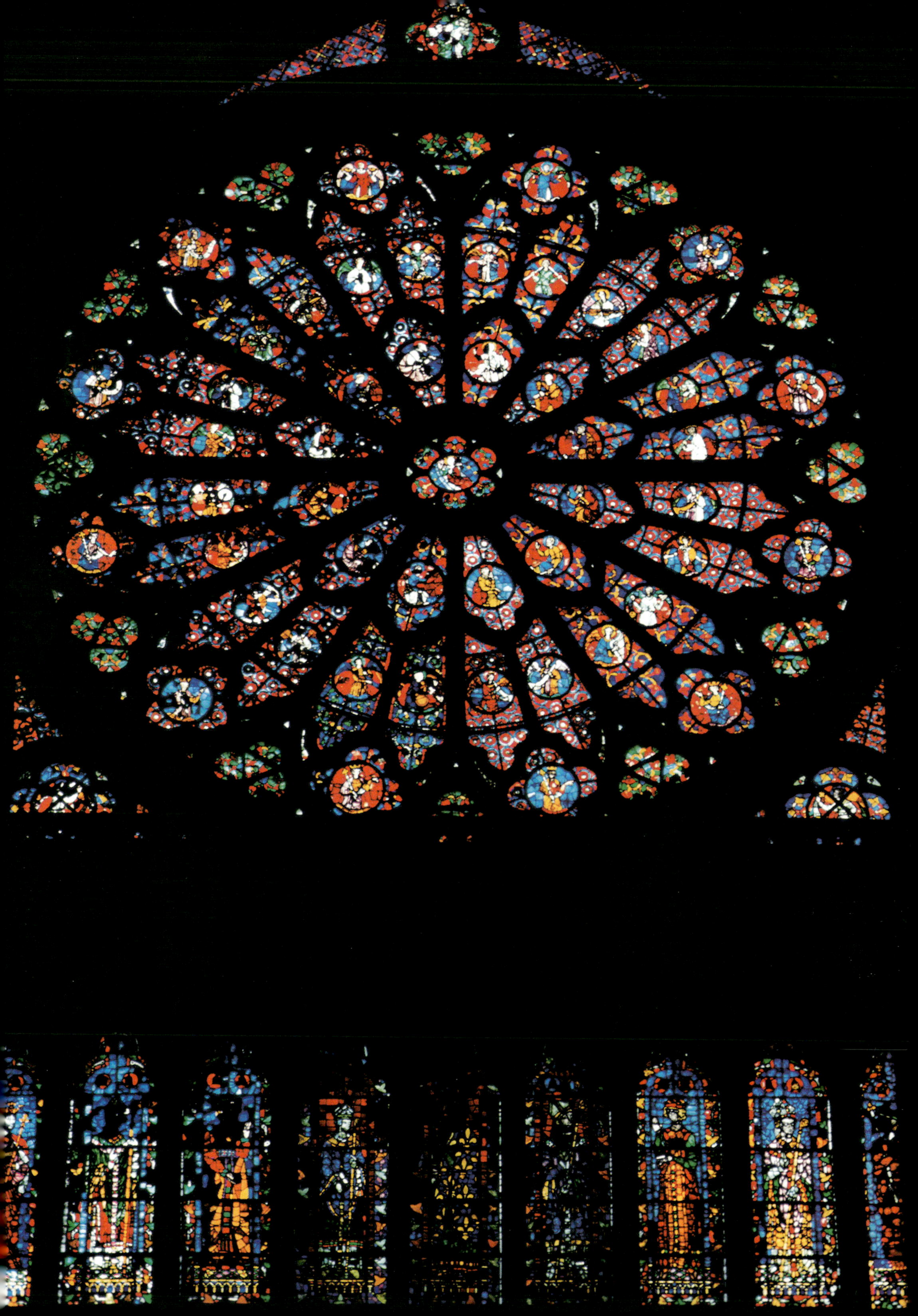

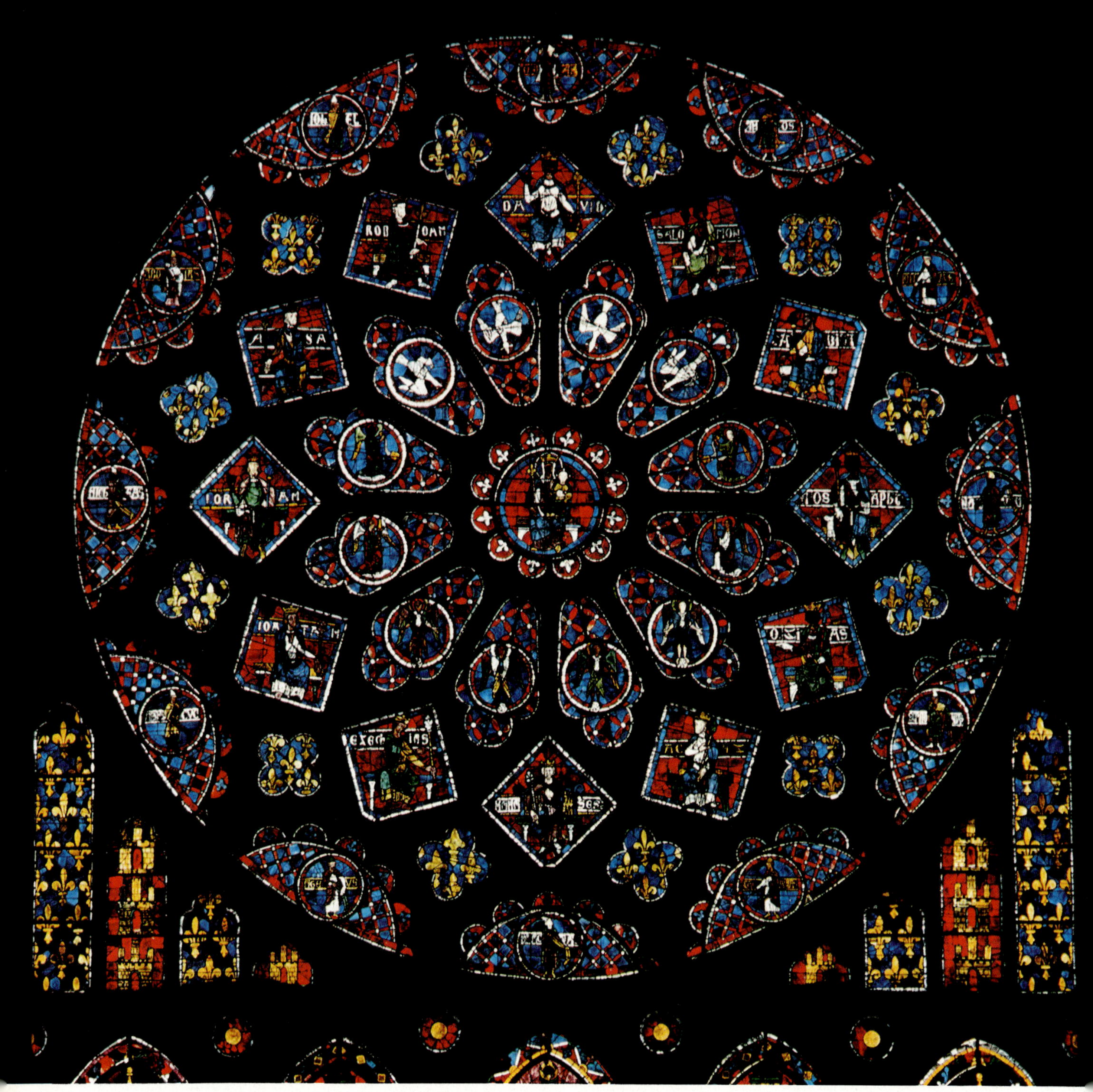

6 Geometrie und Zahl ergeben zusammen mit Licht und Farbe in dieser klassischen Nordrose in Chartres die „Rose de France". Sie ist ganz der Jungfrau Maria gewidmet, die im Zentrum, umgeben von Tauben, Engeln und Thronen aus der himmlischen Hierarchie, thront. In den 12 Quadraten befinden sich die Könige, ihre Ahnen – die Linie David, wie sie bei Matthäus aufgezählt wird. Darüber befinden sich die 12 letzten Propheten des Alten Testaments. Die Lilien sind traditionelle Embleme der Verkündigung und des Königtums; das Fenster wurde von Blanche von Kastilien, der Königin von Frankreich, gestiftet. Aber wir müssen auch „die Lilien auf dem Felde" betrachten; denn dieses Fenster ist tatsächlich auf der Grundlage von Zahl und Geometrie der Fibonacci-Serien konstruiert, die dem Wachstum der Pflanzen zugrunde liegen. – Chartres, Nordrose, um 1233 (vgl. auch S. 125)

7 Vollkommenheit. Die Tauben, die zur Jungfrau im Zentrum herabsteigen, sind in Wirklichkeit nur eine Taube, die von verschiedenen Richtungen gesehen ist. – Von oben, von unten und von jeder Seite; sie symbolisiert die Allgegenwart des Hl. Geistes, der „alles Geschaffene liebt und leitet". – Chartres, Nordrose, um 1233

Umseitig:
8 Die „Ordnung", die hinter der Schöpfung steht, wie sie in der platonischen Lehre der Kathedralschule von Chartres gesehen wird, ist in dieser Darstellung Christi als Logos in einer kleinen Rosette der Kathedrale symbo-

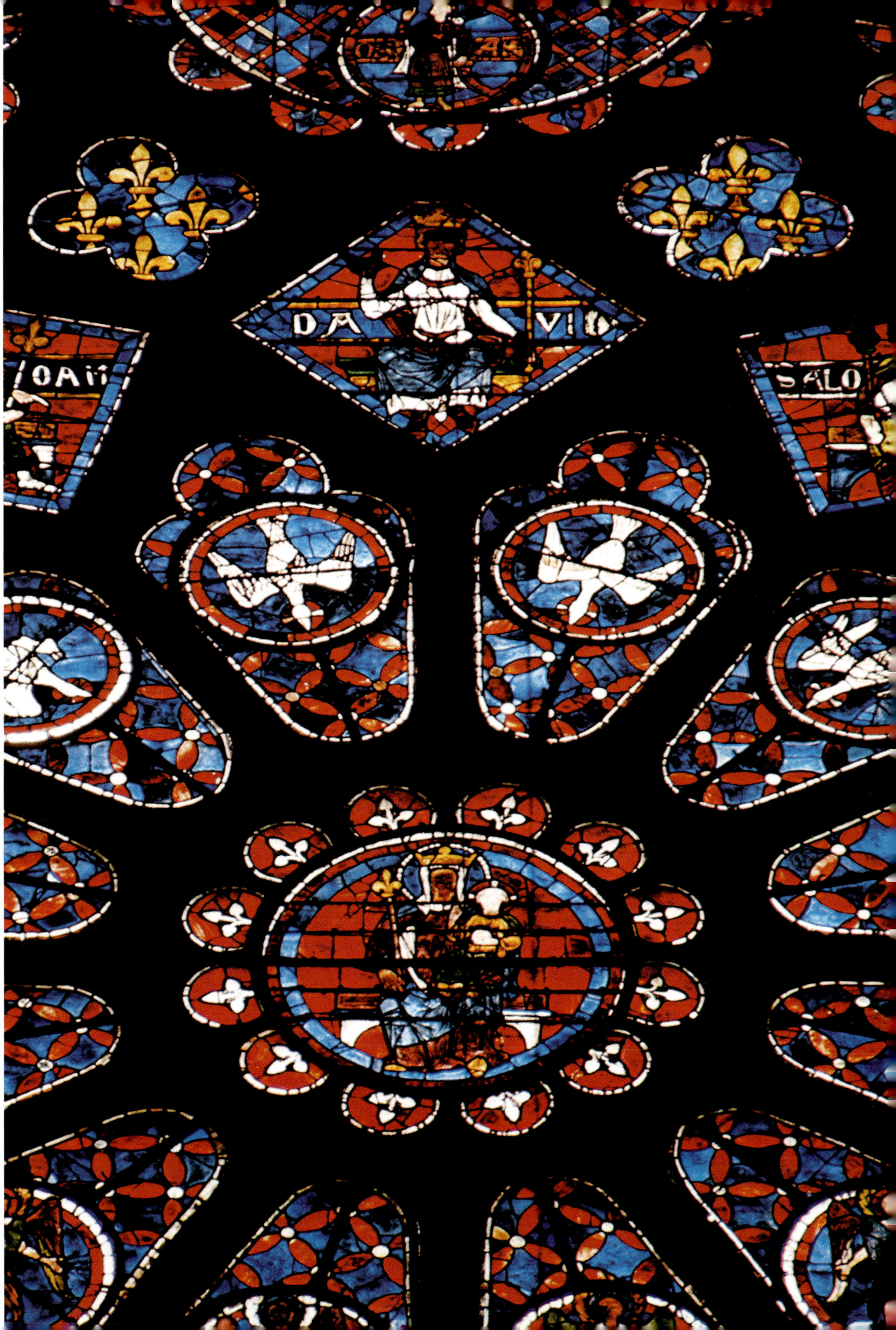
DA VID
OAN
SALO

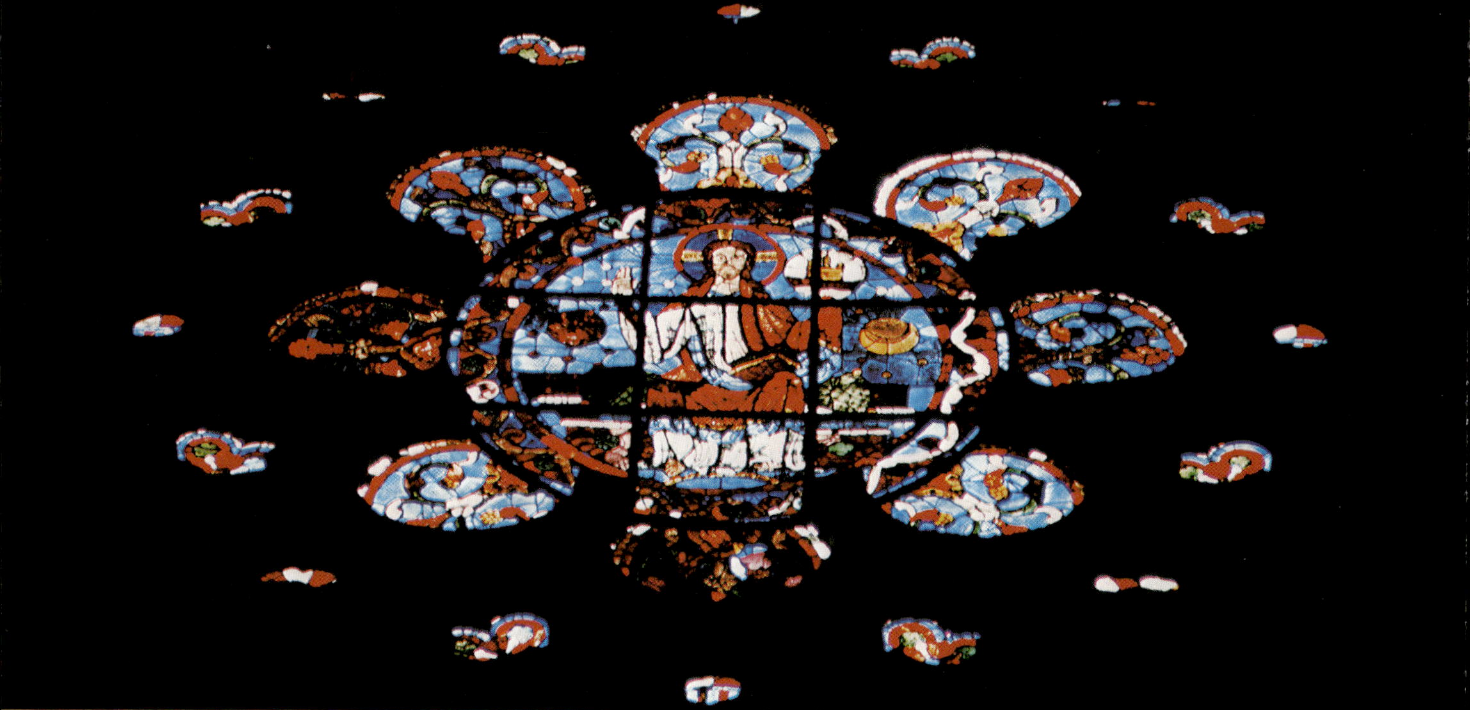

lisiert. Christus sitzt auf einem Thron, die Füße auf einem Regenbogen, eine Hand erhebt er segnend, und mit der anderen hält er die Erdkugel, die in Erde, Wasser und Himmelszonen unterteilt ist und auf ihrem Scheitelpunkt das Schloß der Menschheit trägt. Weiße und gelbe Sterne umgeben den Mond auf der Rechten und die Sonne auf der Linken – sechs davon in Rot, die Planeten kennzeichnend. Auf Christi Knien liegt ein halbaufgeschlagenes Buch – das Wort Gottes. – Chartres, Mitte 13. Jahrhundert

9 Das Universum ist dargestellt in der Form jedes Rosenfensters, dessen konzentrische Ringe die Sphären versinnbildlichen, die Sonne, Mond, Planeten und Sterne enthalten. Hier in der Westrose von Notre-Dame-de-Paris enthalten die „Sphären" den Zodiakus, die Zeit (dargestellt als die Monate des Jahres), die Laster und Tugenden und die Propheten; alle umgeben die Jungfrau Maria. Die Rose ist Symbol und Höhepunkt von Zeit und Raum – oder die Geschichte des sich entwickelnden Universums, das in der Gegenwart durch die Arbeit in den einzelnen Monaten dargestellt ist. – Paris, Westrose, 1220, stark restauriert (siehe das Schema auf S. 134)

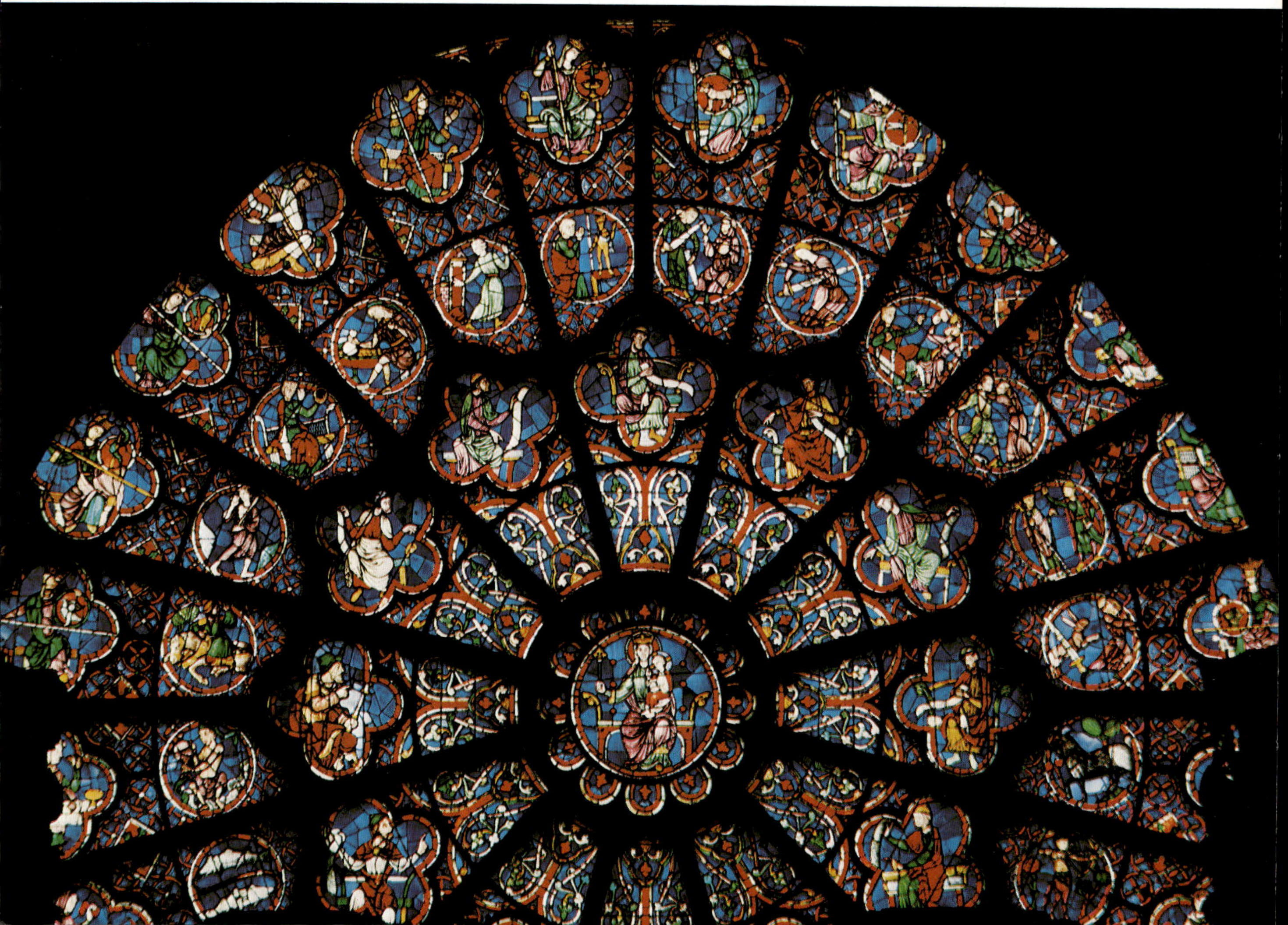

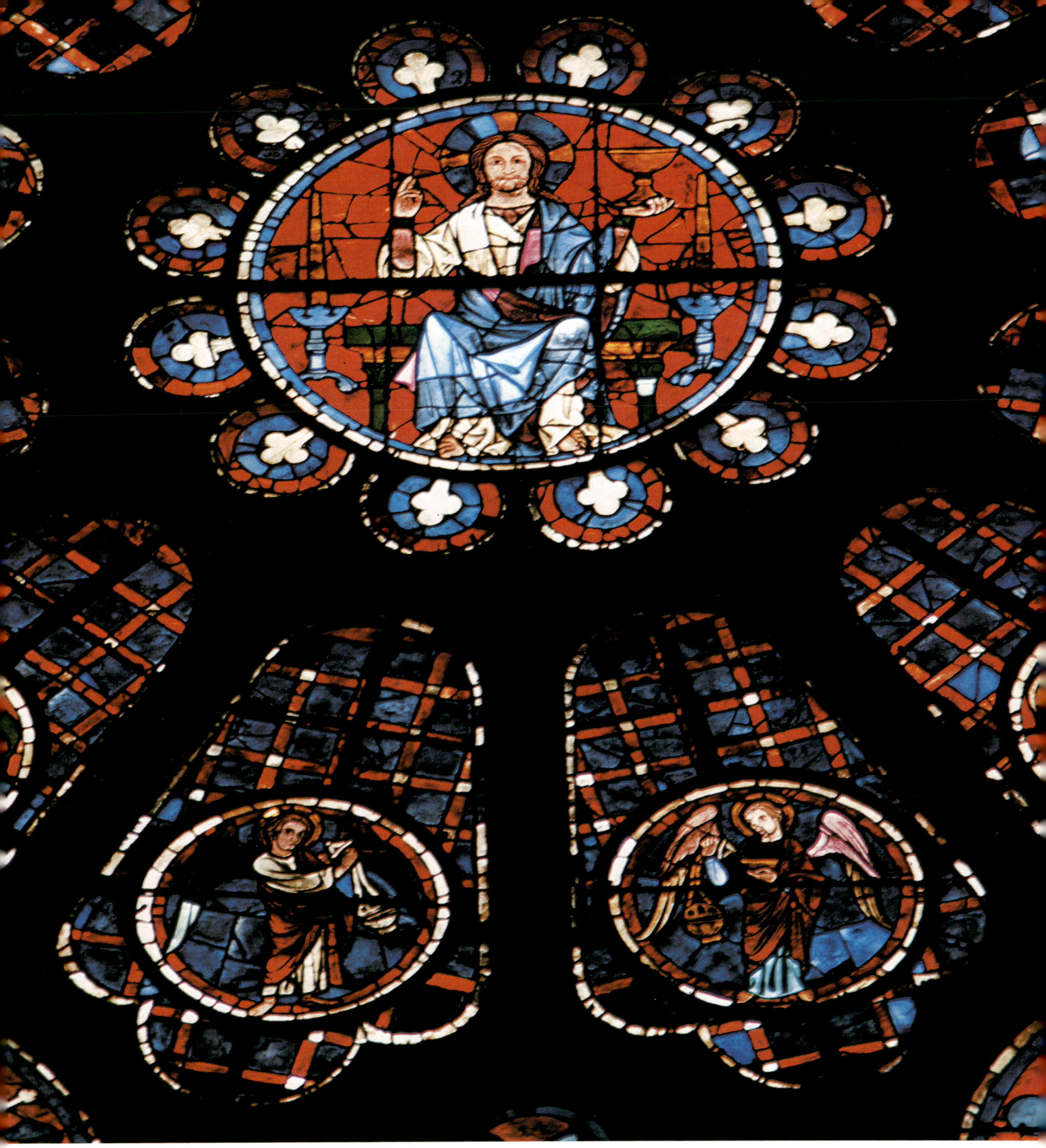

10 Das Wort oder den Logos symbolisiert der auferstandene Christus im Zentrum der Südrose in Chartres, der den Becher des letzten Abendmahls hält. – Chartres, Südrose, um 1227 (siehe auch Abb. 36/37)

Umseitig:
11 Das zarte Durchwobensein des Sichtbaren von einer unsichtbaren Geometrie schafft diese wunderbare „Alchemistenrose" mit Priestern, Propheten und Königen, welche die Jungfrau Maria umgeben. – Paris, Nordrose, um 1268 (siehe S. 127/135)

12 Die schöpferische „Ordnung" ist verkörpert in Zahlen, worunter zwölf die Zahl der Vollkommenheit, des Kosmos und Christus ist. In dieser Südrose in Paris war Gott ursprünglich „in Majestät" im Zentrum dargestellt, von vier Evangelisten, den zwölf Aposteln und vierundzwanzig Märtyrern oder Bekennern umgeben. Das Fenster ist jedoch zweimal wiedererbaut worden, 1716 und noch einmal 1861, und nun enthält es nur einige der (restaurierten) originalen Märtyrer und Engel. Acht Medaillons aus dem 12. Jh., welche die Legende des hl. Matthäus schildern, haben ihren Weg in diese Rose gefunden; sie befinden sich in den kleinen Fenstern der zweiten Außenschicht. – Paris, Südrose, 1260, stark restauriert

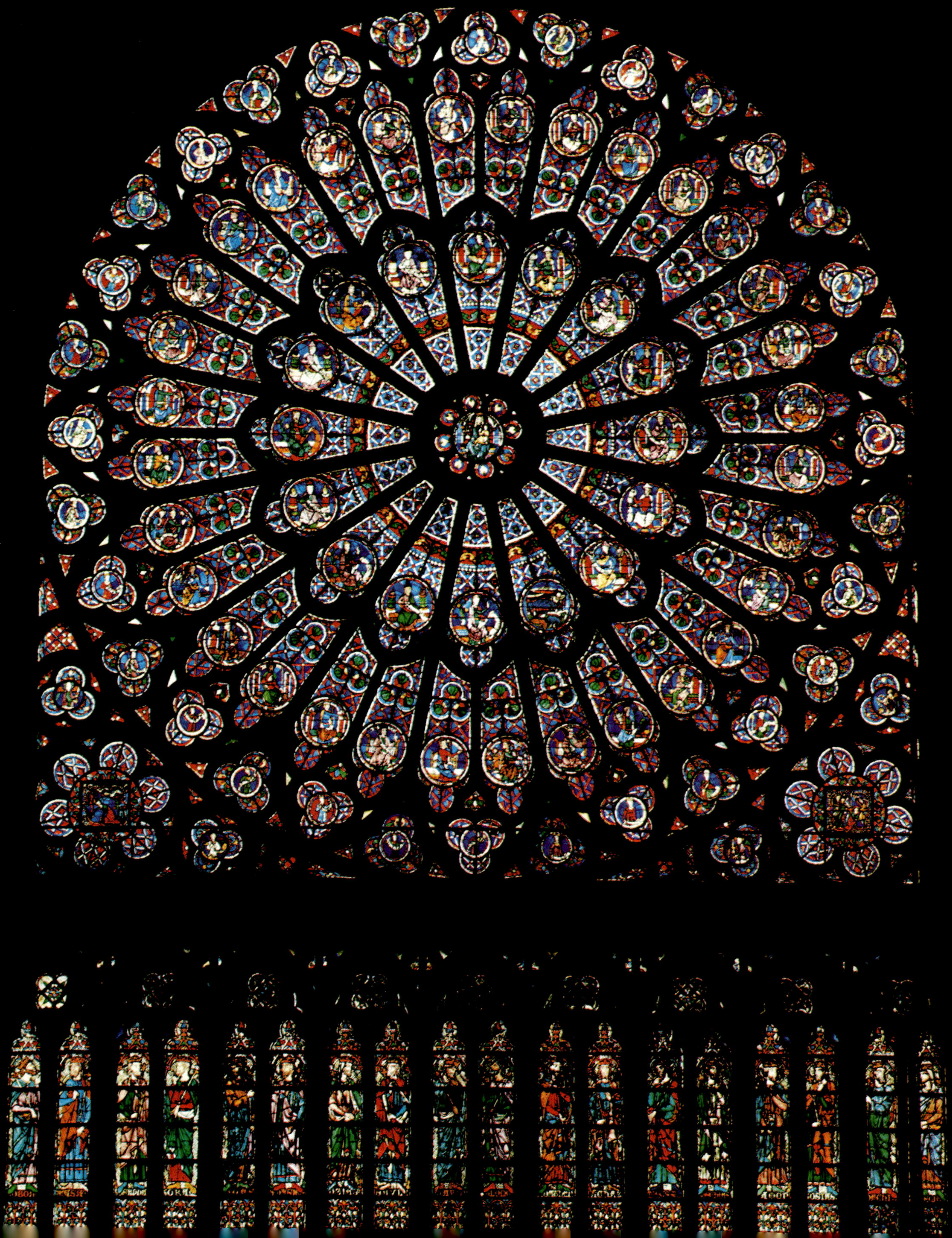

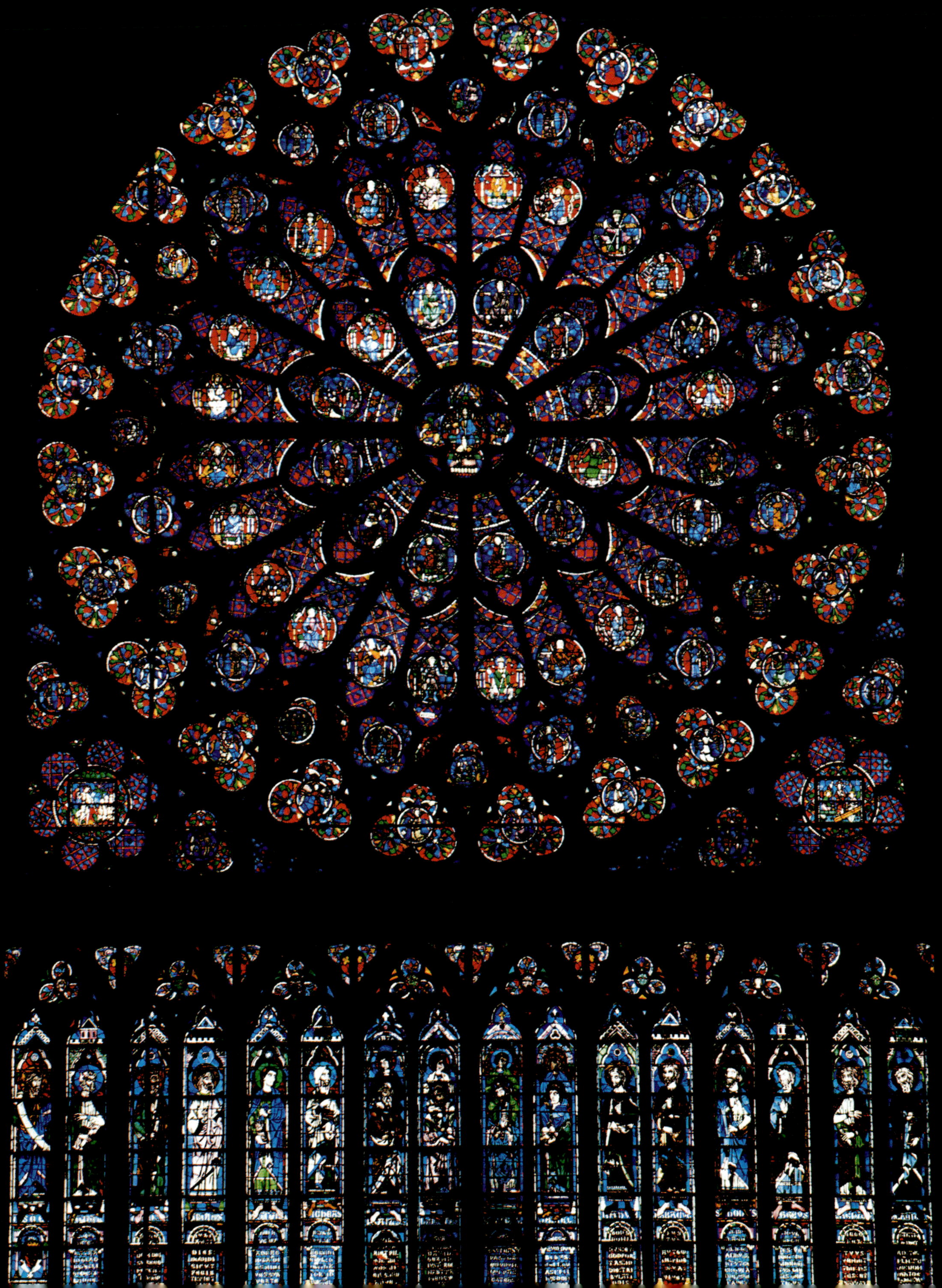

13 Jedes Rosenfenster, in der größten Kathedrale wie in der kleinsten Kapelle, ist das Symbol der Liebe. Hier in Notre-Dame-en-Vaux sitzt in der Westfassade oberhalb von drei Spitzbogenfenstern ein Fenster aus dem frühen 13. Jh., das dem Vorbild von Chartres und Mantes folgt. – Châlon, Notre-Dame-en-Vaux, Westrose, Glas hauptsächlich 19. Jh. von Didron

14 Die vollkommene Schneeflockenform der Rose von Sées ist für viele Leute das Höchste an Feinheit. Sie enthält noch einiges vom originalen Glas. Das Thema ist das Geheimnis der Erlösung, mit sechs Szenen, die der Auferstehung folgen. Die Spitzbogenfenster darunter enthalten verschiedene Heilige. – Sées, Nordrose, um 1270, wiedererbaut 1877

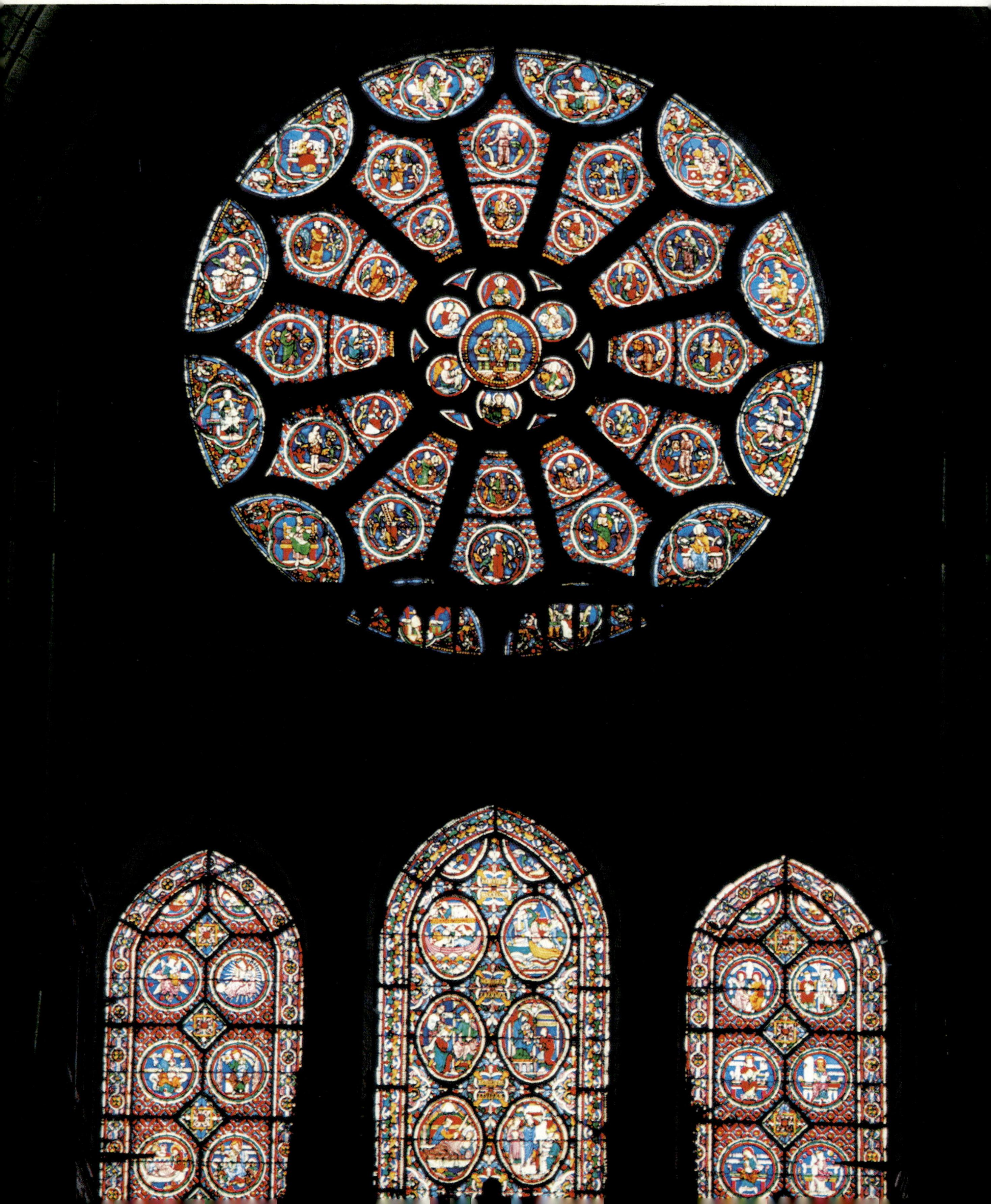

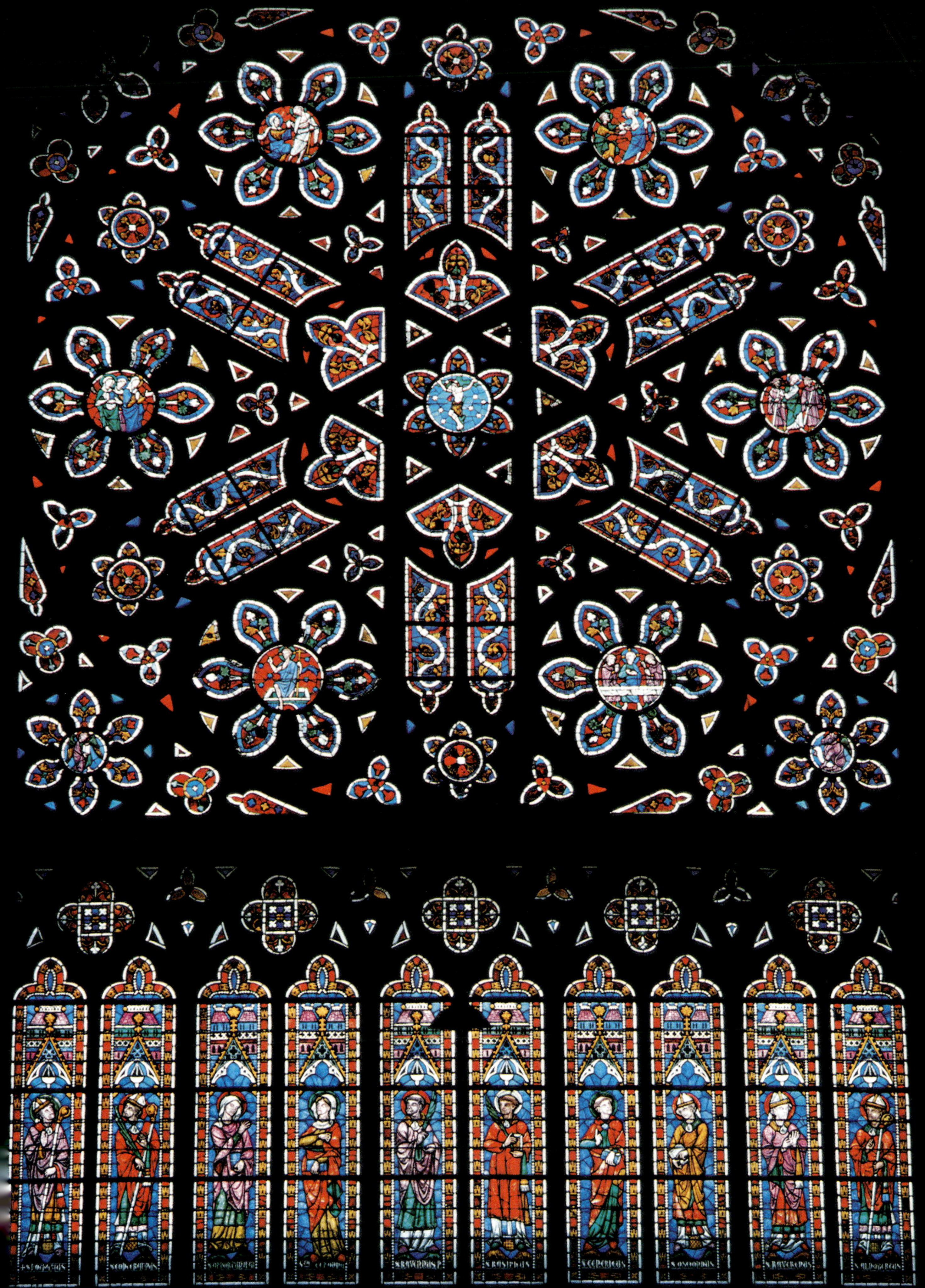

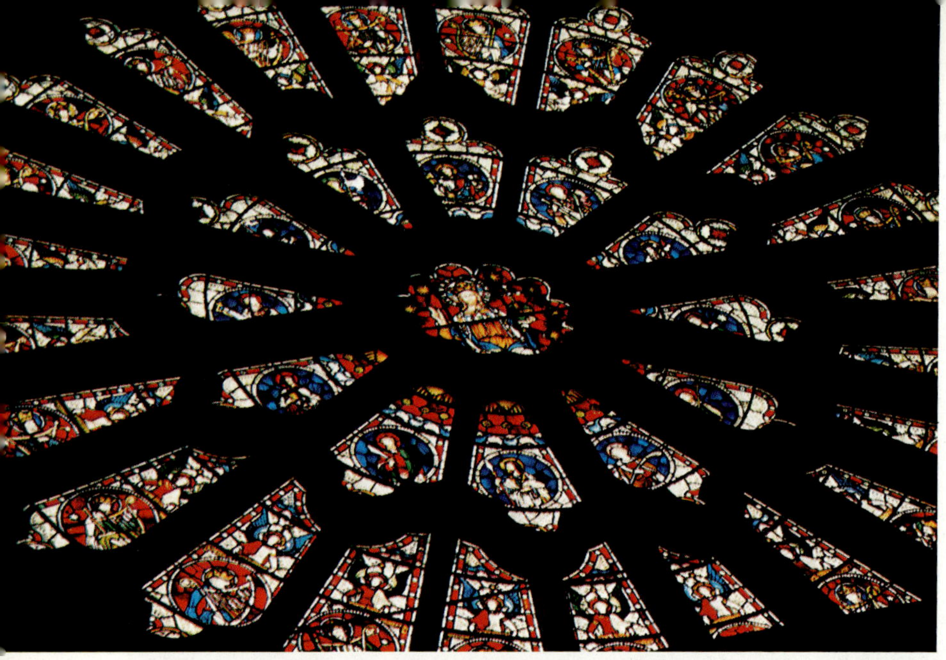

15 Die Rose der Durham-Kathedrale und ihr Maßwerk stammen aus dem 16. Jh.; außerdem wurde sie im 18. und 19. Jh. erneuert. – Durham, Westrose, 16. Jahrhundert

16 Die Ringelblume von York Minster. Die roten und weißen Rosen, die in die zwölf Blütenblätter eingewoben sind, erinnern an die Vereinigung der Häuser von York und Lancaster durch die Heirat Heinrichs VII. – York, Westrose, 1515

17 Die Schöpfung findet ihren Ausdruck im Rosenfenster von Rowan le Compte in der Washingtoner Kathedrale. – Washington DC, Westrose, 1977

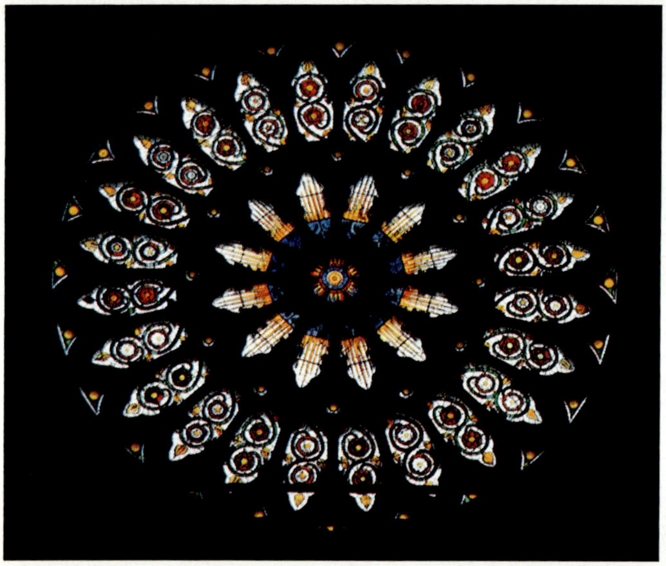

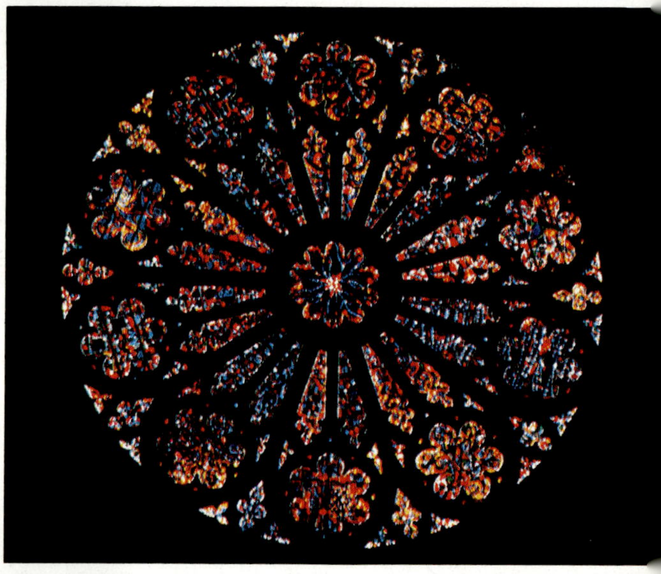

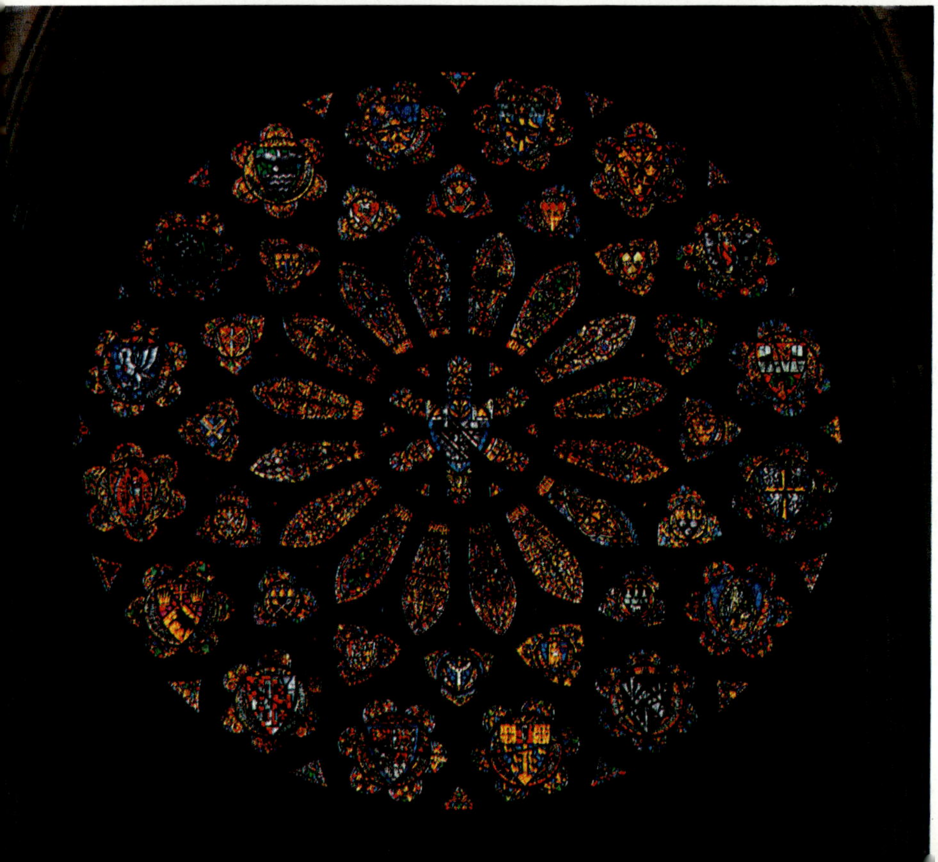

18 Licht und Farbe füllen das neue Rosenfenster in der Kapelle des Lancing College. Mit einem Durchmesser von fast 11 Metern ist es das größte Rosenfenster Englands. – Lancing College, 1977

19 Die Blätter des Lebensbaums verkünden das „Heil der Völker"; das „Auge des Bischofs" in der Kathedrale von Lincoln wird durch zwei Stämme in einem Kreis dargestellt und besteht selbst aus Tausenden von blattähnlichen Glasfragmenten. Innerhalb der Fensterform kann man auch die Gestalt eines Mannes, eines Schmetterlings oder selbst eines Fisches erkennen. Die Blätter sind in der „Fischblasen"-Form gebildet, die durch gleiche Kreise geschaffen wird, die die Rose durchschneiden und in ihrem Zentrum berühren. Robert Grosseteste, der Bischof von Lincoln (1233–53), war der Hauptrepräsentant derjenigen, die diese machtvolle Wirksamkeit des Lichts in der Natur sahen und der Lehrer von Roger Bacon. – Lincoln, Kathedrale, 13. Jahrhundert

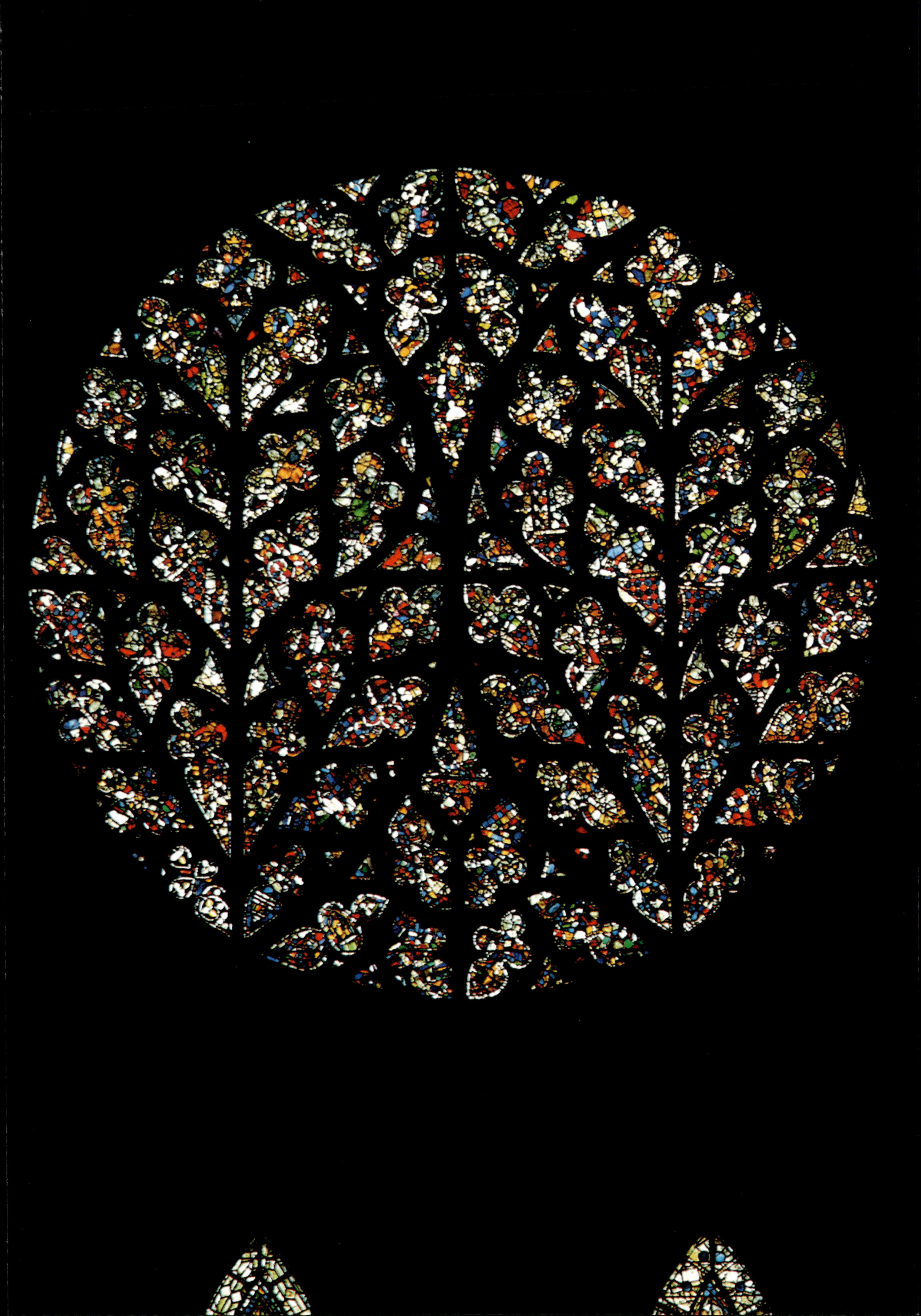

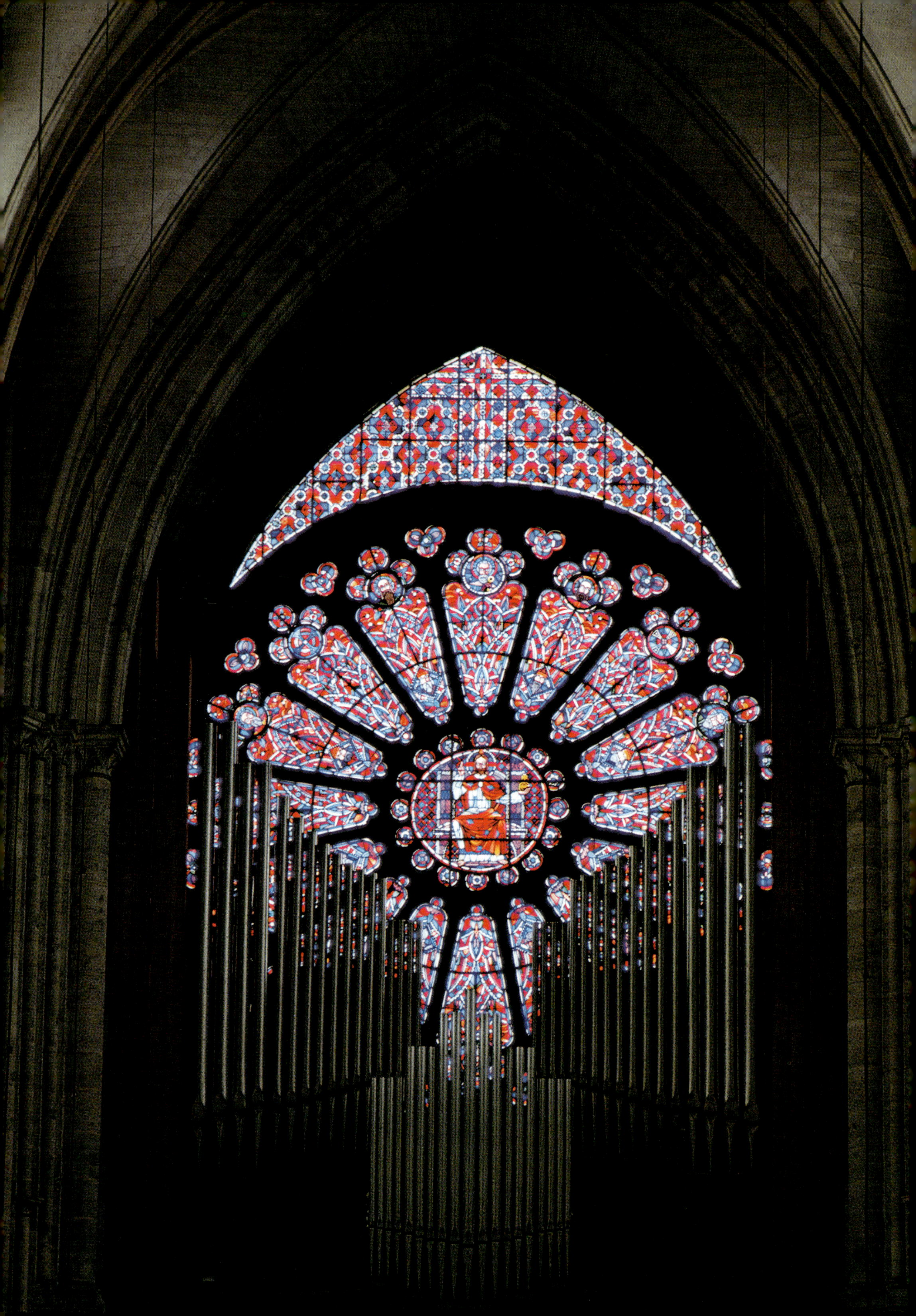

Die Entwicklung
Vom Rad zur Rose und zur Flamme

Obwohl sie gleichzeitig mit der Gotik auftreten, haben die Rosenfenster ihre unmittelbaren Vorgänger in den Radfenstern der Romanik. Diese wiederum leiten sich her aus den einfachen runden Öffnungen – oder Oculi –, mit denen oft die Westfassaden noch früherer Kirchen ausgestattet sind. Viele dieser Vorläufer der Rosenfenster gibt es in den Dörfern in ländlichen Gegenden Frankreichs und Italiens, vor allem in der Provence und der Toskana. Manche sind mit einer sorgfältig ausgearbeiteten Umrandung von gemeißelten Blättern versehen, in die Tiere und Gesichter eingewoben sind. In Tarascon gibt es davon ein prächtiges Beispiel, das von den vier Symbolen der Evangelisten umgeben ist. Der Löwe, der Stier, der Adler und der Engel umgeben das Rundfenster, das hoch oben im Fassadengiebel angebracht ist, in der von der Romanik bevorzugten Anordnung eines Quadrates, das einen Kreis einschließt (Abb. 22).

Die Mehrzahl dieser frühen Oculi weist jedoch wenig oder keinen Schmuck auf, und nur wenige von ihnen überschreiten einen oder zwei Meter im Durchmesser, obgleich im 2. Viertel des 12. Jh. einige größere Fenster aufzutauchen beginnen, bemerkenswerterweise in Coucy-le-Chateau, Elincourt und Villars-Saint-Paul. Die Ausweitung der Oculi führte aus ästhetischen und aus praktischen Gründen zum Radfenster; denn sowie die Größe zunahm, kam auch mehr Licht herein, aber unglücklicherweise auch mehr Wind und Regen. Die einfachste Lösung dagegen war es, durchscheinenden Alabaster oder eine einfache Glassorte zu verwenden, die von einem Rahmen gehalten wurden. Das selbstverständlichste Muster war das einfachste, nämlich das Kreuz. Es gibt ein ausgezeichnetes Beispiel für ein solches Fenster in Aulnay (Abb. 24), das verhältnismäßig spät aus dem mittleren 12. Jh. datiert. Den Übergang zum Rad erbrachte dann einfach die Hinzufügung von einigen Speichen.

In der religiösen Kunst ist nichts um seiner selbst willen geschaffen, und die architektonische Form des Radmotivs mußte durch symbolische Bedeutung bestätigt werden. Die Ähnlichkeit des Kreuzes im Kreis mit dem keltischen Kreuz oder sogar mit dem Heiligenschein oder Nimbus, der immer gemalte Heiligenfiguren umgibt, war unverkennbar. So gleicht auch das ☧ Monogramm der frühen christlichen Kirchen einem Rad – und ist tatsächlich oft zu einem solchen ausgestaltet.

Ehe sich das Rad zu einer vollerblühten Rose entfaltete, erfuhr es eine Entwicklung wunderbarer Variationen und Abwandlungen. Das Motiv selbst war vollständig entwickelt mit Radnaben, Speichen und Schrauben, die sorgfältig in die Struktur eingemeißelt waren. In der Hochromanik wurden die Speichen in vollständige Miniaturpfeiler mit Basen und Kapitellen umgeformt. Sie bildeten eine Struktur, wobei der Radkranz durch eine Reihe Bögen unterstützt wurde – eine Idee, die im folgenden Jahrhundert in den gotischen Rosenfenstern, besonders in Paris, weitergetragen wurde. In Italien sind die *rosoni* fast immer Radfenster, und die feinsten von ihnen sind ein Preislied auf die Idee des Rades, mit Reihen von Speichen übereinander, die riesige komplexe Formen zeigen und fast wie kreisförmige Viadukte aussehen. Die erhabenen Muster in Orvieto (Abb. 47, 48), Assisi (Abb. 46, 49–51) und Todi sind wohl die berühmtesten dieser Radfenster und beschwören die Vision des Ezechiel herauf, in der es heißt: „Die Art ihrer Ausführung war so, als ob ein Rad durch ein anderes ginge" (Ezechiel 1,16), und in der die vier Lebewesen, welche die Symbole der Evangelisten wurden, ausdrücklich zu ihm, dem Priester, kamen.

Mit dem Auftreten des gotischen Stils in der Gegend von Paris im mittleren 12. Jh. nahm das Radfenster mehr geometrisch ausgearbeitetes Maßwerk auf, um sich dem bunten Glas anzupassen, und eine Metamorphose trat ein: das Rad wurde zu einer Blume. Tatsächlich wurde der Ausdruck „Rad" noch lange nach der Übergangsperiode angewandt, möglicherweise weil Radelemente in der Ära des Flamboyant-Stils noch weiterbestanden. Die beiden Formen treten oft zusammen innerhalb desselben Fensters auf, so in Chartres, wo die West-

Das Christus-Monogramm ☧ mit den Zeichen A und Ω. Mosaik im Baptisterium von Albenga, Ligurien

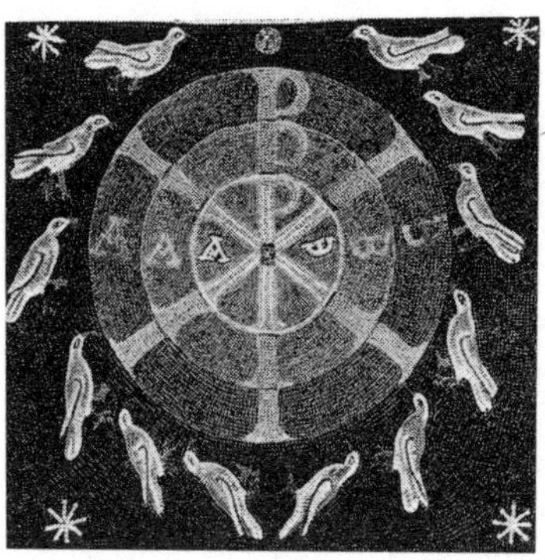

20 Die untergehende Sonne und die Klänge der Musik, sie alle sind Teil des kosmischen Tanzes und der Schöpferkraft des Logos. Diese Rose entstand im 13. Jh., wurde aber vollkommen neu aufgebaut nach dem Ersten Weltkrieg von den Glaskünstlern Gaudins. Sie zeigt Christus den König, umgeben von Propheten; Soissons West, 13. Jh., wiedererrichtet 1931

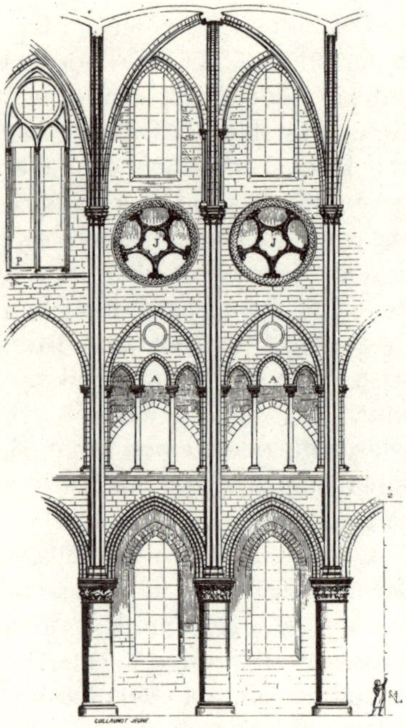

Aufriß des Schiffsin Notre-Dame in Paris, um 1180. Die fünfeckigen Rosetten wirken wie Ventilatoren für den Dachlaufgang (Zeichnung von Viollet-le-Duc)

rose außen ein massives Rad ist, aber sich innen vollkommen in eine Blume verwandelt hat.

Es kann nicht mit Sicherheit angegeben werden, wann der Ausdruck „Rose" zum ersten Mal für ein Fenster gebraucht wurde, aber es muß bald nach dem Beginn des 13. Jh geschehen sein, als die Verehrung der Jungfrau Maria, deren Symbol die Rose ja ist, sich in ganz Frankreich durchgesetzt hatte.

Als unmittelbarer Vorgänger des ersten Rosenfensters wird gewöhnlich das Rad an der Nordfassade von St. Étienne, Beauvais (Abb. 25) angesehen. Es ist eigentlich ein Glücksrad mit gemeißelten Figuren, die an einer Seite hochgezogen werden, um an einem Ungeheuer vorbeizukommen, das am Scheitelpunkt steht (nun ohne Kopf), und um unheilverkündend an der anderen Seite herunterzufallen. Die symbolische Bedeutung dieser Glücksräder wird Seite 87 besprochen. Sie veranschaulichen eine Seite der frühmittelalterlichen Weltsicht, für die das Leben eine endlose Wiederholung von Nacht und Tag, Sommer und Winter, Leben und Tod, Mühe und Leid war und so aller Erfolg vergänglich ist. Trotz seiner ziemlich deprimierenden Bedeutung sollte dieses Rad Suger – und die Maurer der Île-de-France – zu großen Werken anregen, die die Umwandlung vom Rad des Todes zur Rose des Lebens zeigen.

In Saint-Denis schuf Suger ein Rad von ähnlicher Größe (Abb. 26) wie das von Beauvais. Es ist heute noch immer vorhanden, etwas restauriert, angebracht zwischen den vier heiligen Lebewesen, den Attributen der Evangelisten, die ihre Herkunft aus dem romanischen Stil verraten. Die benachbarten Kathedralen von Sens, Senlis und Noyen wurden bald danach begonnen. Aber nur die Fassade von Senlis nimmt sich die von Saint-Denis zum Vorbild. Trotzdem scheint dieses Rad einen Präzedenzfall geschaffen zu haben, denn nach einer Verzögerung von 30 Jahren begannen ähnliche Fenster überall um Paris aufzutauchen. Das erste wirklich aufsehenerregende Rosenfenster ist etwa 1180 in Mantes konstruiert worden (Abb. 65). Mit einem Durchmesser von etwa 8 m ist es tatsächlich größer als das von St. Denis und muß als das erste wirkliche Rosenfenster angesehen werden. Es hat immer noch viele Züge eines Rades, vor allem die enorme leere Radnabe und die säulenartigen Speichen; aber diese sind in der Länge reduziert, und die Bögen wurden vergrößert, um riesigen Glasscheiben Platz zu machen. Jede von diesen ist so groß wie ein mäßiggroßes Medaillonfenster selbst. Hier in Mantes ist das Säulen-Bogen-Motiv so angeordnet, daß die Basen auf dem Radkranz stehen und die Bogen zum Zentrum gerichtet sind. In den späteren Rosen von Paris wird das Verhältnis umgedreht. Das ganze System scheint den Radkranz zu stützen.

Um 1200 war die große Welle des Kathedralen- und Kirchenbaus schon im Gange. Um Paris, in der Île-de-France wurde am meisten mit Entwürfen experimentiert. In Chartres und Paris selbst sollten die Kathedralen riesige Rosenfenster an drei Fassaden bekommen – und in Laon noch an der vierten. Kleinere Kirchen, so wie Brie-Comte-Robert, Braisne, Bonneval und Montréal übernahmen diese Idee des Rosenrads in vielen reizenden Variationen. In Laon ist die Westrose nach dem Vorbild von Mantes gestaltet, aber ihre enorme Größe von etwa 14 m Durchmesser, macht eine grundlegend andere Struktur nötig (Abb. 34). So haben auch in Chartres die Nord- und Südfenster (Abb. 6, 35–37) den Mantes-Stil der Kreise und Halbkreise auf der Randeinfassung übernommen. Es ist offenkundig, daß an der Kathedrale von Paris zwei Rosenfenster in Größe der von Mantes bis etwa 1220 in den Querarmen gewesen sind. Nach Viollet-le-Duc wurden sie bald nach ihrer Vollendung herausgenommen. Wesentliche technische und ästhetische Probleme scheinen aufgetreten zu sein, hier und anderswo: in Chartres liegt die Rose etwa 30 cm neben dem Zentrum und stört die Symmetrie der Fassade, und in Laon treten beträchtliche Probleme beim Abstützen der Westrose auf; die Lösung wird durch das große Portal getarnt.

Die nächstgrößere Entwicklungsphase, was Anlage und Zeichnung betrifft, fand in Paris – wieder in Notre-Dame – etwa zur selben Zeit statt, als die Querhausrosen wieder abgetragen wurden. Das Meisterwerk in der Westfassade geht ebenso aus der Rose in Mantes hervor wie diese aus ihren Vorgängern (Abb. 9). Es datiert etwa 1220 und mißt über 10 m, aber was die Glasflächen betrifft, ist es zweimal so groß wie Mantes, weil das Steinvolumen auf ein Minimum zurückgeschraubt wurde. Es bleibt ein Spinnwebgerüst von großer Tragkraft. Eine Ausarbeitung dieses Systems fand später bei den Nord- und Südfenstern in der Kathedrale statt, und diese – jedes mißt zweimal die Fläche der Westrose – stellt für viele Leute den Höhepunkt der Kunst dar. Allerdings verkörpert die Westrose unter allen Rosenfenstern die gelungenste Verbindung von Glas und Maßwerk. Ihre Struktur hat den Prüfungen der Zeit standgehalten; denn als während des vorigen Jahrhunderts Restaurierungen an der Kathedrale ausgeführt wurden, fand man, daß die einzige Beschädigung des Steinwerks dieser Rose durch die Einrichtung der Orgel ein paar Jahre früher verursacht worden war. Die Rose besteht aus zwei konzentrischen Arkadenreihen auf Säulen, die in der inneren Schicht in 12 Abteilungen untergliedert sind und in der äußeren in 24. In dieses Maßwerk hinein wurden etwa 60 bunte Glasscheiben eingepaßt, die in Eisen und Blei gerahmt sind. Die Rose ist ein Meisterwerk in Zeichnung und Ausführung.

1216 wurde an der Kathedrale von Chartres, die nach ihrer Zerstörung durch Feuer 1194 schnell wiederaufgebaut worden war, die erste große Rose in der Westfassade vollendet (Abb. 27, 29). Sie ist das Gegenstück zur Pariser Rose, weil sehr viel Stein für das Maßwerk verwendet wurde. Tatsächlich entsteht bei dieser Rose der Eindruck, daß die 12 Hauptöffnungen eher durch die Wand gestoßen als in einem Kreis konstruiert wurden. Das an Metallplatten erinnernde Maßwerk wurde im späten 12. Jh. populär und ist in den Rosenfenstern von Lincoln, Lausanne (Abb. 38/39) und Laon (Abb. 28/30) zu sehen. Die Westrose von Chartres, die über 24 m im Durchmesser mißt, ist bis heute für viele Betrachter der Maßstab, nach dem alle anderen beurteilt werden. Sie ist tatsächlich in jeder Hinsicht ein Höhepunkt. Ihr gemeißeltes Kalkstein-Maßwerk formt ein Rad, das 12 Rosetten einschließt, während alle übrigen wesentlichen Einzelheiten des Fensters genau von geometrischen Überlegungen bestimmt sind (siehe S. 123). Im Inneren der Kathedrale färbt das vorherrschende Rot-Blau-Glas die 12 schwebenden Sterne, die Christus beim Jüngsten Gericht umgeben. Nirgendwo wurde noch einmal etwas Ähnliches versucht. Die Rosen von Paris und Laon und die im Nord- und Südquerarm von Chartres werden als Modelle für andere Kathedralen genommen. Ihr einziger enger Verwandter ist die viel kleinere Nordrose von Laon, die möglicherweise vom selben Meister stammt.

Die Nord- und Südrosen (Abb. 6, 35) in Chartres, 1226 und 1234 vollendet, verwenden viel mehr Glas als Stein, verglichen mit dem Westfenster von Chartres. Aber das Maßwerk ist doch noch viel schwerer als das zarte Gewebe der Pariser Westrose (Abb. 9) und der von Reims (Abb. 66). In Chartres sind sowohl das Nord- als auch das Südfenster so entworfen, daß sie etwas vom Gewicht der Gewölbe übernehmen, und die innere Struktur ist von ausreichender Dichte, um das zu gewährleisten. In jedem Fenster enthält die Zwischenschicht die 12 größeren Öffnungen, und sie stabilisiert die ganze Struktur durch radial zum Zentrum strebende Teile: Quadrate im Norden und Kreise im Süden. Rundfenster haben eine innere Tendenz, auf die leiseste Herausforderung hin zu kreisen, und dies trat tatsächlich bei der Südrose von Paris auf, die großenteils von Viollet-le-Duc nachgebaut wurde. In Triest scheint sich eine solche Bewegung während des Baus eingestellt zu haben, die dann im übrigen Bau ausgeglichen werden mußte. In der massiven Westrose von Laon ist innere Stabilität dadurch geschaffen worden, daß man das zentrale Auge beträchtlich vergrößerte und die Zwischenschicht von ehemals 12 Fenstern zu 5 Fenstern umbaute; so entstand die festeste Form von allen.

Die Änderung im Bauwillen in den zwanziger Jahren des 12. Jh. in bezug auf die Pariser Querhausrosen ist geheimnisvoll, wie bereits angedeutet wurde. Die gegenwärtigen Fenster (Abb. 11, 12) stammen aus den Jahren 1260 (das südliche) und 1268 (das nördliche). Die zeitliche Festlegung scheint nahezulegen, daß die Pariser sich nicht von ihren Nachbarn übertreffen lassen wollten und deshalb darangingen, Fenster zu entwerfen, die mindestens denen von Chartres gleichkommen würden.

Diese beiden Querhausrosen in Paris sind das Äußerste an Zartheit, wobei die nördliche seit dem 13. Jh. weitgehend unverändert geblieben ist. Zusammen mit der Westrose von Reims haben diese Rosen fast alle Charakteristika eines Rades verloren, zugunsten eines Netzwerks von Säulen und Bögen, das den ganzen Druck und alle Kräfte weiterleitet, die nicht nur im Inneren entstehen, vom Glas, Blei und dem Metallgerüst, sondern auch zu einem gewissen Grad von außen kommen. Die schwächsten Zonen in jeder Rose sind das Zentrum und die Peripherie; ein gut durchgezeichnetes System von Dreipässen und sphärischen Dreiecken gleicht nicht nur die Spannung aus, sondern bietet gleichzeitig dem Architekten ein großes Feld für phantasievolle Zeichnungen. Der Rand jeder Rose ist ein Meisterwerk an Entwurf, so schlank wie nur möglich, ohne die Struktur zu schwächen.

Zur selben Zeit, da die Chartres-Rosen fertiggestellt wurden, erschienen neue und kleinere Zeichnungen in Reims, Saint-Germer-le-Fly und Saint-Denis. Die Rosenfenster vom Querhaus in Reims sind mit einem größeren Mittelpunkt gebaut, mit weniger Speichen, die weiter auseinandergestellt sind, wodurch die Zwischenfelder aussehen wie ein Kreis von Schildern. Jedes Feld schließt ein Fenster ein, so daß die ganze Rose eine Ansammlung von Schildern wird, die um ein Zentrum angeordnet sind. Diese Entwicklung wird fortgesetzt in den späteren Rosen von Sées, Rouen, Saint-Quentin und Amiens, wo sie am Ende des Jahrhunderts ihre größte Ausdruckskraft erreichen. In Reims erscheint auch zum ersten Mal das große Lichtgadenfenster in der Form eines sphärischen Dreiecks, das den Raum zwischen dem gotischen Bogen und dem oberen Kreisrand der Rose ausfüllt (Abb. 5).

Die Rose von Saint-Germain-en-Laye von etwa 1240 liegt zeitlich und formal zwischen der Westrose und den Querschiffrosen von Paris. Sie ist aus senkrechtem Maßwerk gebaut, ähnlich dem der Pariser Rosen, aber im Stil gleicht sie den Seitenschiffsrosen von Saint-Denis; möglicherweise sind die Fenster vom selben Meister, Pierre Monterau, entworfen. Leider wurde die Rose von Saint Germain zur Zeit Ludwigs XIV. mit Ziegeln zugemauert, aber Viollet-le-Duc sieht diese Rose als ein bedeutendes Stück in der Entwicklung der Art an, weil hier die Stabilität der Struktur vergrößert wird, indem ein Maßwerkkreis in der Mitte zwischen den durchlaufenden Speichen angebracht wurde.

Schema des Maßwerks der Nordrose in Reims

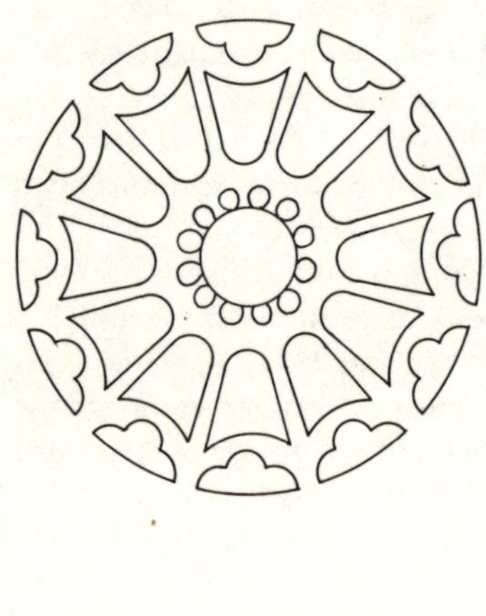

Das letzte Fenster in dieser bedeutenden Entwicklungslinie ist die riesige Rose an der Westfassade von Reims (Abb. 5, 66), die in mancher Hinsicht den Rosenfenstern von Paris gleicht. Sie ist jedoch – wie die ganze Kathedrale – kraftvoller gebaut. Viollet-le-Duc beschreibt sie als „inébranlable" – nicht zu erschüttern. Das ist fast eine hellseherische Aussage, denn Reims mußte im ersten Weltkrieg ein Bombardement ohnegleichen ertragen. Die große Rose und vieles andere in der Kathedrale überlebten; das wäre nicht der Fall gewesen, wenn Paris dieselbe Behandlung erfahren hätte.

Die wunderschöne Rose im nördlichen Seitenschiff von Sées – etwa 1270 konstruiert – ist möglicherweise der feinste Repräsentant einer interessanten Entwicklung im Entwurf (Abb. 14). Ihr zartes Maßwerk mit sechseckigen Unterteilungen erinnert an Schneekristalle. Ähnliche Fenster finden sich am Monatsportal der Kathedrale von Rouen und an der Kirche von Saint-Germain

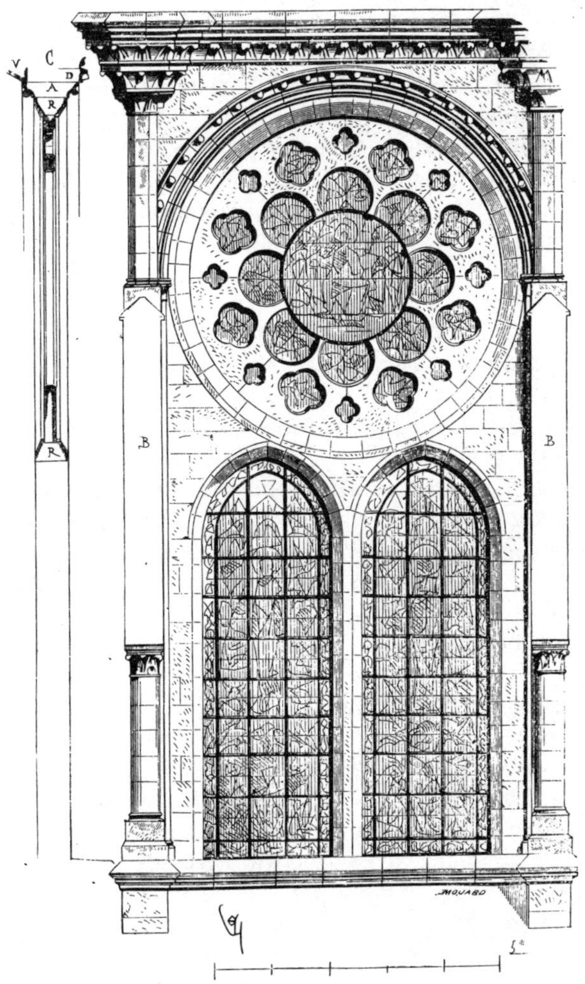

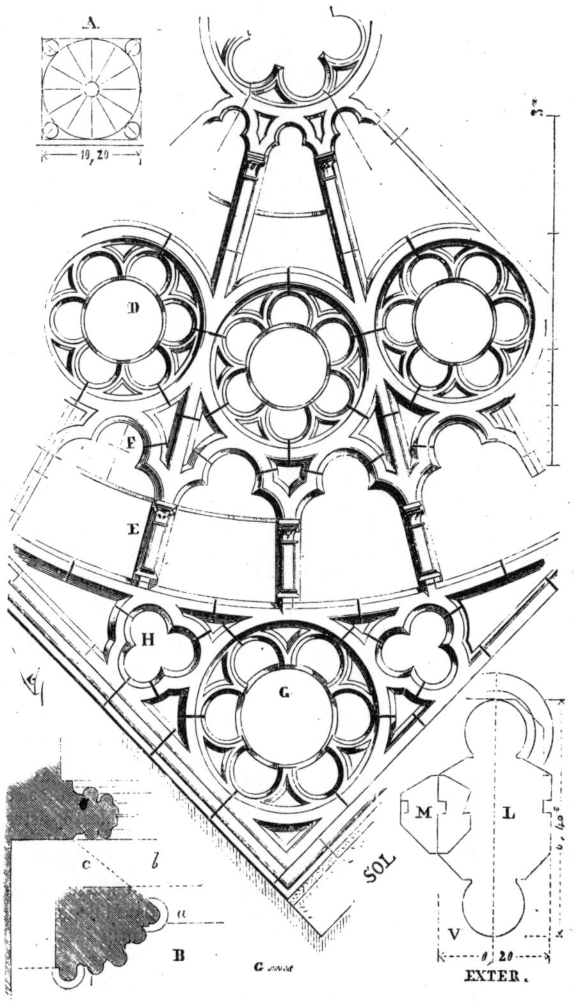

Eine der hochangebrachten Rosetten in Chartres, oberhalb der Lichtgadenfenster und genau unter dem Gewölbe. Ihr Blattmaßwerk folgt der großen Westrose. 34 dieser Rosetten führen das Auge das Schiff entlang zu den Querhausrosen und in den Chor und verbinden so alle Rosenfenster des Gebäudes (Zeichnung von Viollet-le-Duc)

Detail des Rosenfensters in der Kapelle Saint-Germain-en-Laye (Zeichnung von Viollet-le-Duc)

d'Auxerre. Fünfeckige Formen in Fenstern gibt es in Amiens und Saint-Quentin und eine achteckige Variante in St. Lorenz in Nürnberg. Sie alle versuchen eingesetzte Medaillonfenster mit der Kreisform der Rose zu verschmelzen, aber diese Form fand nie ihre vollste Entwicklung, da kurz nach 1300 die Flamboyant-Rose aufkam. So hat in Amiens, die fünf- und fünfzehnfache kristalline Rose des nördlichen Querarms ein südliches Gegenstück, das möglicherweise die erste der Flamboyantrosen ist (Abb. 55).

Es scheint unmöglich, genau festzustellen, wo und wann der Flamboyant-Stil aufkam. Aber in der Mitte des 14. Jh. hatte sich der Stil bereits voll durchgesetzt, sowohl in Rosenfenstern wie auch sonstwo. Am besten ausgeprägt ist er in Amiens, Lieu-Restauré (Abb. 60–63), Sens (Abb. 82), Troyes, Auxerre, in der Sainte-Chapelle (Abb. 53, 54) und Beauvais (Abb. 77). In all diesen Rosenfenstern findet sich kaum mehr eine gerade Linie, da die Strukturen verschlungen sind von sich bewegenden und krümmenden Steinschleifen, die fast ganz den strahlenförmigen Charakter zerstören. Jede Ähnlichkeit mit irgendeinem Rad oder einer Rose ist verschwunden. Sogar das Glas scheint den Eindruck von kräuselnden Flammen zu erwecken; die Sainte-Chapelle bietet ein hervorragendes Beispiel, wo das Feuer sich vom Zentrum quer über die Rose auszubreiten scheint. Als das 15. und 16. Jh. fortschritten, wurden viele Gebäude, die vor Jahrhunderten begonnen worden waren, mit diesen feurigen Rosen vollendet. Das gotische Zeitalter und sein Geist starben in Flammenzungen.

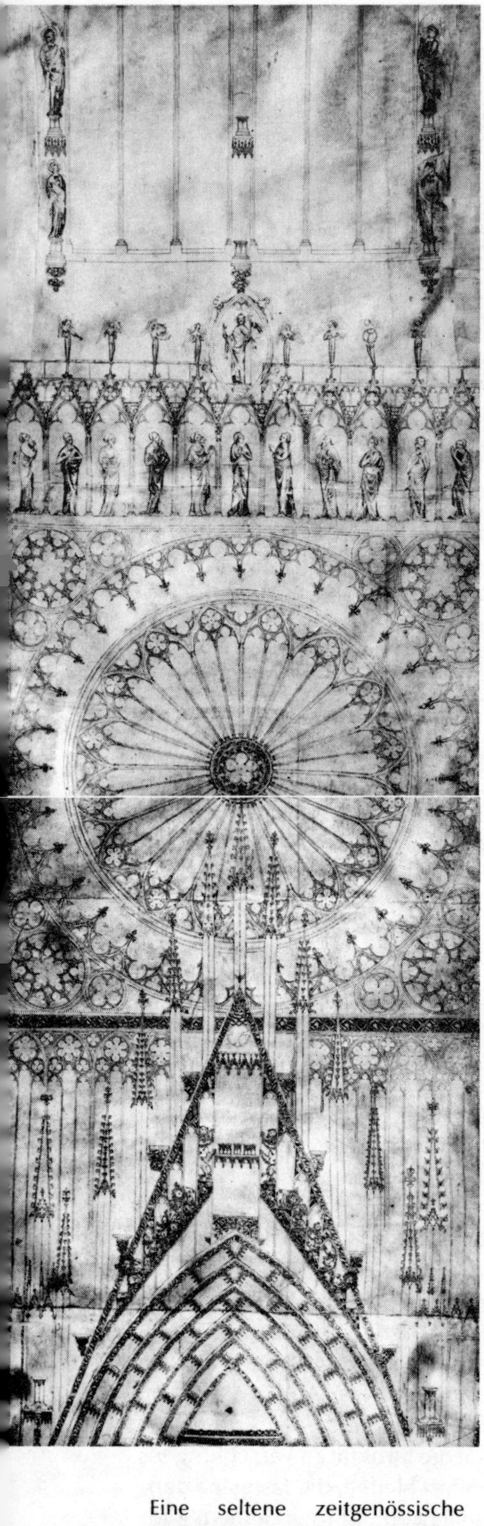

Eine seltene zeitgenössische Architekturzeichnung der Westfassade des Straßburger Münsters. Sie zeigt die Verbindung zwischen Rosenfenster und Portal durch den mit vielen Türmchen besetzten Wimperg (Architekt Erwin von Steinbach, 1276)

Es gibt keine Flamboyant-Rosen, die in der Größe den frühen Rosenfenstern von Paris und Chartres vergleichbar sind. In großem Ausmaß ist stark geschweiftes Maßwerk nur haltbar, wenn der härteste und widerstandsfähigste Stein zur Verfügung steht. Da dies selten der Fall ist, bleiben die Fenster nach der Mitte des 15. Jh. im allgemeinen klein, nach dem Vorbild der Rose der Sainte-Chapelle oder der von Amiens. Trotzdem sind Experimentierfreudigkeit und Originalität immer zu finden; und eine Anzahl von faszinierenden Variationen entwickelte sich in dieser Zeit, jede ein einmaliges Schmuckstück, was den Entwurf betrifft, wobei allerdings die Glasarbeiten etwas minderwertig sind. Einige von diesen Flamboyant-Rosen – in Saint-Bonaventura, Lion (Abb. 73), in La Rochefoucauld (Abb. 80), Saint-Maixent (Abb. 81), Notre Dame de la Dalbade, Toulouse (Abb. 74) und Saint-Omer (Abb. 76) – sind in diesem Buch veranschaulicht. Zwei der großartigsten dieser weniger wertvollen Rosen sind in den Querarmen von Saint-Ouen, Rouen (Abb. 57, 58) zu finden. Von den beiden ist die südliche die geglücktere, eine wirklich wunderschöne blumenhafte Konstruktion mit sechs Paar Blütenblättern, die sich vom Mittelpunkt her in Steinstrahlen ausbreiten. Sie verweben sich endlos in völliger Übereinstimmung mit dem Darstellungsgegenstand des Fensters, dem Baum Jesse.

Die Muster der Rosenfenster, die in den dreihundert Jahren seit der Weihe von Saint-Denis 1144 auf der und um die Île-de-France eingesetzt wurden, stellen den mittelalterlichen Lebenszyklus dieser Art dar. Erst im 16. Jh. war dieser Zyklus wirklich beendet.

Die Wiederbelebung des gotischen Stils im 19. Jh. brachte geradezu ein Wuchern von Rosenfenstern mit sich, aber es entstand nicht eines, das sich mit einem echten Rosenfenster vergleichen ließe. Trotzdem scheint das 20. Jh. nach einer Zeit der Zurückhaltung einen neuen Zyklus von Rosenfenstern zu sehen, und viele von den nach dem Zweiten Weltkrieg entstandenen Rosen sind bemerkenswert. Im Lancing College in England wurde gerade ein Rosenfenster (Abb. 18) mit einem Durchmesser von etwa 11 m vollendet; mit über 25 000 Glasteilen ist es bei weitem das größte in England (ein Rang, der früher das 1666 abgebrannte Old St. Pauls mit einem Ostfenster, das an Größe den Querschiffrosen von Chartres gleichkam, innehatte). In der Kathedrale von Auckland, Neuseeland, wurde ein Fenster in konventioneller Form gebaut, jedoch mit einem Glaswerk im Stil des 20. Jh. Vielleicht das feinste aller modernen Rosenfenster ist das der Washingtoner Kathedrale in den USA (Abb. 17). Die Kathedrale wurde ganz im gotischen Stil errichtet, wobei auch die originalen Baumethoden benutzt wurden, und sie enthält drei Rosenfenster nach herkömmlichem Muster, wobei jedoch voll die Möglichkeiten der modernen Glastechniken genutzt wurden. Das Westfenster zeigt einen abstrakten Entwurf und ruft die Idee der Schöpfung hervor. In das Glas sind Goldsplitter eingeschmolzen. Das führt dazu, daß, an Wintertagen ebenso wie im strahlenden Hochsommer, alles verfügbare Licht aufgefangen wird. Das Ergebnis ist eine Schöpfung ganz nach den Worten: „es werde Licht".

Die Rose in der Kathedrale

Gleich von Beginn an mußten die Rosenfenster Anlaß zu Problemen geben. Man stieß auf Schwierigkeiten und machte sich, wie wir schon zeigten, in Chartres, Laon und Paris Gedanken. Denn die grundlegende Schwierigkeit war bei allen gotischen Rosen immer dieselbe: wie kann ein riesiger Kreis, eine statische Form, in einen Plan eingefügt werden, der in seinem Streben grundsätzlich vertikal ist. Die Radfenster passen sich gut in romanische Gebäude ein, wo sie mit der Ruhe des Stils in Einklang stehen. An gotischen Fassaden neigt jedoch ein auf halber Fassadenhöhe angebrachter Kreis dazu, dem Höhendrang des Auges Einhalt zu gebieten, den die übrigen Teile des Gebäudes nachdrücklich zu unterstreichen suchen.

Vielleicht war jedoch folgendes beabsichtigt: Ein Augenblick des Verweilens, der Hinweis auf die Notwendigkeit gedanklicher Vertiefung neben all der wirbelnden Energie, die, dem Geist der Zeit folgend, in der Architektur frei wurde. Sicherlich warfen Rosenfenster für Henry Adams kein ästhetisches Problem auf; auch sah er im unvermeidlichen Stilkonflikt keine Schwierigkeit:

> Die stille, beherrschte Strenge der Romanik, die eine Ehe einging mit den anmutigen Linien und den kühnen Gewölben der Gotik, kommt der idealen Vereinigung näher als es in mancher Ehe geschieht. Die Franzosen liebten diesen Stil in ihren besten Tagen mit einer Beständigkeit, die eine Art Heiligenschein über ihre späteren Werke geworfen hat. Sie wurden nie müde, die Möglichkeiten, die in diesem Stil liegen, zu entwickeln. Manchmal stellten sie den Spitzbogen neben den runden oder darüber, manchmal brachten sie das Rund innerhalb des Spitzbogens an. Manchmal übergriff ein romanischer Bogen eine Gruppe spitzbogiger Fenster, als ob er sie wie seine Kinder schützen wollte; manchmal umfaßte ein riesiger Spitzbogen ein großes Rosenfenster und dehnte sich über die ganze Front einer riesigen Kathedrale mit einer Arkade von romanischen Fenstern darunter. Die französischen Architekten empfanden keinen Widerspruch, und es gab auch keinen. Sogar die reinste Gotik stand neben reinster Romanik. Für diejenigen, die Kunstempfinden haben, gibt es in diesem Falle keinen Mißklang. Kraft und Anmut gaben sich die Hand; Mann und Frau lieben einander noch[16].

Trotzdem empfanden einige Architekten klar die Disharmonie und taten ihr Bestes, sie zu beseitigen. In der Frühgotik sehen wir eine Tendenz, die Rosenfenster in Quadrate einzusetzen oder sie in Fassaden einzubauen, ohne daß der Versuch einer Eingliederung unternommen wurde. In Amiens wird im südlichen Querarm ein Spitzbogengewölbe durch einen reinen Halbkreisbogen abgeschlossen, so daß die Rose genau hineinpaßt (Abb. 55). Das Rosenfenster ist am meisten in Flamboyant-Fassaden beheimatet, wo die ruhelos sich überschneidenden Kurven des ganzen Gebäudes durch die Rose hindurch hochgeführt werden; das Werk von Martin Chambiges in Sens, Beauvais, Troyes und Rouen liefert dazu vollkommene Beispiele.

Das Rosenfenster wurde in den frühen Tagen keineswegs allgemein angenommen. Nach der Weihe von Saint-Denis 1144 entwickelten sich sechs Hauptschulen gotischer Architektur: die Schulen der Île-de-France, der Champagne, der Picardy, von Burgund, Anjou und der Normandie. Hinzu kommen die Mönchsbaumeister des Zisterzienserordens. Rosenfenster fanden allgemeine Verbreitung durch die beiden ersteren Schulen, mit Einschränkung in der Normandie. Doch anderswo scheinen sie nur zögernde Aufnahme gefunden zu haben. In England herrschte im Umkreis der normannischen Schule sehr reger Austausch von Ideen und Stilrichtungen, aber Rosenfenster bürgerten sich nie richtig ein. Die originale Verglasung der Westminsterabtei oder der alten St. Pauls Kathedrale mag wohl auch Rosenfenster enthalten haben, die sich mit ihren Gegenstücken in Frankreich messen konnten; aber die englischen Architekten bevorzugten im allgemeinen die langen schlanken Lanzett-

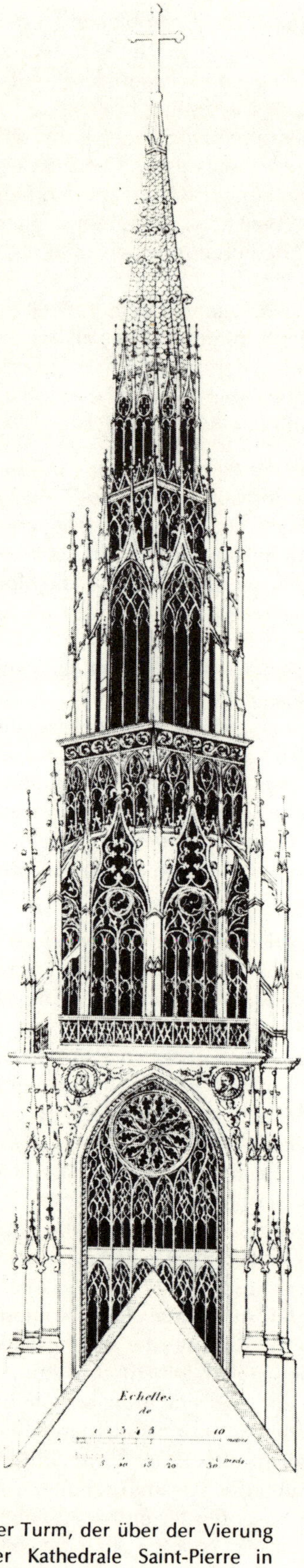

Der Turm, der über der Vierung der Kathedrale Saint-Pierre in Beauvais stand, 1570–73

fenster und die riesigen Glaswände, wie wir sie in York, Bath, Glouster, Salisbury, Wells und Lincoln sehen können. Die Gründe dafür liegen im dunkeln, mögen jedoch in der verschiedenen Beschaffenheit des Lichtes in England zu sehen sein mit dem längeren Zwielicht und der sogar im Hochsommer abgeschwächteren Strahlkraft.

Als die gotischen Architekten im Lauf des 13. Jh. die Gewölbe in neue schwindelerregende Höhen verlegten, entstanden Probleme um den Platz unterhalb der Rose. Über der westlichen Vorhalle in Notre Dame von Paris wurde das Problem außen gelöst durch das Anbringen einer Reihe riesiger Statuen der Könige von Juda, anstelle schmaler Spitzbogenfenster. Innen entstand dadurch eine große leere Wandfläche, die heute weitgehend durch die Orgel verdeckt ist. Die Nord- und Südrosen derselben Kathedrale sitzen oberhalb einer über 17 m hohen Glaswand, die dazu diente, den größten Teil der Fläche unter der Rose zu füllen. In Amiens, wo die Gewölbe bis zu 43 m aufragen, haben die Rosenfenster nur 10,7 m Durchmesser. Eine Reihe Statuen auf der Westfassade war nicht ausreichend, so daß darunter noch eine Art Außentriforium zugefügt wurde, während die Vorhalle so weit wie möglich nach oben gezogen wurde. Das Ergebnis ist wunderbar, selbst wenn es etwas gesucht und ungleichgewichtig ist.

Der Wimperg über der Tür beginnt in Paris zu wachsen (an der Südfassade), und zu Beginn der Flamboyant-Ära ragt er bereits über die Spitzbogenfenster hinaus; er erreicht in Sens, Limoges und Tours die Rose, in Troyes und Auxerre reicht er noch weiter, gerade bis zum Scheitel der Rose. Diese Giebel sind im allgemeinen wunderschön ausgeführt und enthalten oft selbst kleine Räder – wie in Sées und Bourges und Tours. Sie stellen einen weiteren Versuch dar, Harmonie in die ganze Fassade zu bringen und das Rosenfenster in die stürmische Höhenbewegung der Gotik einzubeziehen. In Paris wird das Rosenmotiv noch weitergetragen, direkt bis unter den Dachgiebel, und in Beauvais gab es für drei kurze Jahre eine Steinrosette in der Turmspitze. Der Turm stieg bis zu 160 m auf, bevor er 1573 zusammenstürzte.

Bei einer erfolgreichen Integration der Rosenfenster in den ganzen Kirchenbau besteht eine völlige innere und äußere Harmonie. Ob das Rosenfenster im Innern eine großartige Licht- und Farbexplosion ist oder ein ruhiger, glühender Kreis voll Harmonie, die Wirkung ist bis zu einem gewissen Ausmaß von der Beschaffenheit und der Stellung der übrigen Glasteile im Gebäude abhängig. In Chartres z. B. scheinen die 12 größten Lichter des Westfensters wie 12 Sterne am Himmel aufgehängt, und diese harmonisieren genau mit den drei Spitzbogenfenstern darunter (oder zumindest taten sie es, bis die drei Fenster 1975–77 gereinigt und dabei die feinen Unregelmäßigkeiten im Glas weitgehend zerstört wurden). Die Rosen der Nord- und Südquerarme stimmen ganz zusammen mit den Spitzbogenfenstern mit Propheten, Priestern und Evangelisten; sie erscheinen wie Heiligenscheine aus Licht über diesen Trägern des Wortes und verkörpern ihre Quelle der Eingebung und Sehnsucht. In Paris enthalten die beiden Maßwerke der Rosen und Lanzetten in den Querarmen etwa doppelt soviel Glas wie diejenigen von Chartres, aber sie sind ebensogut aufeinander abgestimmt. Diese klassischen Fenster leuchten aus der Dunkelheit.

Dies ist jedoch in den meisten anderen Kathedralen nicht mehr der Fall. Durch die Verwüstungen der Zeit und der Menschen gingen viele Glasteile verloren, so daß die richtigen Verhältnisse nicht mehr bestehen, wenn man das Übriggebliebene betrachtet. Verlorene Scheiben sind oft durch Grisailleglas ersetzt oder sogar durch gewöhnliches Glas, das zu grelles Licht schafft, als daß man die Feinheiten des übriggebliebenen mittelalterlichen Glases noch voll schätzen könnte. Aber in seltenen Augenblicken malt die Sonne doch Muster auf das Mauerwerk in und um die Rose, und das Auge wird von wunderschönen Eindrücken gefangen.

In Reims, wo vieles durch den Krieg verloren gegangen ist, gibt es auch einige der bestgelungenen Ausbesserungen. Die Westseite trägt zwei Rosenfenster, eines davon sauber in das Tympanon unter dem anderen eingepaßt; das Licht des riesigen Fensters aus dem 13. Jh. oben und des modernen Fensters von Jacques Simon darunter verbinden sich in vollkommener Harmonie mit den Statuen, die die Innenseite der Wand zuseiten der kleineren Rose auskleiden (Abb. 67).

Das Glas in der Rose

Im Ablauf des Tages, im Sommer wie im Winter, wechselt das Licht ständig an Intensität und Farbe. Die einzelnen Fenster in der Kathedrale lenken zu verschiedenen Zeiten die Aufmerksamkeit auf sich. Tatsächlich scheinen einige Fenster nur in bestimmten Augenblicken lebendig zu werden, oft, wenn man kaum hinschaut. Der Zauber, den diese Fenster ausstrahlen, macht jeden Besuch in der Kathedrale zum freudigen Erlebnis, besonders, wenn ein schon vertrautes Fenster uns durch eine neue Veränderung in seiner Erscheinung überrascht.

Im wechselnden Licht der Tages- und Jahreszeiten steht die Wirkung des Glases der Rosenfenster an Feinheit dem der übrigen Fenster in der Kathedrale in nichts nach. Leider ist es jedoch nicht leicht, jedes Detail dieser Rosen zu erkennen, da die meisten mehr als 10 m über dem Boden angebracht sind. Ein gutes Fernglas kann sehr hilfreich sein, ebenso ein Blick vom Triforium oder der Empore. In jedem Fall wird man erkennen, daß auf diese Fenster ebensoviel Sorgfalt verwandt wurde wie auf jene, die dem Betrachter näher sind; in manchen Rosen haben die Engel sogar Wimpern, obgleich nur wenige Leute sie vom Boden aus erkennen können.

Die Kunst, das Glas zu färben und es zu bemalen, fand im 12. Jh. weite Verbreitung. Große Mengen Glas wurden für die neue Kirche in Saint-Denis benötigt. Obwohl es in Frankreich nur Ansätze zu diesem Handwerk gab, entwickelten sich innerhalb einiger Jahre eine Anzahl von Werkstätten rund um Paris, und vor allem Chartres sollte ein Zentrum werden, wo Glas nicht nur für Bauten in Frankreich, sondern auch in England hergestellt wurde.

Viele Anregungen zu dieser neuen Kunst kamen von Kreuzrittern und Pilgern, die aus dem Heiligen Land zurückkamen. Eine jener Kreuzfahrerstraßen ging über Venedig und Böhmen; auf diesem Wege wurden neue Techniken und Materialien importiert, die zu der Kunst, die sich in Frankreich entwickelt hatte, genau paßten. Da in Chartres der Flußsand, der zur Glasherstellung gebraucht wird, besonders rein war, entstanden hier die feinsten Beispiele dieser Kunst. Dieses Glas sollte legendär werden, so wie auch seine Herstellung von einem Geheimnis umgeben war. Das führte bald zu der Annahme, daß das Glas eine Erfindung der Alchemisten sei. Ob diese Vermutung wahr sein mag oder nicht, Gold wurde sicher zur Herstellung einiger Rotschattierungen oder zur Erzeugung von Rubinglas gebraucht. Nach dem Lehrbuch des Mönchs Theophilus (um 1100–1155) war die Glasherstellung zu seiner Zeit eine seltene Kunst mit streng gehütetem Geheimnis. Einzelheiten der bei dem mittelalterlichen Handwerk angewandten Methoden sind noch weitgehend unbekannt und bis heute nicht genau zu wiederholen Es gibt einige zeitgenössische Bilder, die den Arbeitsvorgang darstellen, die jedoch wenig Anhaltspunkte über das geben, was wirklich vor sich geht. Ebenso dürftig sind die Quellenaussagen über die Teilung der Verantwortlichkeit zwischen dem entwerfenden und dem ausführenden Künstler: im Falle der Rosenfenster weiß man nicht, ob der Entwurf vom Baumeister oder vom Glaser stammt oder ob sie einander bei diesen Fenstern angeregt haben.

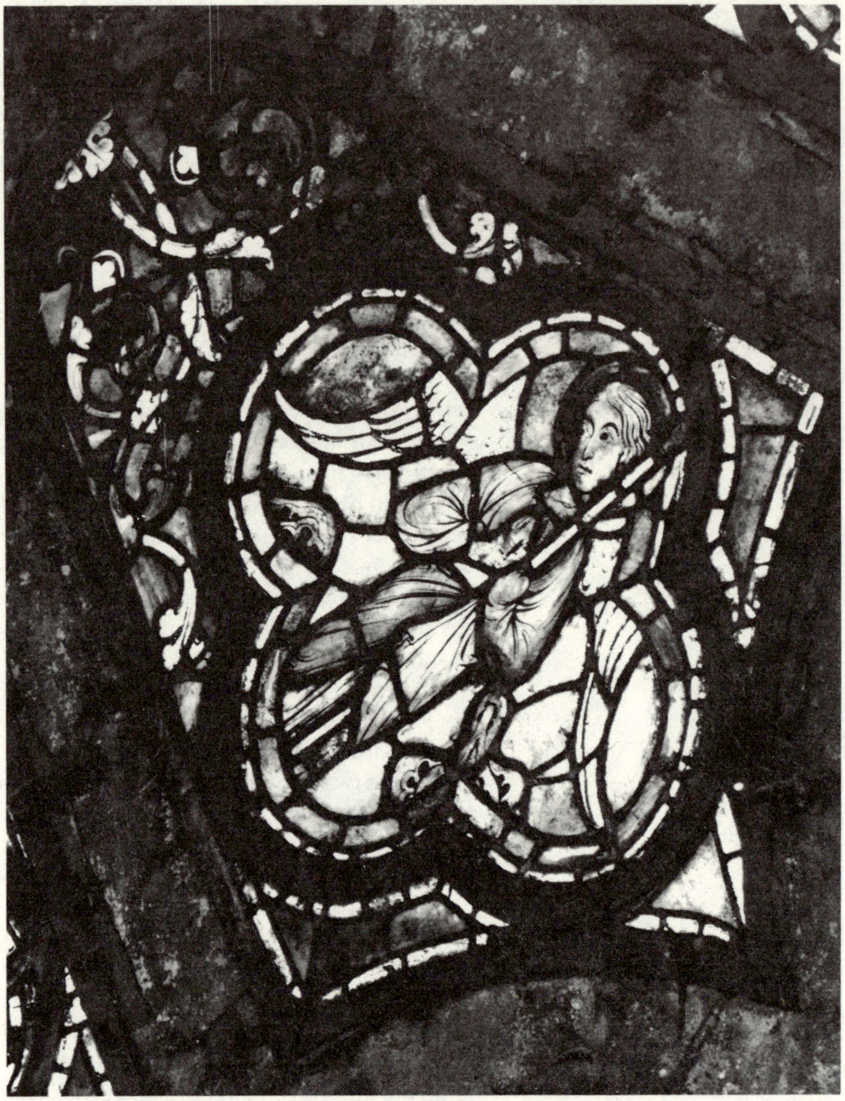

Ein Engel aus einer Rose des frühen 13. Jh. in Mantes (vgl. Abb. 65)

Das Werk der alten Glasmaler konnte immer nur oberflächlich nachgeahmt und verfälscht werden durch Halbwissen – jeder ehrliche Handwerker kennt diesen Prozeß –, und das geschah in der Folge bei vielen Arbeiten, die nach dem 13. Jh. entstanden sind, als das „Geheimnis" bereits verlorengegangen war. Wenn es ein Geheimnis der Glasmalerei gibt, so liegt es in dem Wissen, wie man im Zustand höchster geistiger Kreativität und mit grenzenloser Sorgfalt und Liebe ausdauernd zu arbeiten vermag. Es gibt viele deutliche Beweise für die Mühen, denen sich diese Handwerker der Gotik unterzogen, um beständige Schönheit und Vollkommenheit zu erreichen.

Die Darstellung des Theophilus ist außerordentlich nützlich, obwohl er die Glasherstellung einige Jahre vor dem Einsetzen der Gotik und noch ehe die Werkstätten von Chartres ihre Produktion begannen, beschreibt. Er beschreibt, wie Glas gegossen wurde, und nennt die Zutaten, die in entscheidenden Momenten während des Schmelzvorgangs zugegeben wurden; er stellt auch dar, wie im fortgeschrittenen 12. Jh. das Glas geblasen wurde und ein viel dünneres und leichter zu behandelndes Produkt entstand. Das Grundrezept bestand darin, zwei Teile Buchenholzasche mit einem Teil Flußsand zu kombinieren und diese Mischung in eine leicht purpurfarbene Masse zu verschmelzen (die Farbe geht auf eine Manganunreinheit zurück). Während des Schmelzprozesses kamen Metallbestandteile hinzu, um die gewünschte Farbe zu erlangen: Kobaltoxyde (aus Böhmen) für Blau, Kupferoxyde für Rot und Silberoxyde für Gelb. Zu Theophilus' Zeit wurde es flach gegossen, um im Schmelztiegel gefärbtes Glas zu erhalten; später wurde es zu einem langen Zylinder geblasen, der dann aufgeschnitten und zu einem Blatt geglättet wurde. Mit einem rotglühenden Schneideeisen wurde das Blatt geschnitten und die Glasstücke nach ihrer Stellung in der endgültigen Komposition ausgesucht. Die Zeichnung des Fensters wurde auf einer gekalkten hölzernen Tafel entworfen, die Stücke geschnitten und ausgelesen, so daß die Fehlstellen im Glas zu der größten künstlerischen Wirkung ausgewertet werden konnten. Tatsächlich geben diese Sprünge, Blasen, Sandkörner, Streifen und Unterschiede in der Dicke dem Glas seinen einmaligen, das Licht einfangenden Zauber.

Einiges von diesem Glas wurde geformt und sogleich in das Fenster eingepaßt, aber vieles wurde einer weiteren Behandlung mit Schwarzlot unterzogen, um die Auflichter, Schatten, Linien oder andere Details deutlich zu machen. Das Schwarzlot wurde aus einer Mischung von Eisenspänen und Harz hergestellt, und mit dem Pinsel wurden die Detailzeichnungen auf das Glas aufgetragen, ehe es schließlich gebrannt wurde.

Um gewisse Farben und Wirkungen zu erreichen, wurde das Schichtverfahren eingeführt. Dabei wurde auf die Oberfläche eines Glasstücks eine weitere dünne Glasschicht von anderer Farbe aufgeklebt und beide dann noch einmal gebrannt. So ging man vor allem bei der Herstellung von Rubinglas vor, das dazu neigte, zu dunkel zu werden, wenn es in normaler Dicke erzeugt wurde. Deshalb wurde dieser Rubinton durch das Aufeinanderlegen von dünnen Schichten roten Glases auf eine klare Grundplatte erreicht. Ein Vorteil dieser Methode war es, daß die einzelnen Schichten bis zur erforderlichen Tiefe abgeschabt werden konnten, um innerhalb desselben Glasstücks einen unterschiedlichen Ton zu erzielen. Selbst verschiedene Farben können durch späteres Übermalen erreicht werden, obgleich das bei mittelalterlichen Arbeiten selten ist.

Die wohl bemerkenswerteste Form gefärbten Glases – wenn sie tatsächlich je existiert hat – wurde von Theophilus seine „kostbarste Abart" genannt; sie entstand durch das Aufsetzen von Edelsteinen auf bemaltes Glas. Suger rühmte stets, daß echte Saphire in die Schmelzmischung kamen, um einige Gläser von Saint-Denis zu färben, aber niemand hat dies ernst genommen; vielleicht sollten wir im Lichte der Darstellung des Theophilus mit diesem Urteil zurückhaltend sein.

Nach dem 13. Jh. eignete sich die Buntglasproduktion verschiedene und im allgemeinen leichtere Techniken an, doch die Ergebnisse waren weniger eindrucksvoll als in den vorangegangenen Jahrhunderten. Englische Glasarbeiten des 14. und 15. Jh. sind gelegentlich prächtig, wie in Fairford oder York, obgleich wenig davon in Rosenfenstern vorhanden ist. Dasselbe gilt vom Flämischen Glas des 15. und 16. Jh., wie es in der Kathedrale von Toledo in Spanien verwendet wurde, wo es an der Westfassade eine sehr schöne Rose aus dem 15. Jh. gibt. Französisches Buntglas des 15. und 16. Jh. entfaltet die viel roheren Farben von hellem Emaille, das auf Glas gemalt wurde; diese Technik erreicht ihren Höhepunkt in den Rosenfenstern von Beauvais (Abb. 77), Sens (Abb. 71, 72) und der Sainte-Chapelle (Abb. 53, 54). Was jedoch die Feinheit und das Lichtspiel betrifft, erreichen diese späten Fenster auf keinen Fall die Qualität der früheren Jahre. In einigen der Glasfelder der Sainte-Chapelle findet sich die Technik des „Venezianischen Glases", bei der zwei Farben im selben Glasstück gemischt werden, so daß eine in die andere übergeht.

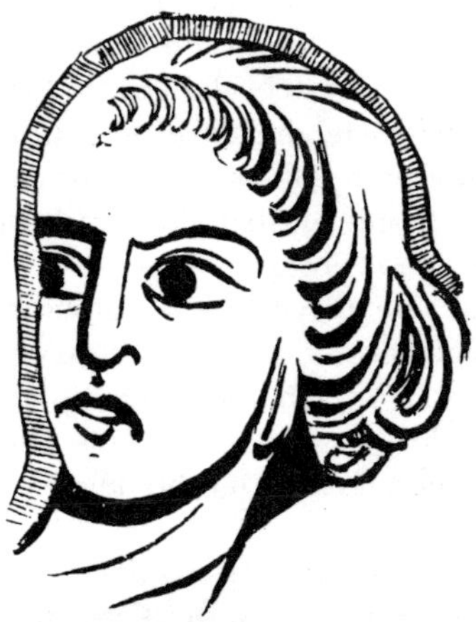

Kopf eines Engels in der Nordrose in Lincoln (von Westlake)

Farbe. Das blaue Glas von Chartres aus dem 13. Jh. ist legendär. Es durchdringt die ganze Kathedrale, wie das Gold in christlichen Mosaiken und Ikonen; beides scheint das göttliche Licht zu symbolisieren, das durch das ganze Universum strömt. Andere Farben wurden ihm in praktisch jedem Fenster untergeordnet, und selbst wenn eine andere Farbe vorherrschend war, bildete Blau fast immer den Untergrund. Im 13. Jh. waren Rot, Blau, Gold, Gelb und Weiß die am beständigsten benutzten Farben. Grün ist allgemein üblich, obwohl es sparsam benutzt wird; Purpur ist noch sparsamer in Anwendung, obwohl bestimmte Fenster damit Prunk entfalten, so die Nordrose von Canterbury. Fleischtöne werden vermittelt durch eine Art rauchiges Purpur, das häufig zu Braun abgedunkelt ist. Viollet-le-Duc teilt die Buntglasfenster des 13. Jh. wie folgt ein: 4 Sorten Blau, 3 Rot, 4 Purpur, 2 Gelb und Gold, 3 Grün und 3 Weißschattierungen.[17] Es würde ein scharfes Auge erfordern, die meisten dieser feinen Tönungen heute noch auszumachen.

Am Höhepunkt der mittelalterlichen Glasherstellung ist es für französisches Glas besonders charakteristisch, daß Rot und Blau beständig nebeneinandergestellt werden; die Blautöne sind schwach grünlich gefärbt, um das schwere Purpur abzuschwächen, das diese Kombination leicht erbringen kann. Weiß, oft sorgfältig in dünnen Streifen zwischen Rot und Blau gesetzt, umgrenzt nicht nur die Medaillons, sondern verhindert bis zu einem gewissen Grad die Lichthofbildung (das Vermischen der Farben in dem Raum zwischen dem Fenster und dem Betrachter). Der kluge Gebrauch von Weiß kann manchmal höchst dramatische Wirkungen erzielen; in Tours z. B. umrandet es alle anderen Farben in jedem Teil der Rose und gibt dem ganzen Fenster eine fast explosive Wirkung (Abb. 85).

Allgemein gesprochen ist im Nordlicht eine mildere Färbung üblich als im Südlicht: in Chartres z. B. herrschen in der Nordrose (Abb. 7) Rot und Blau vor, gelegentlich noch Gold, Weiß und andere Farben, während in der Südrose (Abb. 37) Weiß und Gold etwas mehr angewandt sind und einen ganz anderen Effekt ergeben. Dieser Eindruck geht sowohl auf die Verteilung wie auf die Wahl der Farben zurück, und selbst an trüben Tagen ist der Eindruck des Südfensters viel dramatischer als der des nördlichen. Das ist natürlich genau die gewünschte Wirkung: die Nordseite symbolisiert Vorbereitung und Läuterung, die Südseite Erleuchtung durch die Freude der Auferstehung.

Da das originale mittelalterliche Glas aus so vielen mittelalterlichen Kirchen verschwunden ist, fällt es nicht leicht, diesen Kontrast zwischen Norden und Süden noch gründlich zu analysieren. Die Restaurierung im Verlauf der Jahrhunderte ist selten verständnisvoll gewesen, und vom ursprünglichen Bestand ist wenig erhalten geblieben. Trotz zahlreicher Restaurierungen stellt das Südfenster der Kathedrale von Paris etwas von demselben Kontrast des Nordfensters zur Schau, indem es mehr Rot als jenes enthält; Tatsächlich ist es ein Maßstab für die Güte seiner Zeichnung, daß das Nordfenster die ihm eigene ruhige Heiterkeit bewahrt, trotz allem was die Restauratoren seinem Gegenstück angetan haben. In den seltenen und prächtigen Beispielen spätmittelalterlicher Rosenfenster in Tours ist der Kontrast zwischen den Fenstern weitgehend verlorengegangen durch das viele Tageslicht, das seinen Weg in die Kathedrale findet (Abb. 65). Hier ist die explosive Qualität der Südrose eher durch die Struktur als durch die Farbe erreicht: denn sie scheint sich über dem Kopf des Mannes, der auf der Spitze der Orgel steht, selbst auseinanderzureißen, mit Drei- und Vierpässen, die sich gegen die Randumfassung hin breiten.

Entwurf. Stil und Entwurf der Glasarbeiten der Rosenfenster aus dem 13. Jh. haben natürlich viel gemein mit denen der Lanzettfenster in der Kathedrale. Jeder Heilige, Engel, Prophet, König, jedes Laster, jede Tugend hat einen kleinen Raum, in dem sie sich verwirklichen können. Die Hintergründe sind auf ein absolutes Mindestmaß beschnitten. Das einzelne Individuum ist fast immer in einen Kreis eingeschlossen, der wiederum in die Öffnung eines Blumenblattes der Rose paßt; der übrige Raum ist mit dekorativem Mosaik oder blattähnlicher Ornamentierung gefüllt.

Der geometrische Plan der größten Rosenfenster ist immer ein Meisterstück des Entwerfers. Im letzten Teil dieses Buches (S. 122–27) werden die Einzelheiten einer faszinierenden und feinen konstruktiven Verwandtschaft geprüft. Die meisten Fenster bauen geometrisch auf dem Kreuz, dem Kreis oder strahlenförmigen Mustern auf, wobei das Rad, der Vorläufer der Rosen, selbst in späteren Fenstern oft noch durchschlägt. Rosetten und die Kreis- und Quadratkombinationen, die oft in mittelalterlichen Illustrationen und Dekorationen gefunden werden, sind natürliche bevorzugte Formen in den Rosenfenstern. Die Rosen von Lausanne (Abb. 68, 69), Clermont-Ferrand (Abb. 2), Paris und Sées (Abb. 42) sind einige der vielen Beispiele. In Canterbury ist die Planzeichnung der Rosen fast identisch mit der des islamisch inspirierten riesigen Quadrat- und Kreissystems im Mosaik hinter dem Altar. (Die Inspiration ist nicht nur islamisch, denn diese Art geometrischer Zeichnung greift auch auf keltische Muster zurück, selbst auf römische Bodenziegel).

Der Entwurf des Fensters machte eine vierfache Zusammenarbeit von Geistlichem, Baumeister, Schmied und Glaser erforderlich, um Wahl und Anlage des ikonographischen Programms zu bestimmen. Erst danach konnte der Glaser seine Arbeit beginnen, wobei er in Einzelheiten der Zeichnung einer bewährten Tradition folgte – so wurde Petrus immer mit einem Bart, Paulus kahlköpfig, Melchisedech mit dem Kelch des Priesters dargestellt. Manchmal tragen die einzelnen Figuren Schriftbänder mit ihren Namen, wie in der Nordrose von Chartres. Auch die Farbwahl folgte einem traditionellen Muster, wobei Blau im allgemeinen als Hintergrund genommen wurde, gegen den Rot, Grün, Braun und Purpur mit gelegentlich fast heftigem Kontrast gesetzt wurden. Manchmal ist der Hintergrund Rot; das trifft fast immer zu, wenn Christus oder seine Ahnen Hauptgegenstand der Darstellung sind.

Aber trotz der vielen Regeln und Konventionen war dem individuellen Ausdruck ein weiter Spielraum gelassen. Der Glaser zeichnete den Umriß und das Detail, wählte das Glas nach seinen natürlichen Merkmalen aus, zog die Bleifassungen um die Konturen und malte das Detail hinein. Nach dem letzten Brennen fügte er jedes Teil in die ganze Struktur. Es ist faszinierend zu bedenken, daß man, wenn ein Rosenfenster über 12 m im Durchmesser in Arbeit war – so wie in Chartres und Paris –, nicht genau wissen konnte, wie das Fenster an Ort und Stelle aussehen würde, ehe es vollendet und eingebaut war. Es mag zwar ausgesprochene Experimentierperioden gegeben haben, aber es ist trotzdem ein Maßstab für die wunderbare Geschicklichkeit und Intuition dieser mittelalterlichen Handwerker, daß sie tatsächlich blind an diesen großen Kompositionen arbeiteten. Auch wenn der Entwurf ausgedacht, aufgezeichnet und eventuell verändert worden war, so war es doch fast unmöglich, im voraus abzusehen, wie die Dicke des Steins und der Winkel des Sonneneinfalls zu verschiedenen Tageszeiten auf die endgültige Bemalung wirken würden. Ein Problem war auch der Effekt der Lichthofbildung, bei dem lichte Farben dazu neigen, in benachbarte dunklere Töne überzugehen, was zu einer grundsätzlichen Veränderung der Farbe des ganzen Fensters führen kann, wenn man es aus der Ferne betrachtet. Dabei ist Blau die problematischste Farbe. In großen Flächen erscheint sie oft dunkler als man normalerweise von jedem einzelnen Stück erwarten würde. Solche Effekte sind noch gesteigert, wenn die Sonne hinter dem Fenster steht, wie es auf den Fotografien des Reimser Fensters zu sehen ist, wo das Farbgleichgewicht grundsätzlich verschieden ist, und Rot fast heftig im Licht der untergehenden Sonne vorherrscht.

Letztlich zeichnet sich ein wirklich schönes Rosenfenster dadurch aus, daß

Der hl. Bartholomäus aus dem östlichen Rosenfenster in Laon. Frühes 13. Jh. (von Florival und Midoux)

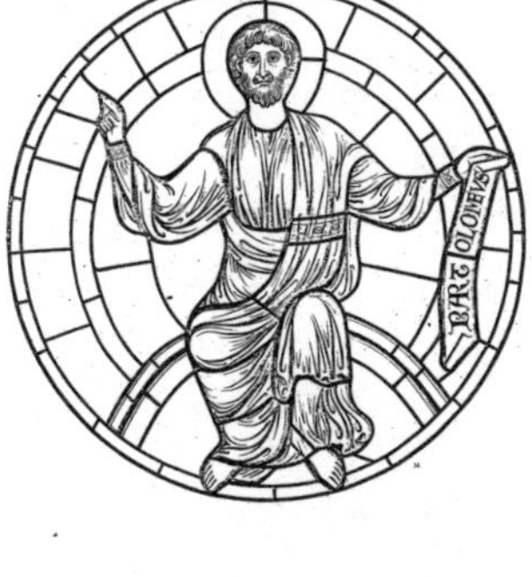

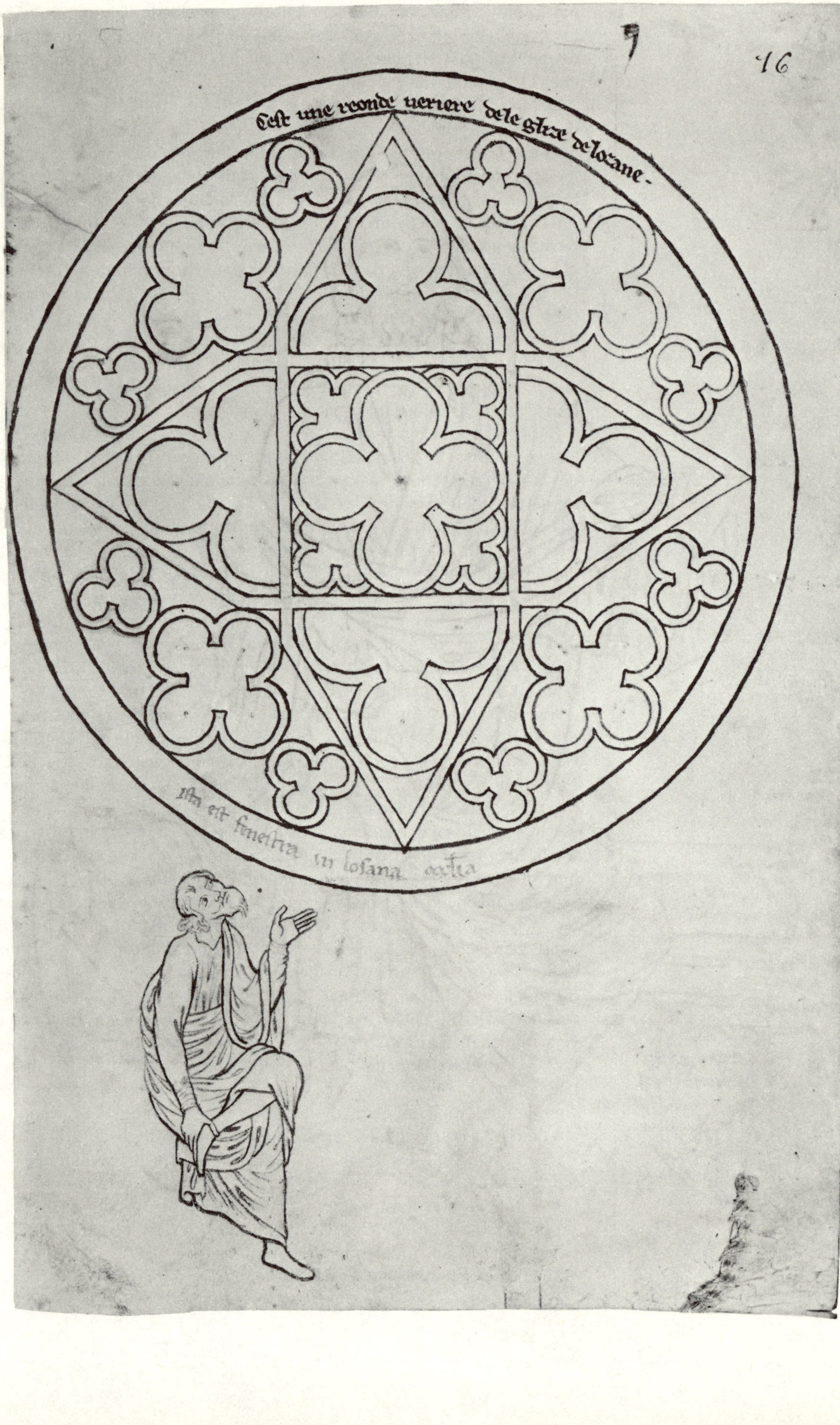
16
Cest une reonde verriere dele glize de lozane
Ista est fenestra in losana ecclia

Links: Villard de Honnecourts Skizze (etwa 1225–50) des Rundfensters in der Kathedrale von Lausanne. Wie das Chartres-Fenster (S. 93) ist es aus unbekanntem Grund ungenau gezeichnet

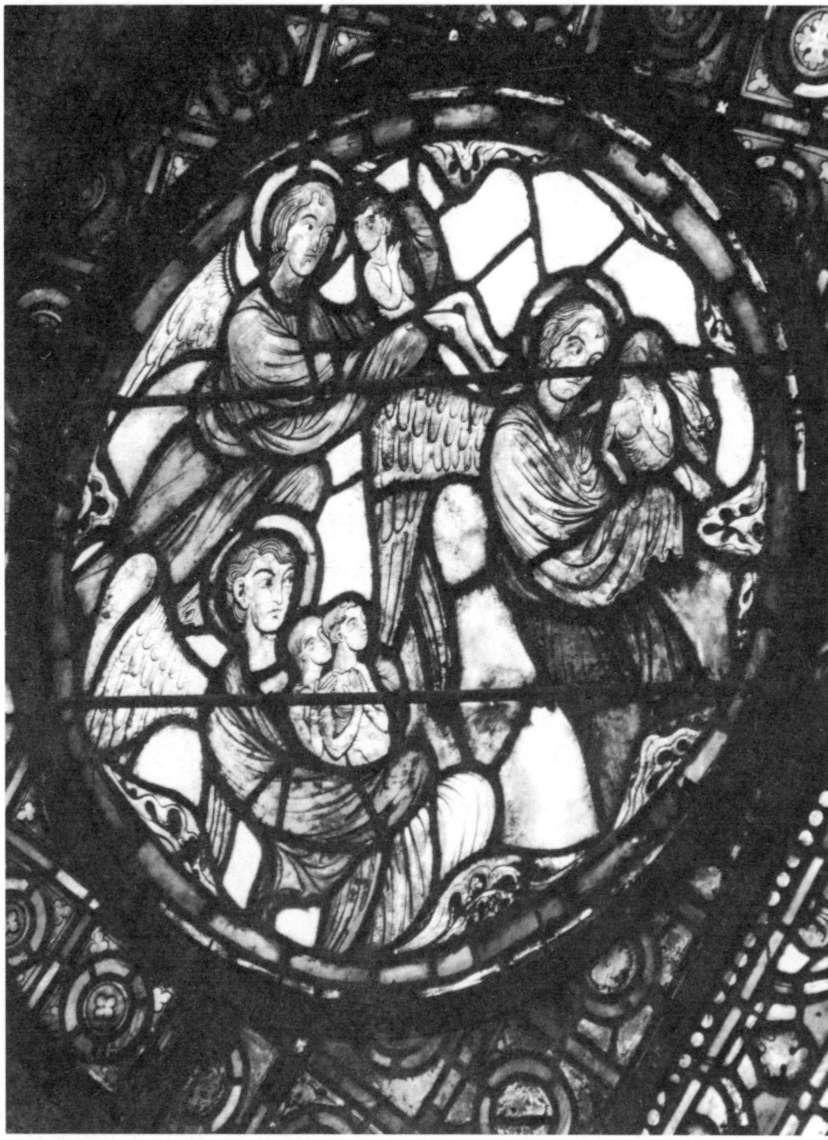

Seelen, die von Engeln im Jüngsten Gericht zum Himmel getragen werden. Rose in Mantes, frühes 13. Jahrhundert

es zu jeder Stunde des Tages und Jahres ein neues Gesicht zeigt. Ein Rosenfenster ist wie eine wirklich große Symphonie. Es hört nie auf, uns zu faszinieren, es zeigt unendliche Vielfalt von Formen innerhalb der vollkommenen Ordnung des Kreises, und es fasziniert uns durch den ständigen Wechsel von regelmäßigen und unregelmäßigen Rhythmen der Farben und Formen im Lauf der Tages- und Jahreszeiten. Feinsinnig kombiniert aus Licht, Form und Farbe oder dramatisch kontrastierend ist jedes Rosenfenster ein Wunderwerk. In diesen großen Arbeiten aus Licht und Geometrie wird der Künstler ein Weltschöpfer, wird er eins mit der Musik und dem Tanz des Kosmos.

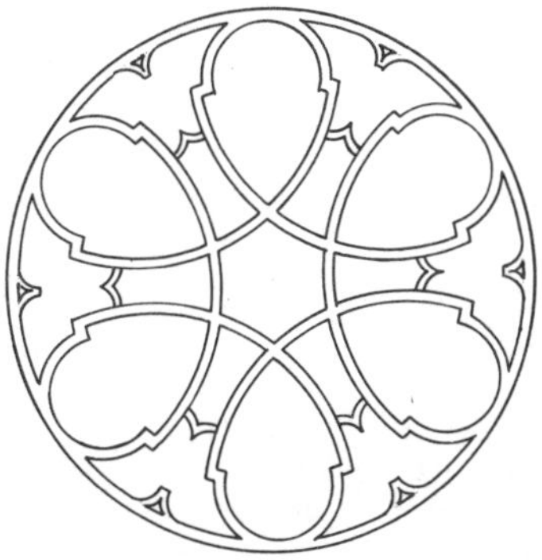

Maßwerk in Melun bei Paris

Warum haben sie die Kathedralen, diese ungeheuren Festungen erbaut?

Sie taten es, um dort – in Sicherheit, wie sie glaubten – das unsichtbare Ei niederzulegen, jenen Keim, der soviel Geduld, soviel Sorgfalt erfordert: er ist der Geschmack, jene Spur reinen Blutes, das uns die Jahrhunderte überliefert haben und das weiter fortzupflanzen jetzt unsere Aufgabe ist.

Alle diese stolzen Lösungen, diese vom Genie verklärten Steintürmungen, die sich bis zu den äußersten Grenzen erheben, an denen der menschliche Hochmut seine Verbindung mit dem Leben und mit seiner Art zu verlieren und ins Leere zu fallen droht, – sie alle sind nur der Tabernakel. Oder vielmehr – denn dieses Heiligtum lebt! –: die Kathedrale ist die Sphinx, die Hüterin des Geheimnisses...

Das Geheimnis ist so gut wie verloren, weil heute nur wenige der Sphinx, die überall in unseren französischen Städten kauert, noch Antwort geben können.

Wir wüßten, wie man der gotischen Sphinx Antwort zu geben hätte, wenn die Natur selbst für uns nicht eine rätselhafte Sphinx geworden wäre.

Aus „Die Kathedralen Frankreichs" von Auguste Rodin.[18]

21 Das gähnende Loch im Herzen der Fassade von Saint-Jean-en-Vignes in Soissons (spätes 13. Jh.) ist alles, was von dem Rosenfenster geblieben ist; ein Mahnmal für alles, was durch die Sinnlosigkeit des Krieges verlorenging. Saint-Jean hat im Verlauf der Jahrhunderte Schreckliches erlitten, erst im Hundertjährigen Krieg, dann in den Religionskriegen, erneut in der Französischen Revolution, noch mal im französisch-preußischen Krieg und schließlich im Ersten Weltkrieg. Und doch steht die Kirche noch: ein Symbol der schöpferischen und zerstörerischen Mächte des Menschen, das aber immer Ausschau hält nach einer besseren, freundlicheren Welt. Soissons, Saint-Jean-en-Vignes, Westfassade, 13. Jahrhundert

Umseitig, oben:
22 In Tarascon befindet sich ein Beispiel eines oculus, des Vorgängers der Radfenster; seine reich gemeißelte Einfassung ist umgeben von den vier Symbolen der Evangelisten, welche die untergehende Sonne anschauen. – Tarascon, Saint-Gabriel, Westfassade, um 1180

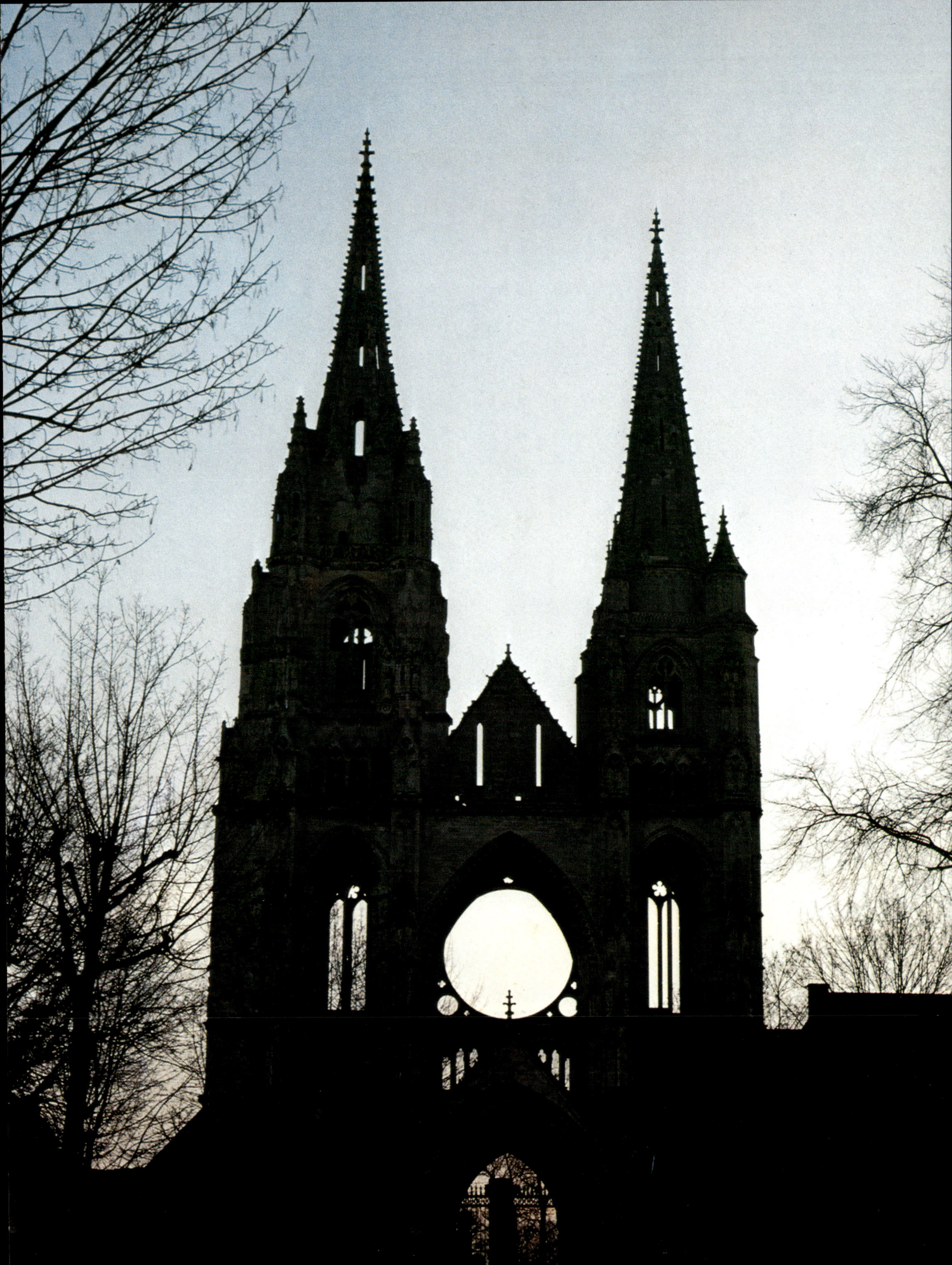

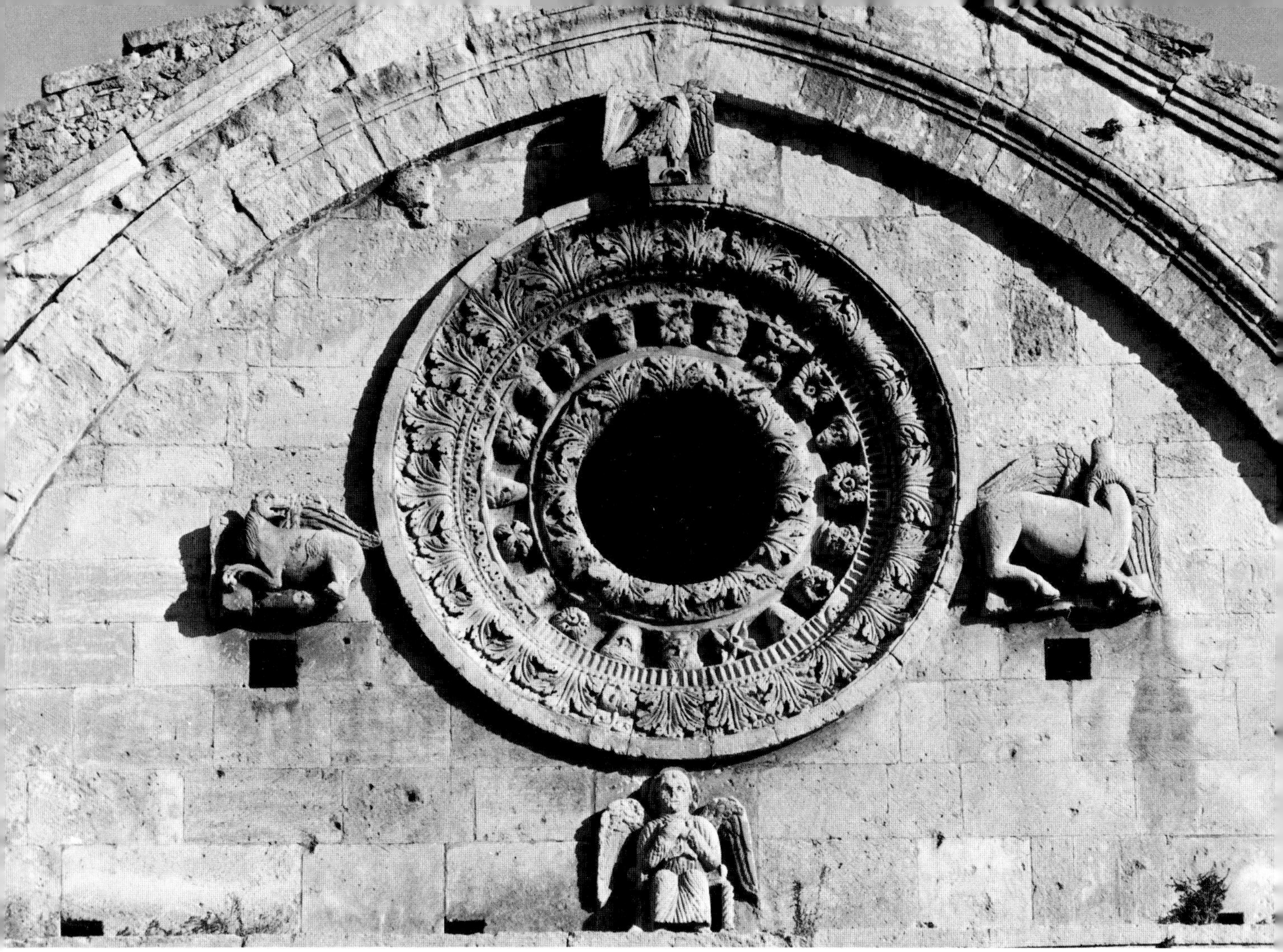

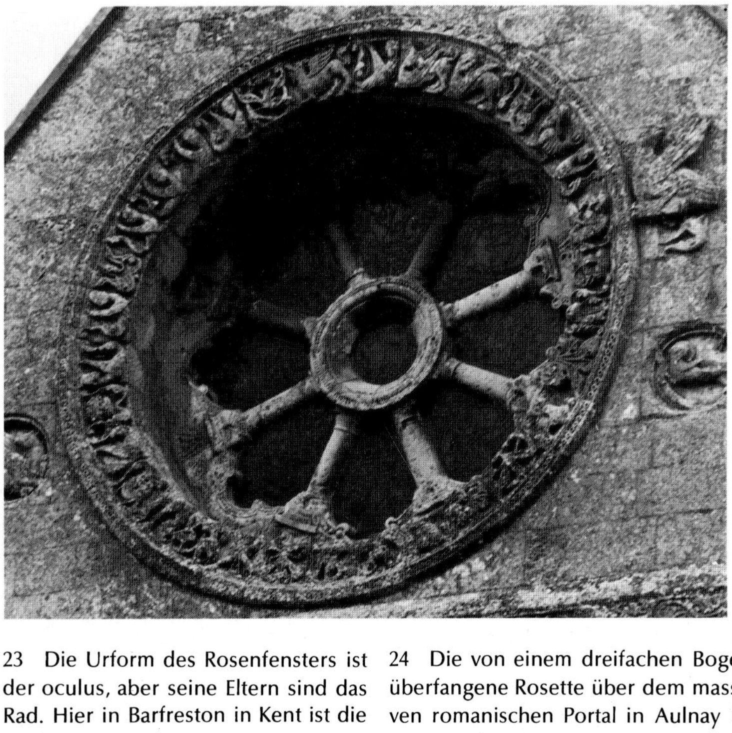

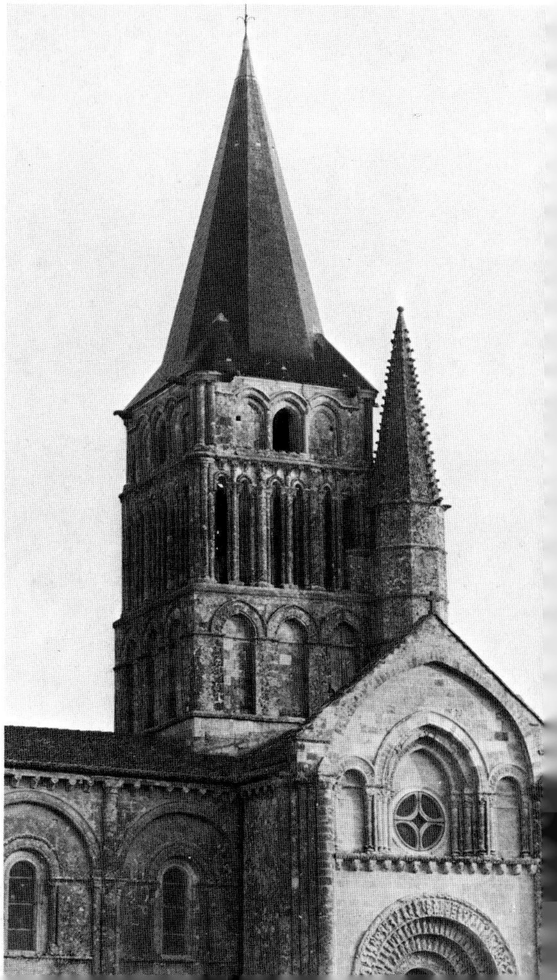

23 Die Urform des Rosenfensters ist der oculus, aber seine Eltern sind das Rad. Hier in Barfreston in Kent ist die Randeinfassung mit Tieren, Gesichtern und Blättern bereichert. – Barfreston, Radfenster, um 1180

24 Die von einem dreifachen Bogen überfangene Rosette über dem massiven romanischen Portal in Aulnay ist ein Beispiel für die Form des Kreises und des Kreuzes, die sich in der Rose etwa 50 Jahre später entwickelte. – Aulnay, um 1135–65

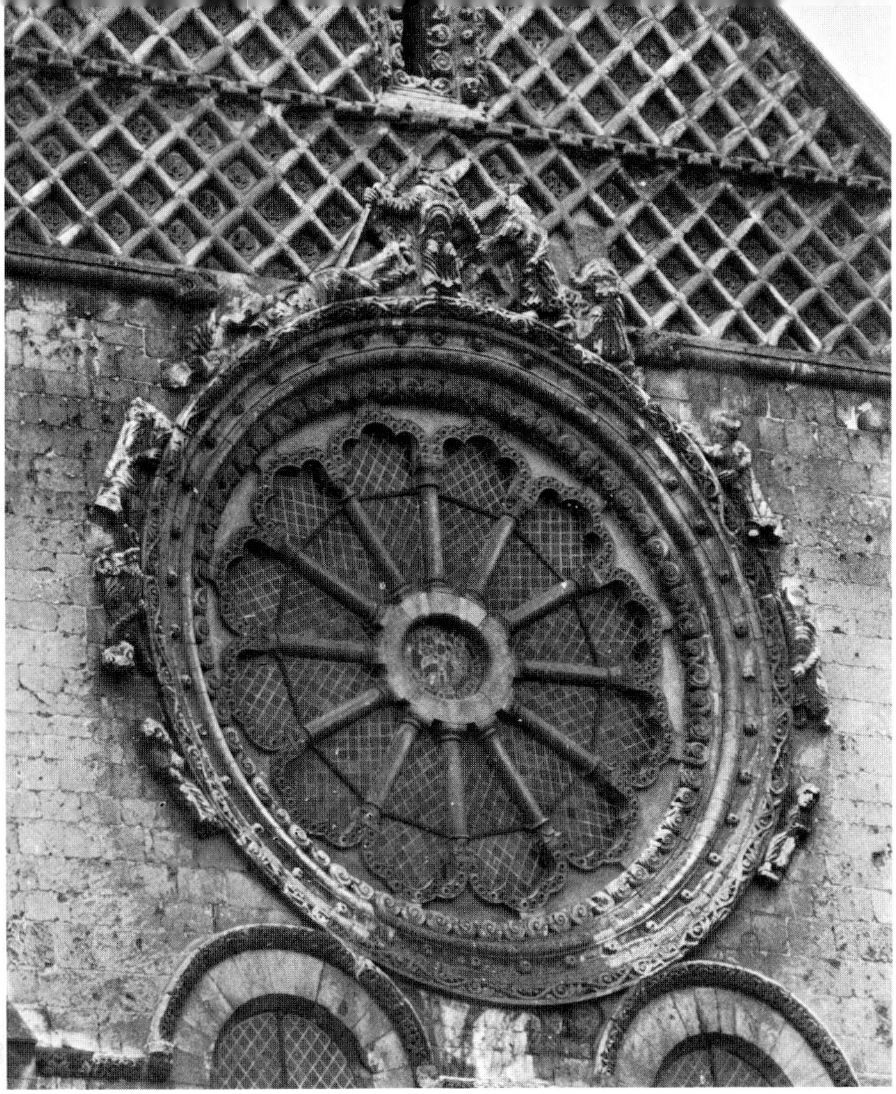

25 Das Glücksrad, das sich zur Rose des Lebens entwickelte, ist wunderschön dargestellt in Saint-Étienne, Beauvais. Menschen werden entgegen dem Uhrzeigersinn um die Peripherie des Rades an zwei Drachen und einem kopflosen Ungeheuer mit einer großen Keule vorbeigeschleppt. Von solchen Bildern kann man sagen, daß sie die vergängliche Natur des weltlichen Erfolgs in einem gottlosen Leben symbolisieren; so wie sie auf der Einfassung dem Leben, das mit Gott durch das Zentrum vereint ist, entgegengesetzt sind. – Beauvais, Saint-Étienne, um 1100

26 Das erste Rosenfenster: dieses Radfenster in Saint-Denis wird von vielen Gelehrten als die erste Rose angesehen; in der Größe ist es dem Rad von Beauvais gleich, doch war es möglicherweise das erste, in das buntes Glas eingesetzt war. Die vier Symbole der Evangelisten (etwas restauriert) können mit dem Motiv des Glücks über die vier Zeichen des Zodiakus in Verbindung gebracht werden (siehe S. 88). Diese Umwandlung vom Tierkreiszeichen zum Evangelistensymbol findet gleichzeitig mit der Entwicklung des Glücksrads zur Rose des Lebens statt. – Paris, Saint-Denis, um 1144

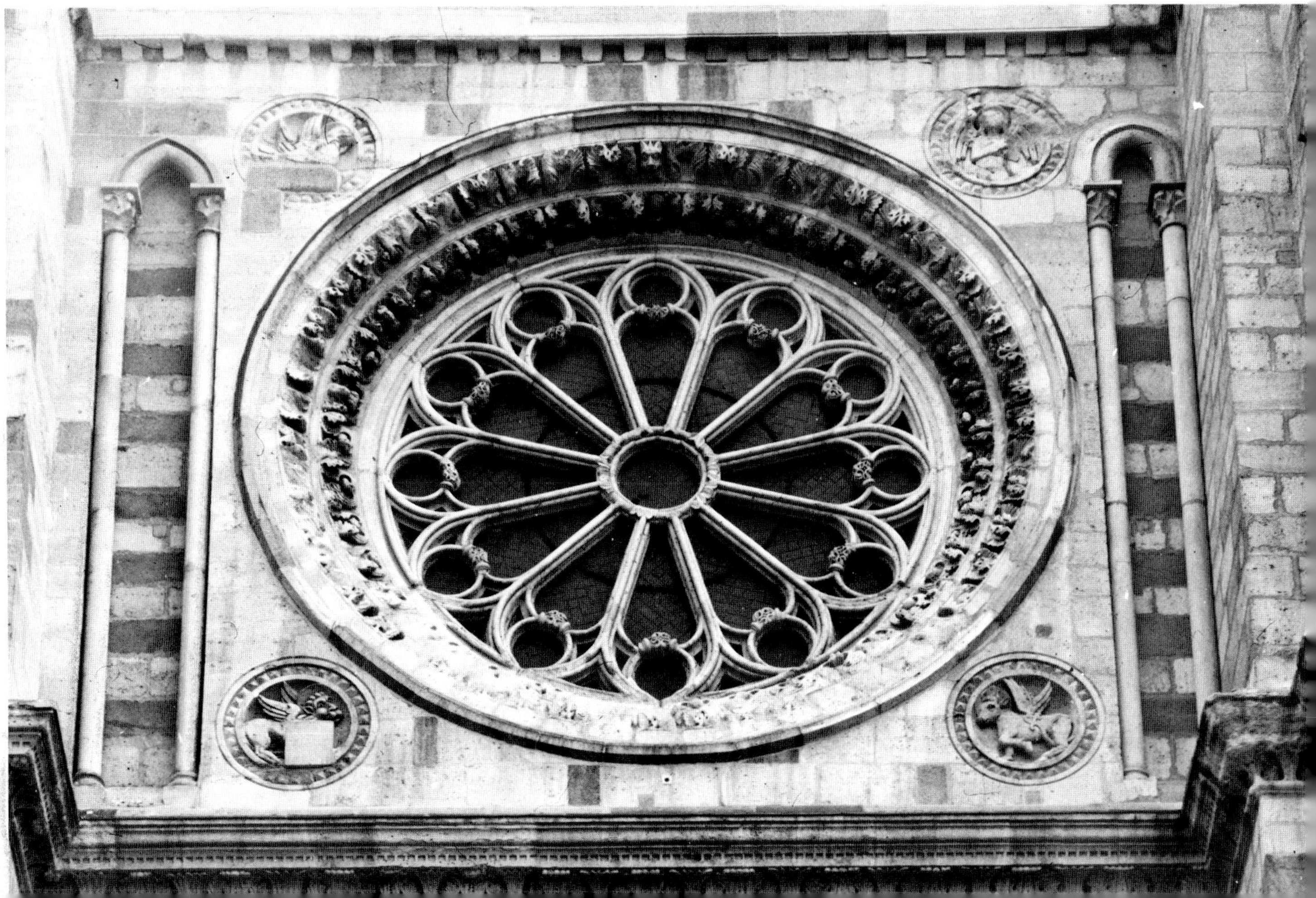

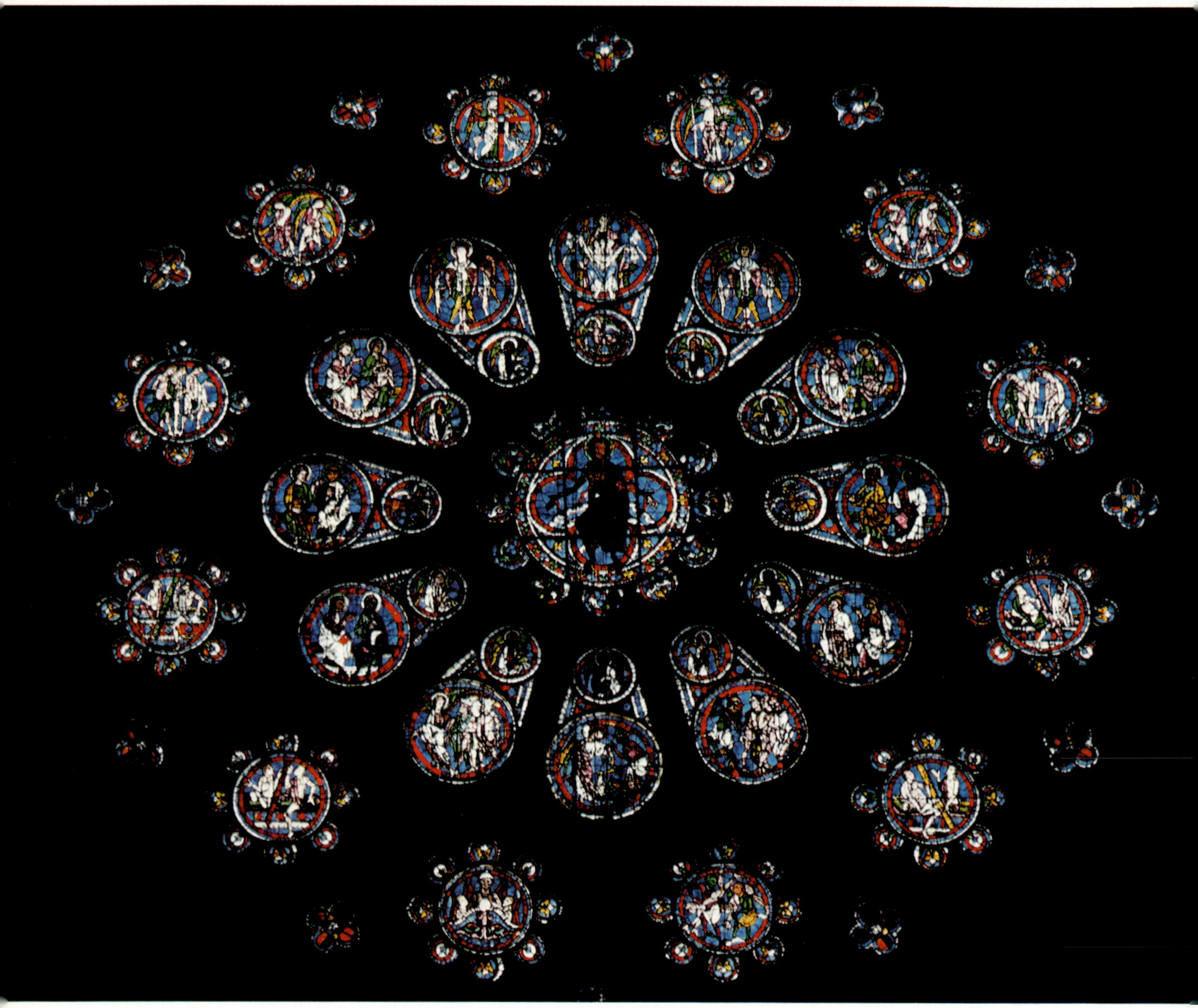

27 An der Westfassade von Chartres mißt die großartige Rose 13,36 m im Durchmesser. Außen ist sie ein riesiges Rad, innen eine wunderschöne Rose und ein Meisterwerk von Licht und Geometrie. – Chartres, Westrose, um 1276 (siehe Schlüssel und Diagramme S. 122–23, 136–37)

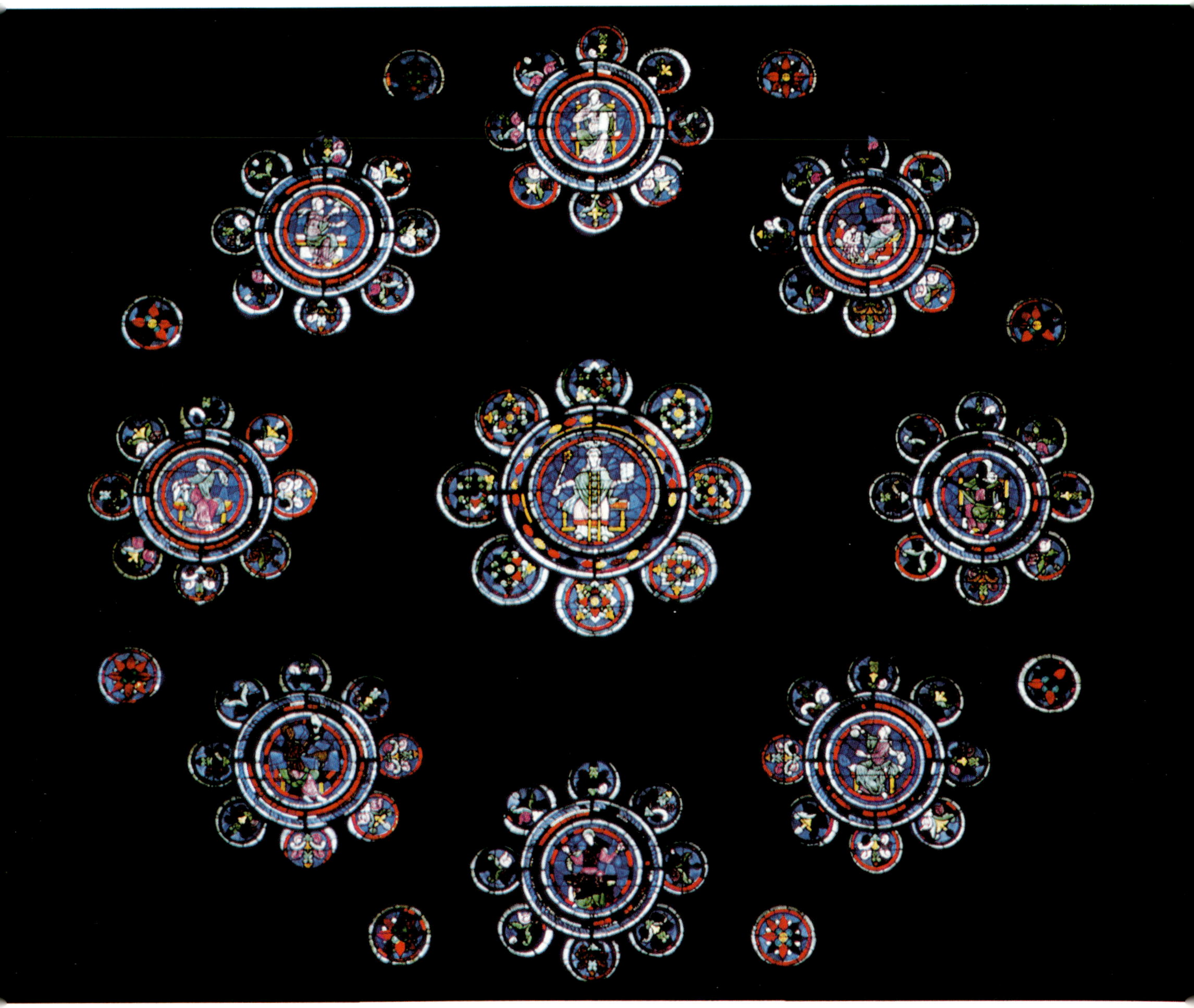

28 Im nördlichen Seitenschiffarm von Laon gibt es noch eine Rose aus an Metallarbeit erinnerndem Maßwerk. Möglicherweise stammt sie vom selben Meister, der ihre große Schwester in Chartres herstellte. Die äußere Struktur zeigt den Planwechsel des Architekten, der ein möglicherweise geplantes Lanzettfenster durch die Rose ersetzte. Innen stellten die acht Lichter die freien Künste dar, welche die Königin, die Philosophie, umgeben. Am Scheitelpunkt beginnend, zur Rechten absteigend, sind es: Rhetorik, Grammatik, Dialektik, Astronomie, Arithmetik, Medizin, Geometrie und Musik. Ob das die originale Anordnung war, ist unbekannt, weil Philosophie, Rhetorik und Musik fehlten, als das Fenster von Coffertier restauriert wurde. – Laon, Nordrose, frühes 13. Jh., um 1856 restauriert

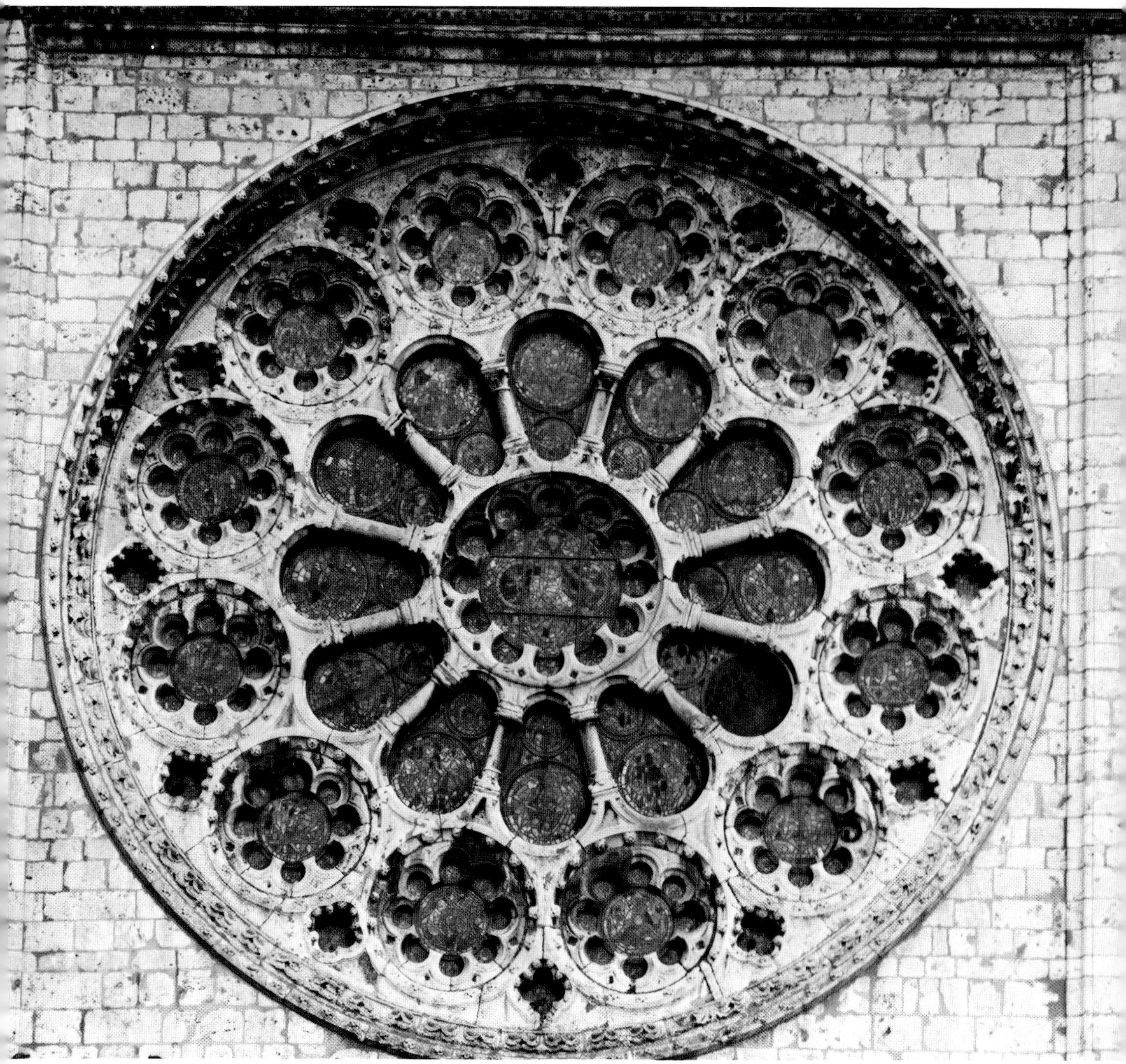

29 Chartres, Westrose, siehe Beschreibung 27

30 Laon, Nordrose, siehe Beschreibung 28

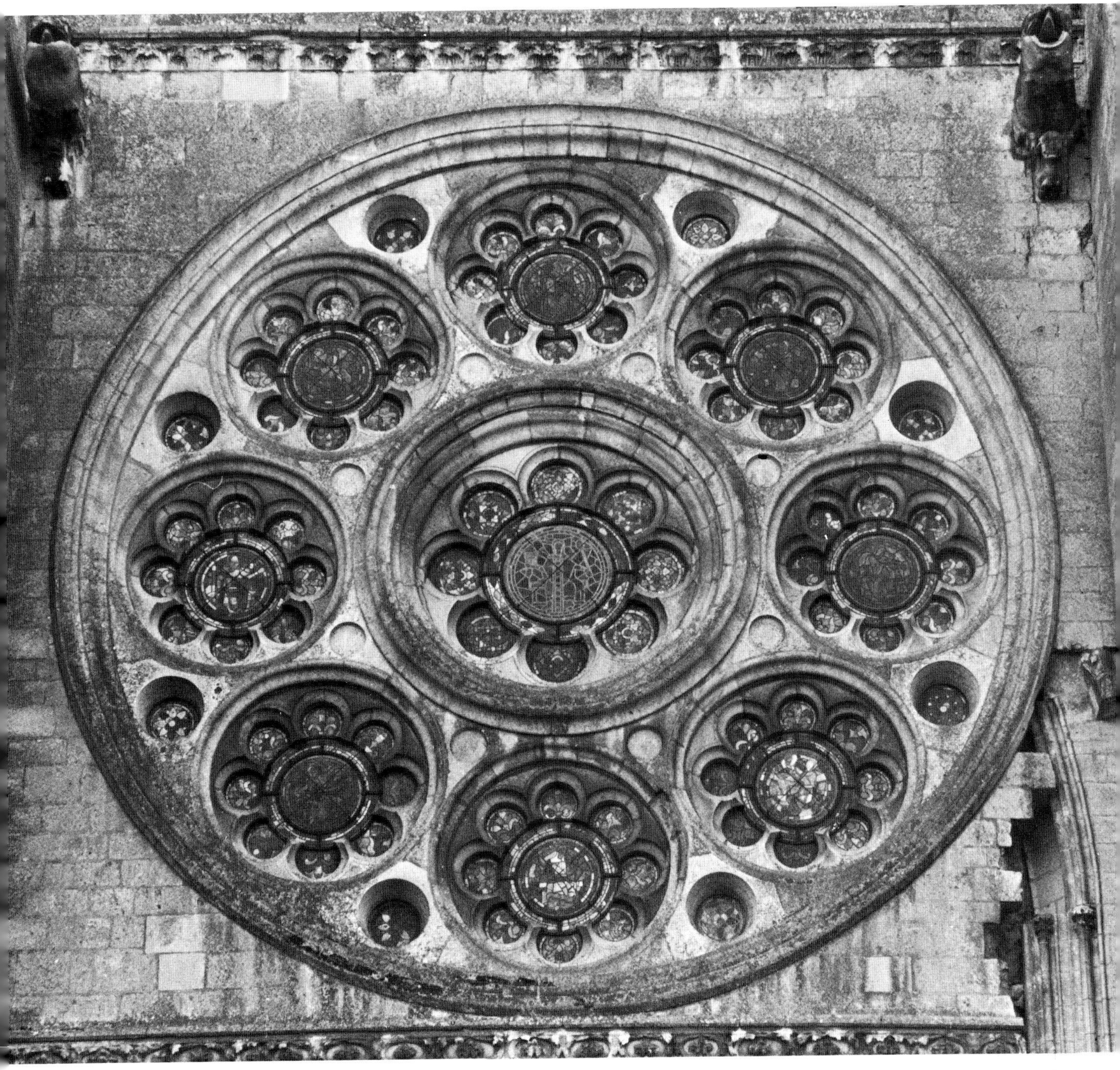

Umseitig:
31 In der zentralen Rosette der Nordrose in Laon ist die Weisheit als eine Frau auf einem Thron sitzend dargestellt. Sie personifiziert die Philosophie, deren Kopf an die Wolken reicht, mit dem Königsszepter und einer Leiter mit neun Sprossen, die an die neun Sphären des Kosmos und der Engel erinnert oder auch möglicherweise an die neun Personen, die ursprünglich in klassischen Zeiten die freien Künste darstellen. – Laon, Nordrose, frühes 13. Jh. (siehe auch Abb. 28/30)

32, 33 Der Logos als das Wort, das durch die Rose Fleisch geworden ist; wie es von Jesaja vorhergesagt und der Welt durch den hl. Johannes übermittelt wurde. In dem Ostrosenfenster in Laon zeigt die Jungfrau mit dem Jesuskind auf ihren Knien die Rose in die Menschheit hinaus, der hl. Johannes unten links, Jesaja rechts von ihr. Im ersten Kreis sind die zwölf Apostel und auf der Einfassung die vierundzwanzig Ältesten der Apokalypse, wovon jeder ein Musikinstrument und eine Flasche trägt. – Laon, Ostrose, frühes 13. Jh. Mittelscheibe und Gesamtansicht

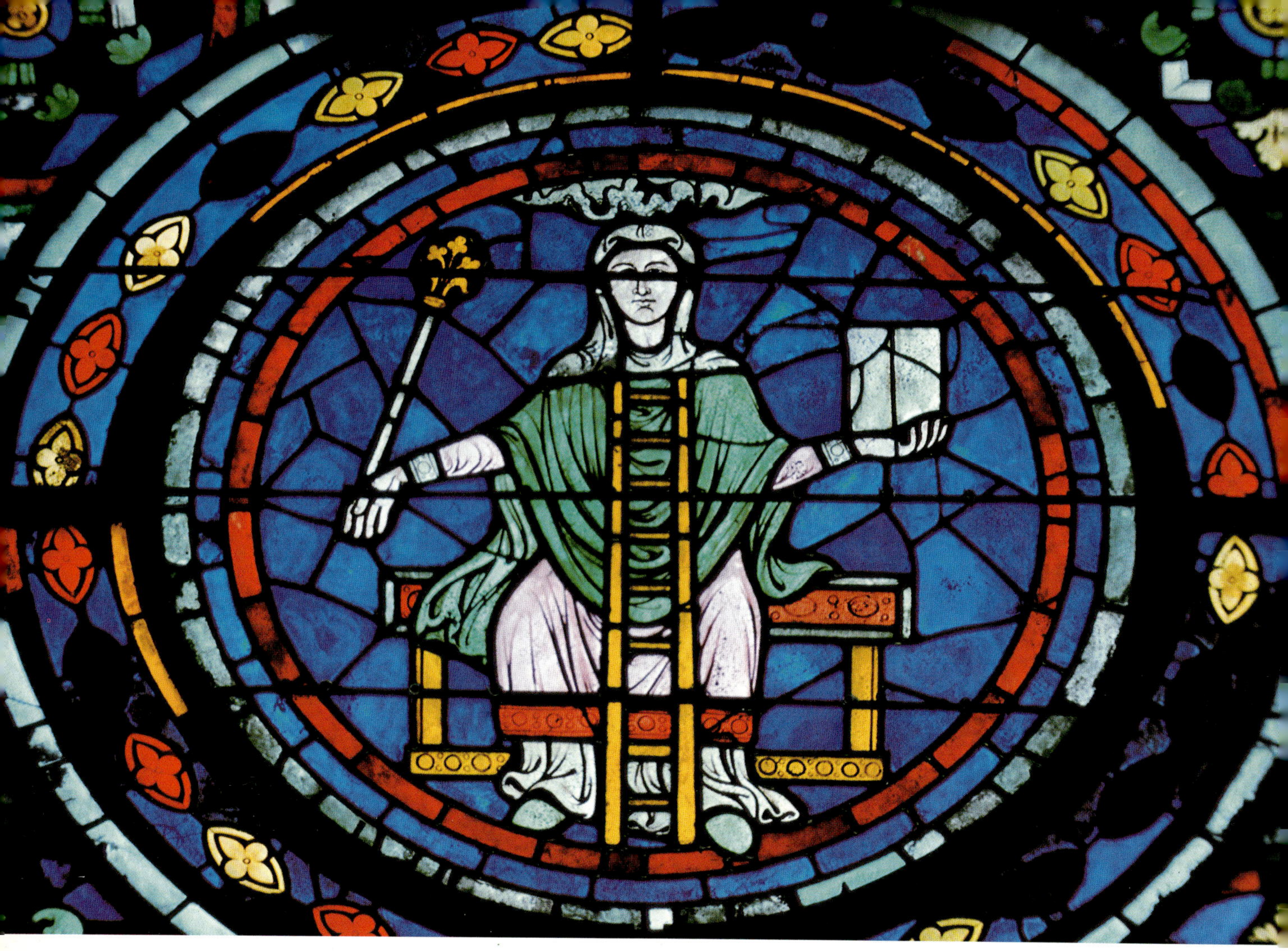

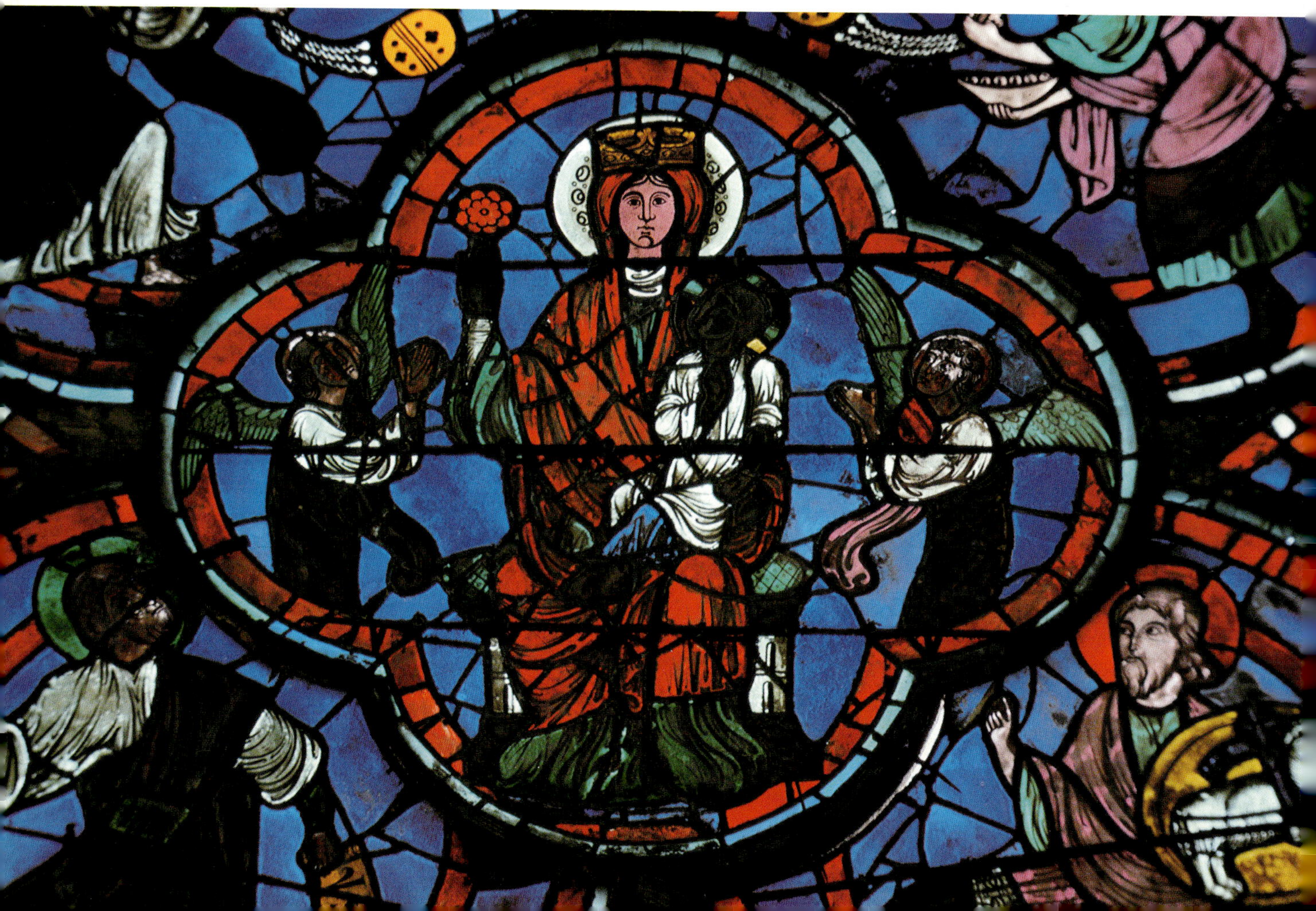

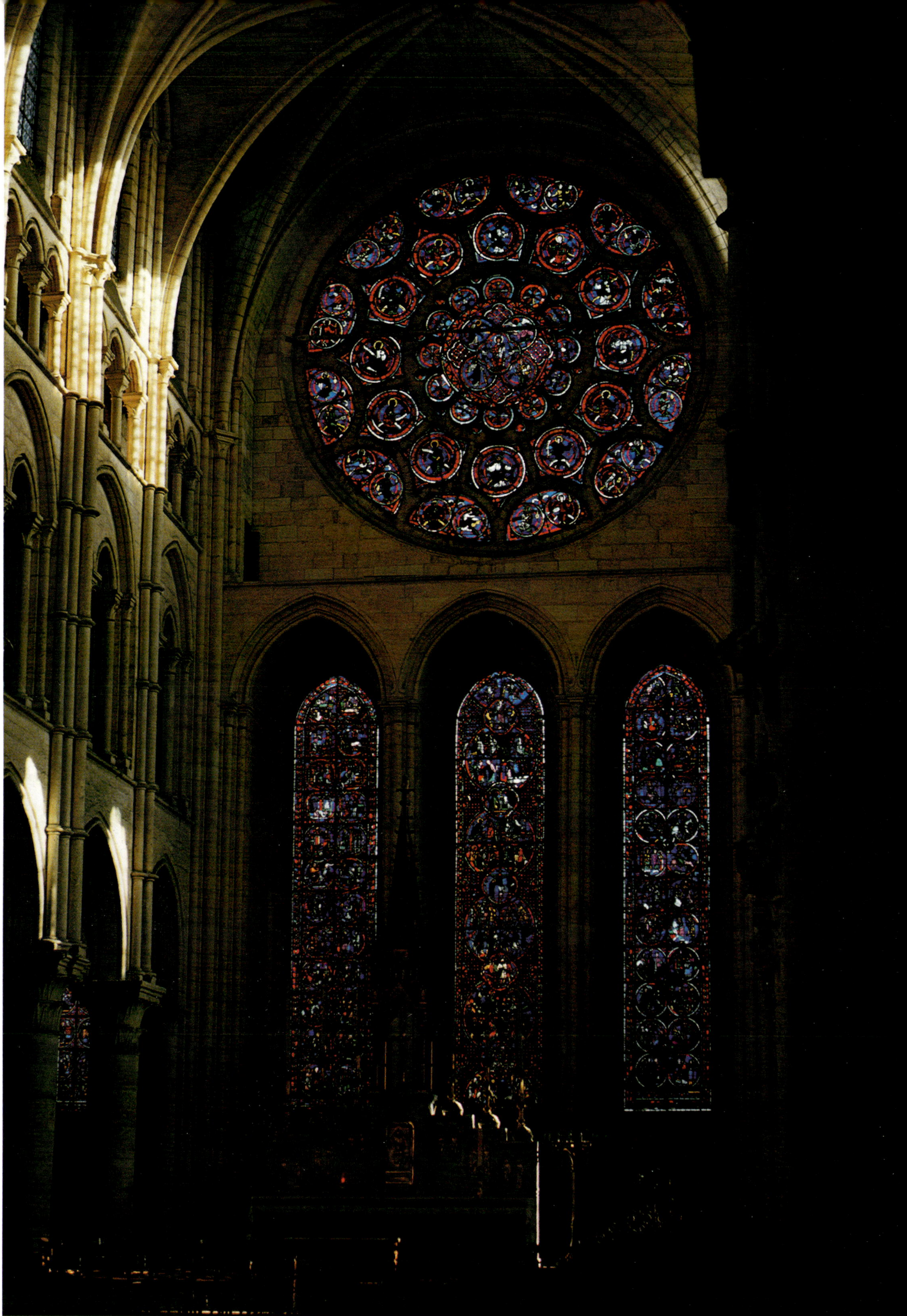

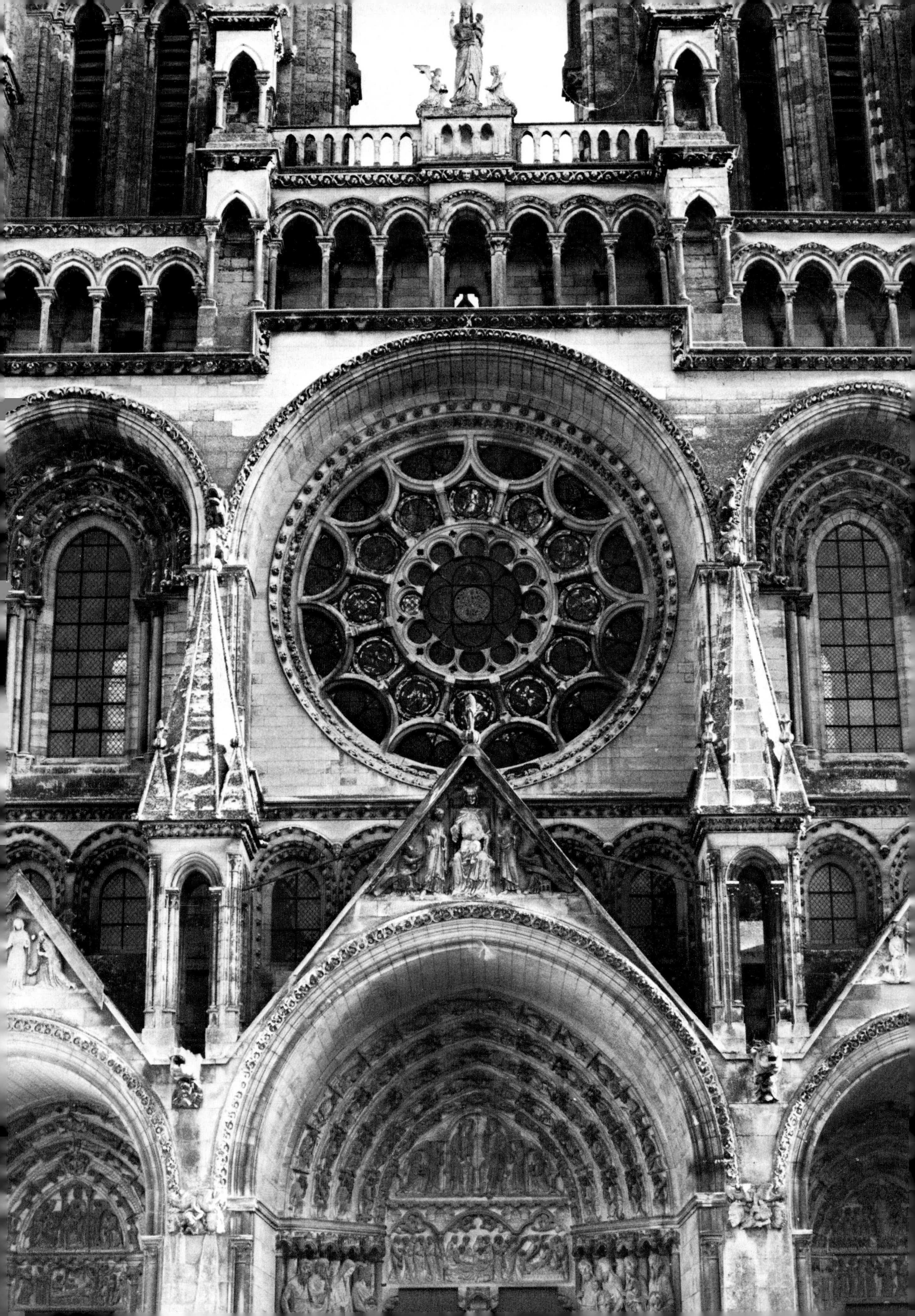

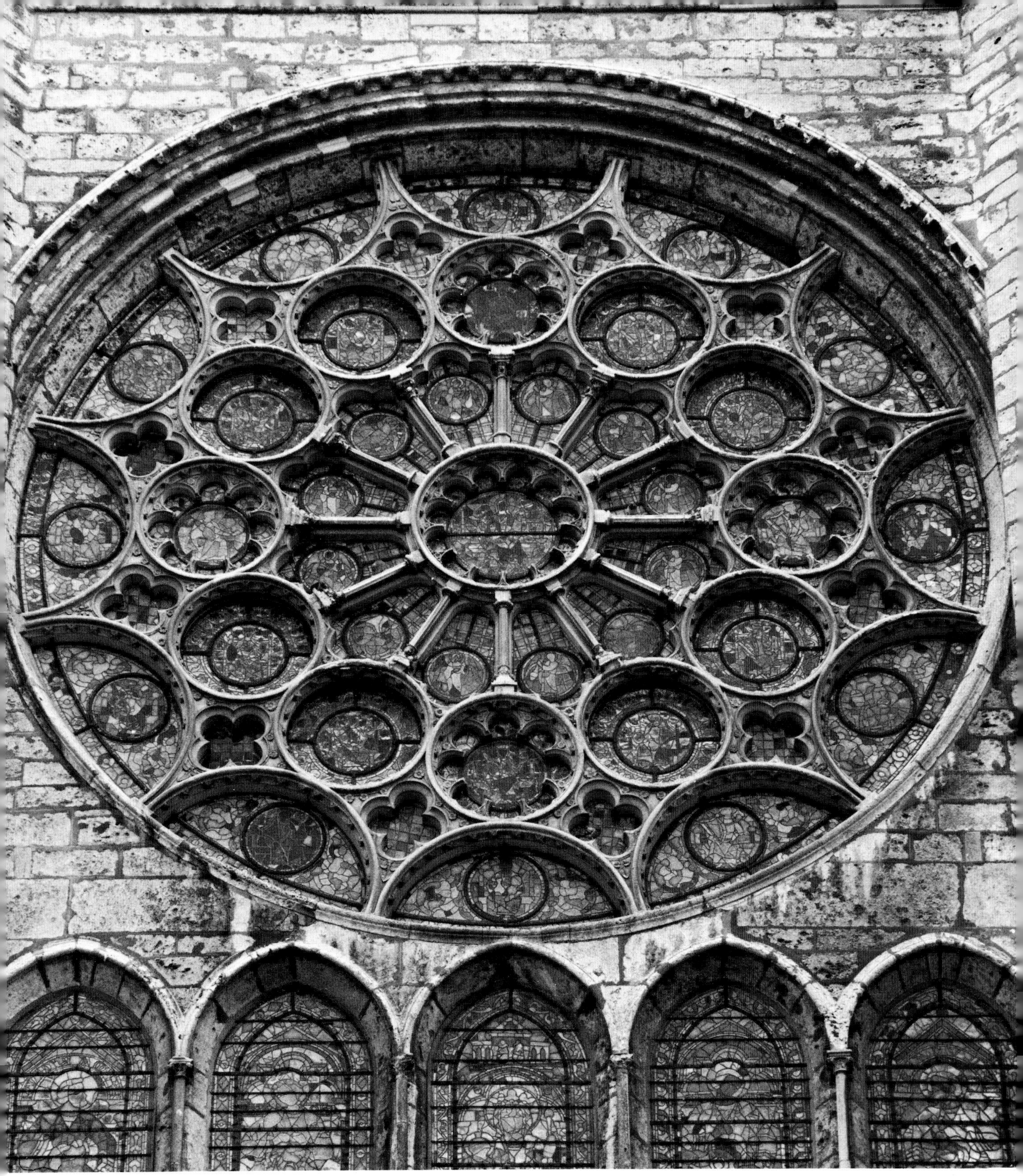

34 Im Herzen von Laons Westfassade befindet sich das riesige Rosenfenster, das in der Struktur identisch ist mit dem östlichen. Es beherrscht die Komposition über dem Portal mit dem jüngsten Gericht; über der Rose befindet sich die entzückende Statue der Jungfrau Maria, die von zwei Engeln begleitet ist. – Laon Westfassade, um 1200

35–37 Jedes der Rosenfenster in Chartres ist ein Triumph der Geometrie; diese Steinblume ist auf Christus zentriert, der im Mittelpunkt in der Glorie sitzt, wie es in der Offenbarung des Johannes anschaulich geschildert ist, umgeben von Engeln und den vier Symbolen der Evangelisten. Im äußeren Kreis die vierundzwanzig Ältesten der Apokalypse, jeder mit einer Krone, einem Musikinstrument und einem Salbgefäß; die Krone symbolisiert die Märtyrer, die für Christus starben. Das Südportal unter der Rose ist dem Neuen Testament gewidmet und den Märtyrern und Bekennern, die das Wort verbreitet haben. Das Fenster wurde von dem Haus Dreux gestiftet, dessen gelb-blau kariertes Wappenzeichen die kleinen Vierpässe schmükken. – Chartres, Südrose, um 1227, Gesamtansicht und Detail, vgl. S. 126

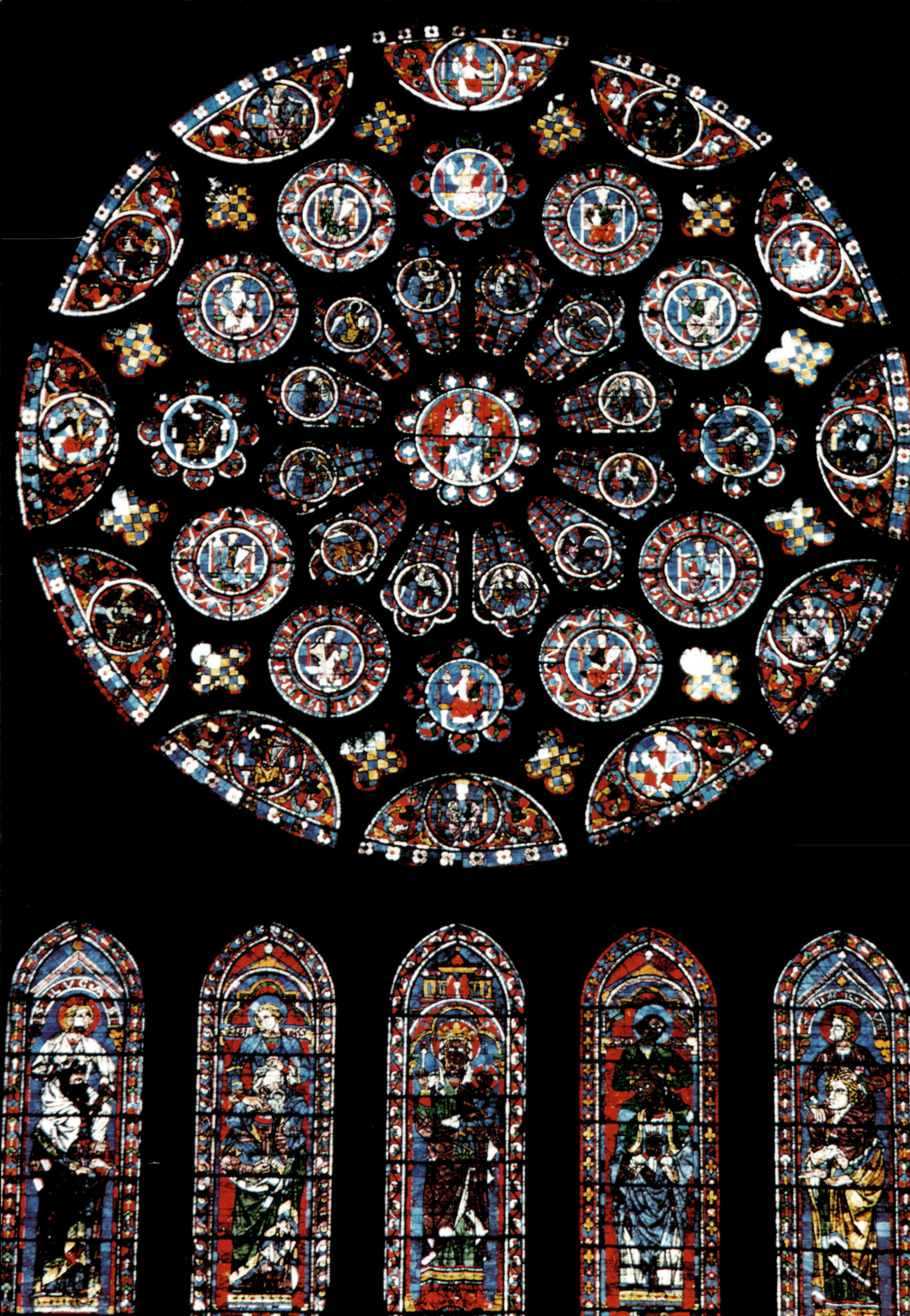

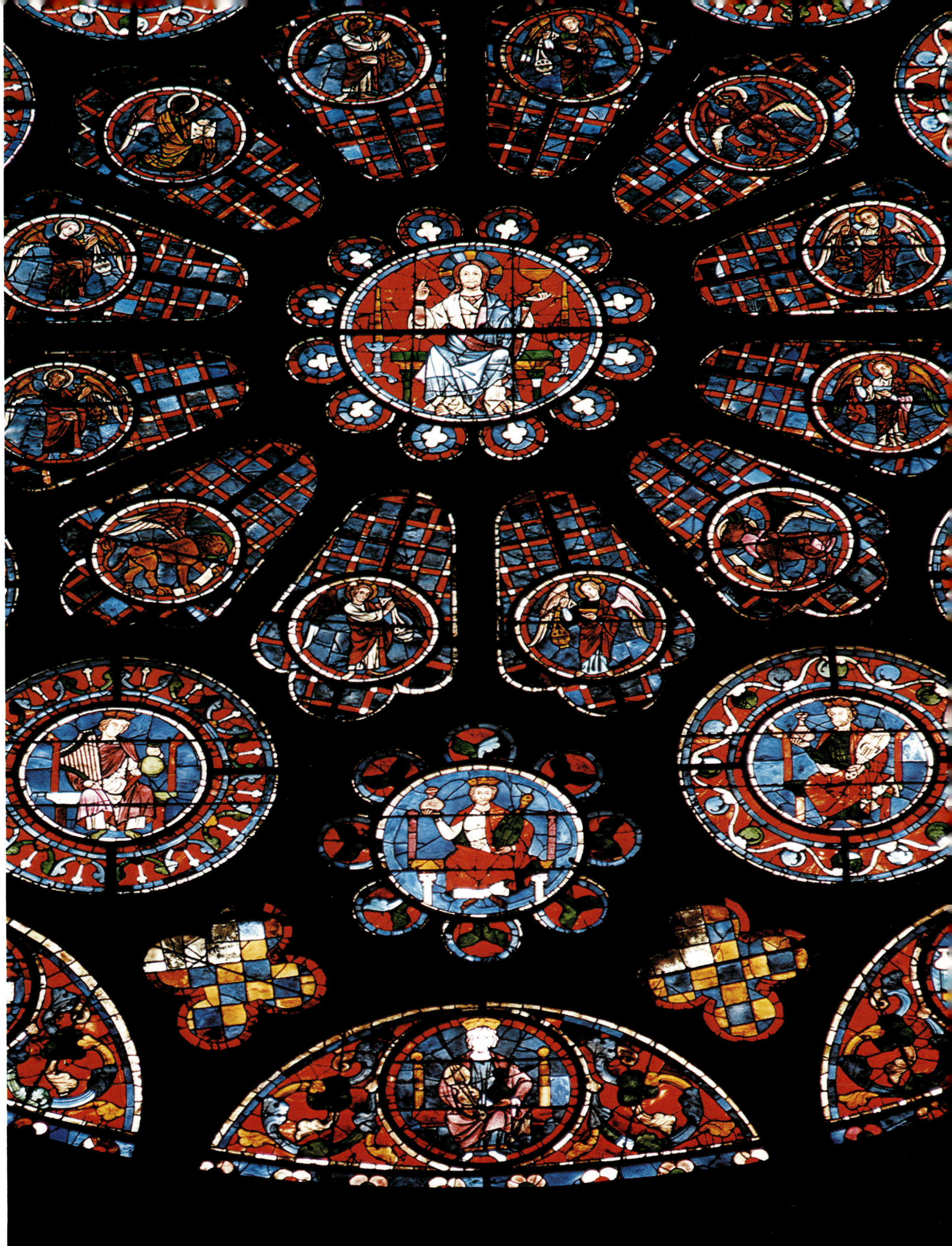

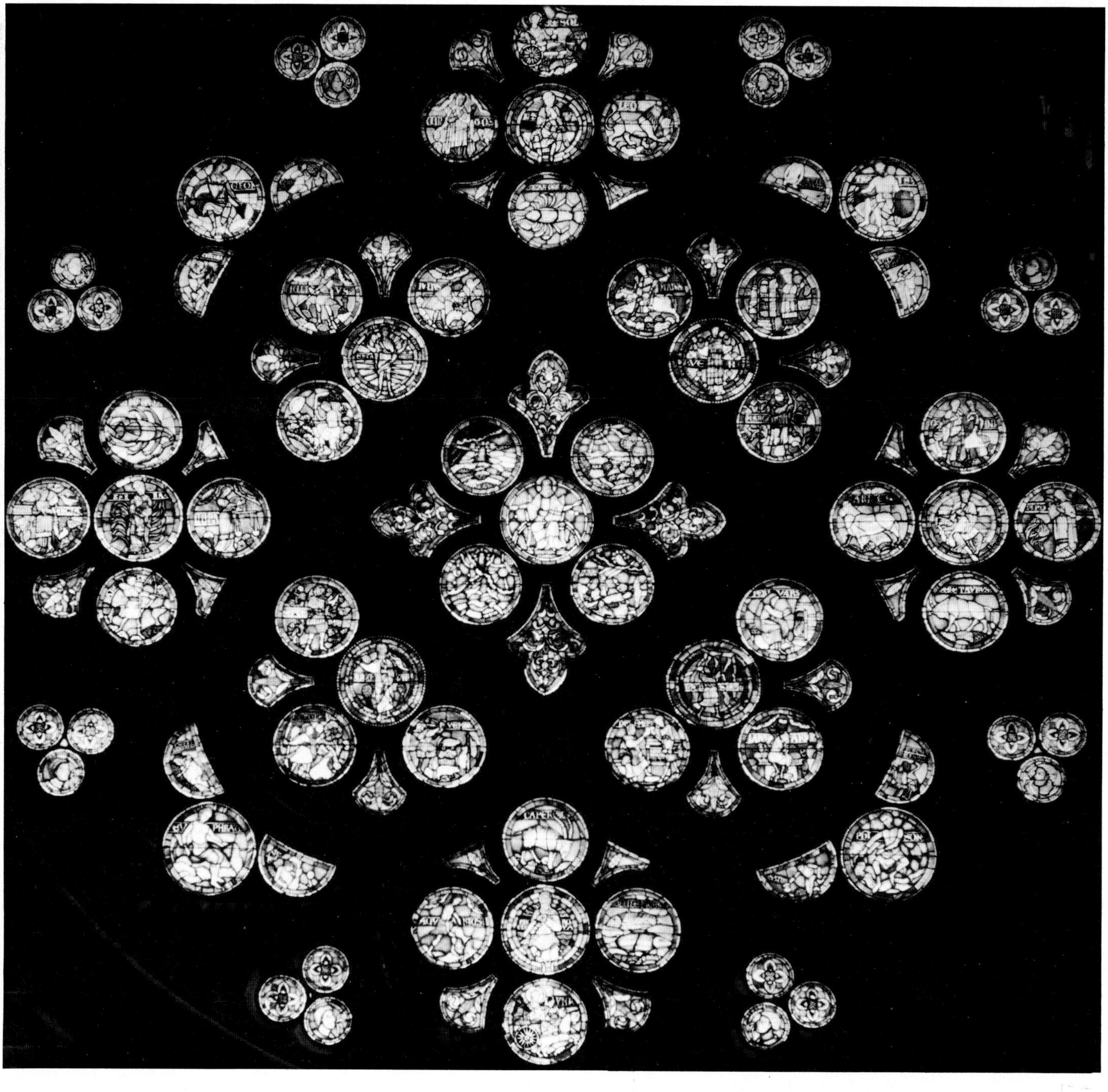

38, 39 Eine neue Welt. Paradies, Zeit, Ewigkeit und Geometrie vereinigen sich in diesem bemerkenswerten Rosenfenster der Kathedrale von Lausanne, das zweifellos von der Schule von Chartres beeinflußt ist. Eine volle Beschreibung der Art und Weise, in der

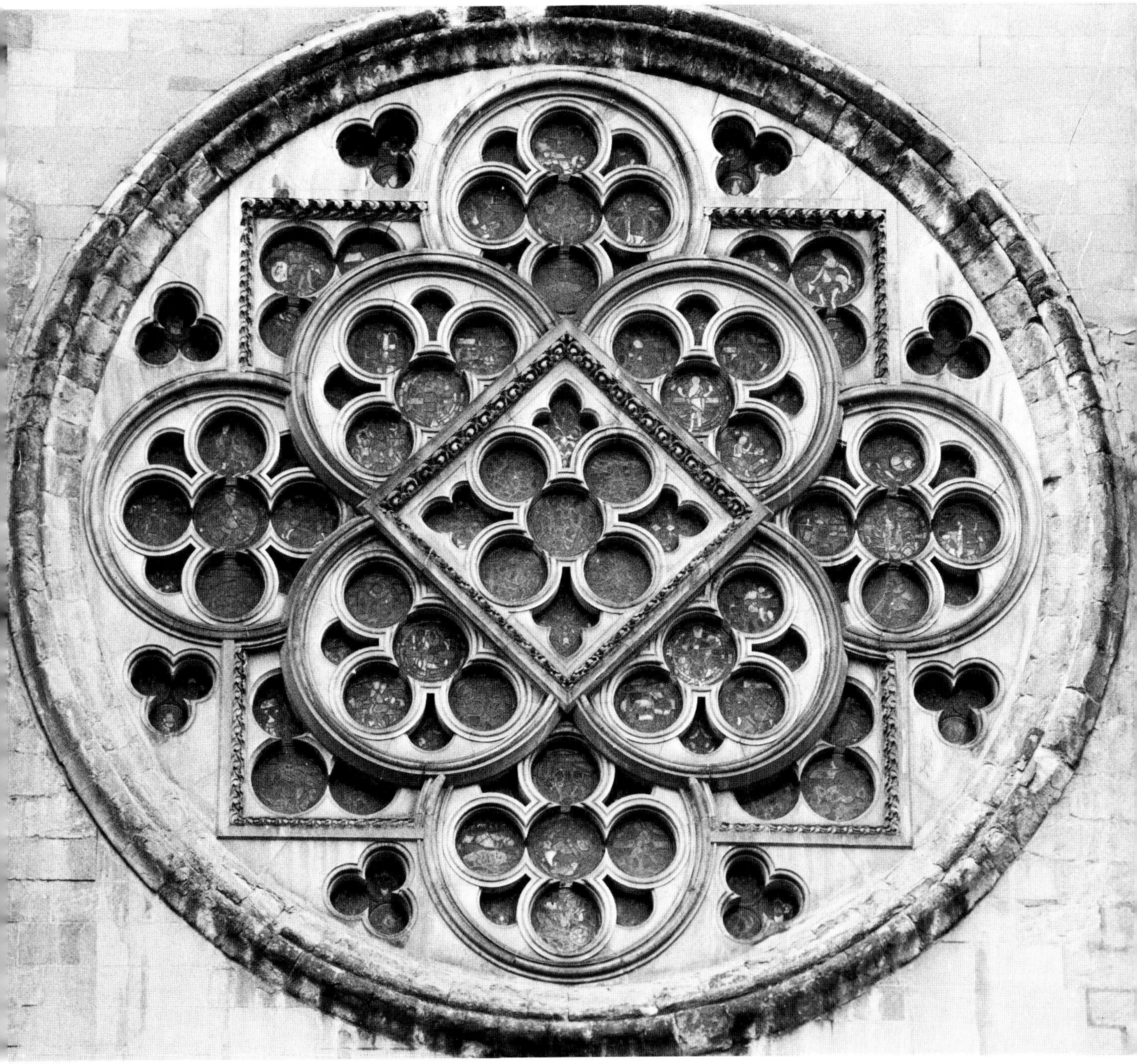

die Quadrate und Kreise des Maßwerks sich symbolisch mit den Darstellungen der Fenster verbinden, wird auf den Seiten 128–131 gegeben. Der Entwurf dieser Rose stammt von Villard de Honnecourt. – Lausanne, Westrose, Innen- und Außenansicht, um 1230

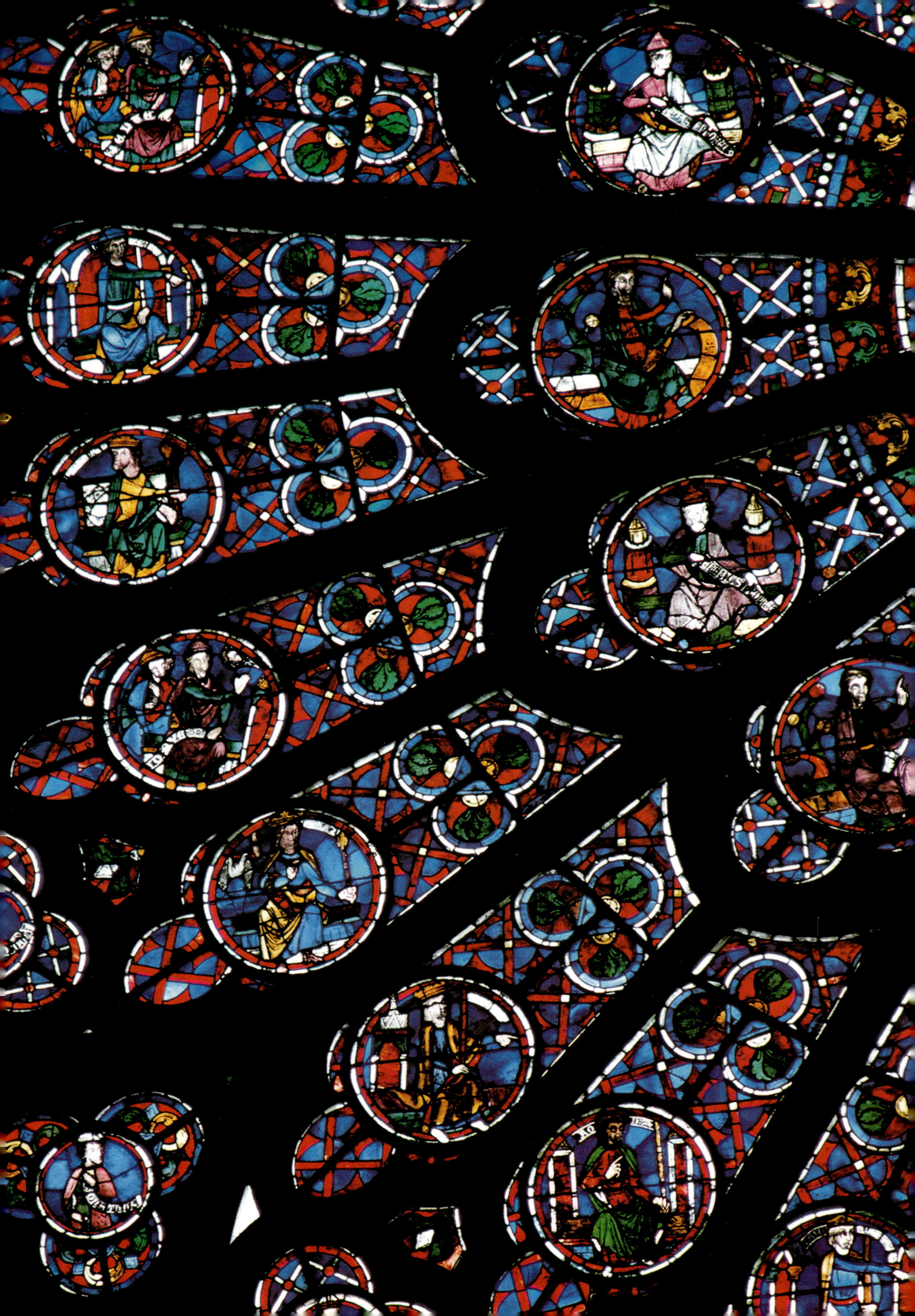

40 In Paris läßt das sehr dünne Maßwerk des Nordfensters dem Glas viel mehr Raum – wobei es der Richtung folgt, die von der köstlichen Westrose (9) vorgezeichnet wurde. In diesem Teil können die vier Propheten Elias, Nahum, Jeremias und Habakuk gesehen werden (die Zahlen 13, 12, 11, 10 im Schlüssel S. 135), acht andere Propheten (34–41) und zwei Hohepriester, Jonathan und Amarias. – Paris, Nordrose, Detail um 1268

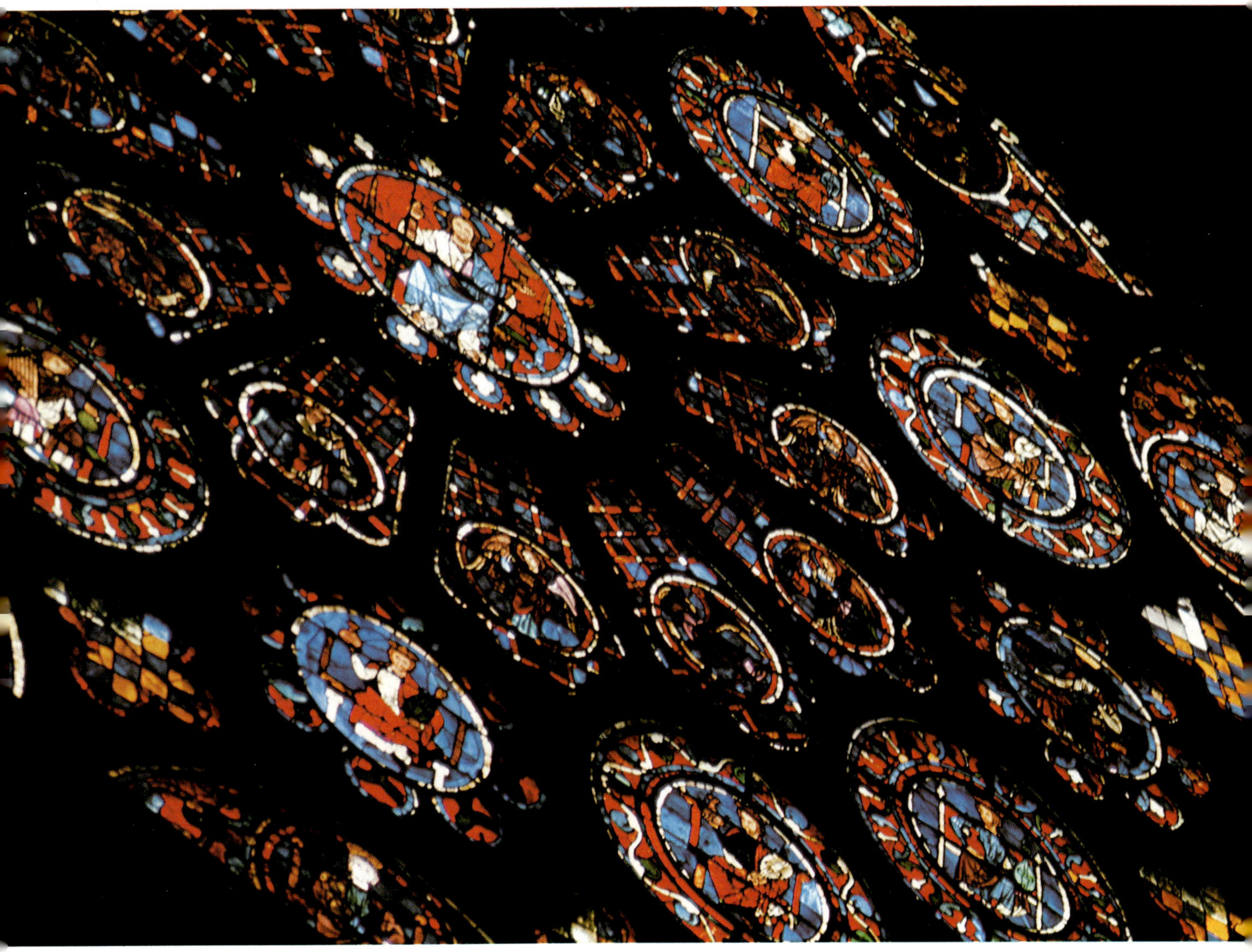

41 Chartres, Südrose, um 1227, siehe auch Abb. 36, 37

Umseitig:
42 Die Rosen mit dem köstlichsten Maßwerk entstanden in der Mitte des 13. Jh. Die Rosen von Paris wurden Modelle für eine Anzahl anderer Kirchen und Kathedralen – besonders die Südfenster, wie z. B. hier in Sées. – Sées, Südrose, um 1270

43, 44 Im 14. Jh. entwickelte sich das Maßwerk in vielen phantasievollen Zeichnungen. In St. Katharina in Oppenheim, wurden zwei Rosen in die Südseiten des Schiffes gebaut, eine auf einer dreifachen und die andere auf einer vierfachen Geometrie fußend. Im 15. Jh. war der Kult der Rose voll eingebürgert, und Rosen umgeben vollkommen den Giebel eines der Fenster. – Oppenheim, Katharinenkirche, um 1434

45 Neue blumenhafte Formen, so wie im Südfenster von Saint-Quen, geben ein Bild von der Erfindungsgabe der Spätgotik. – Rouen, Saint-Quen, Südfassade, 15. Jahrhundert

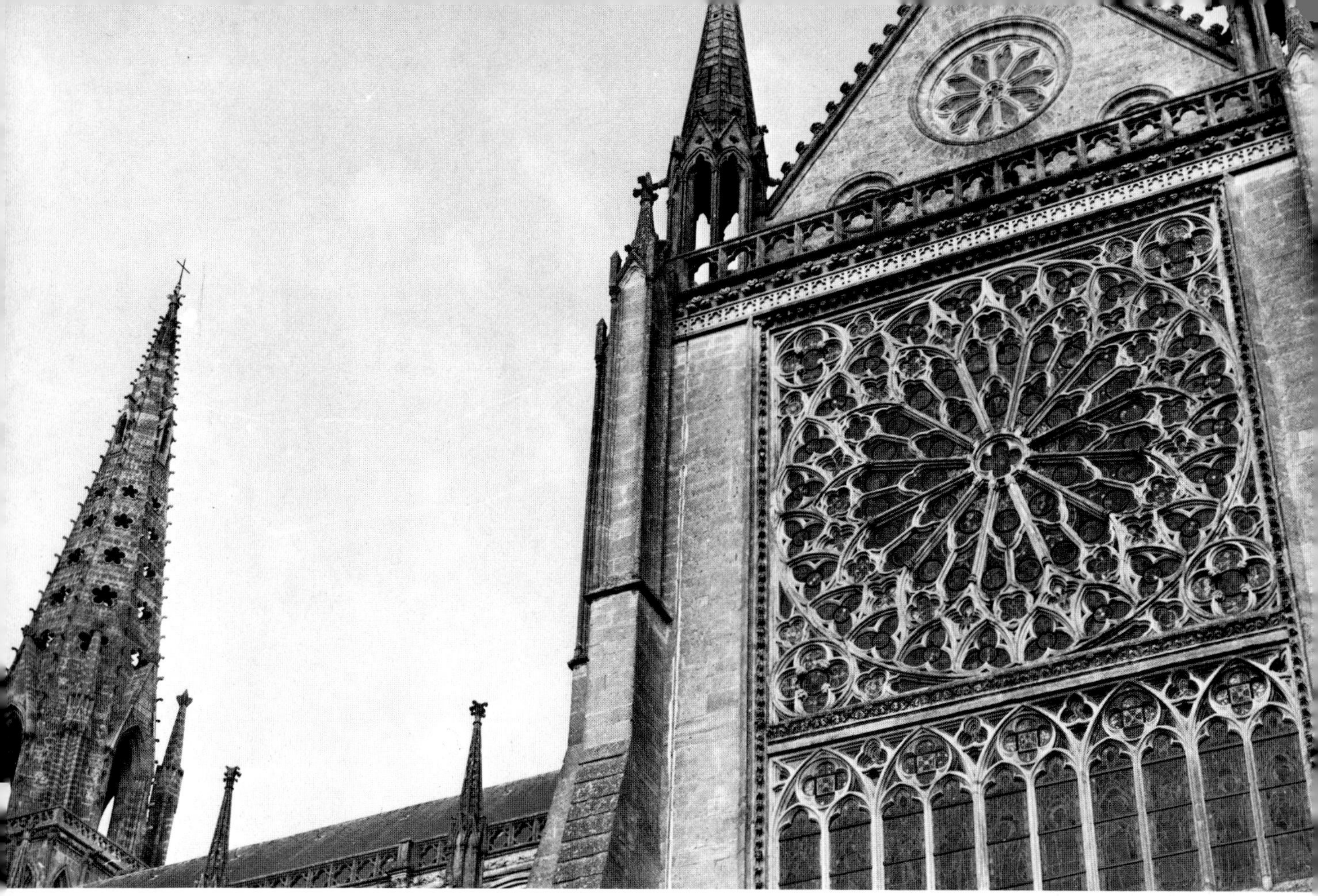

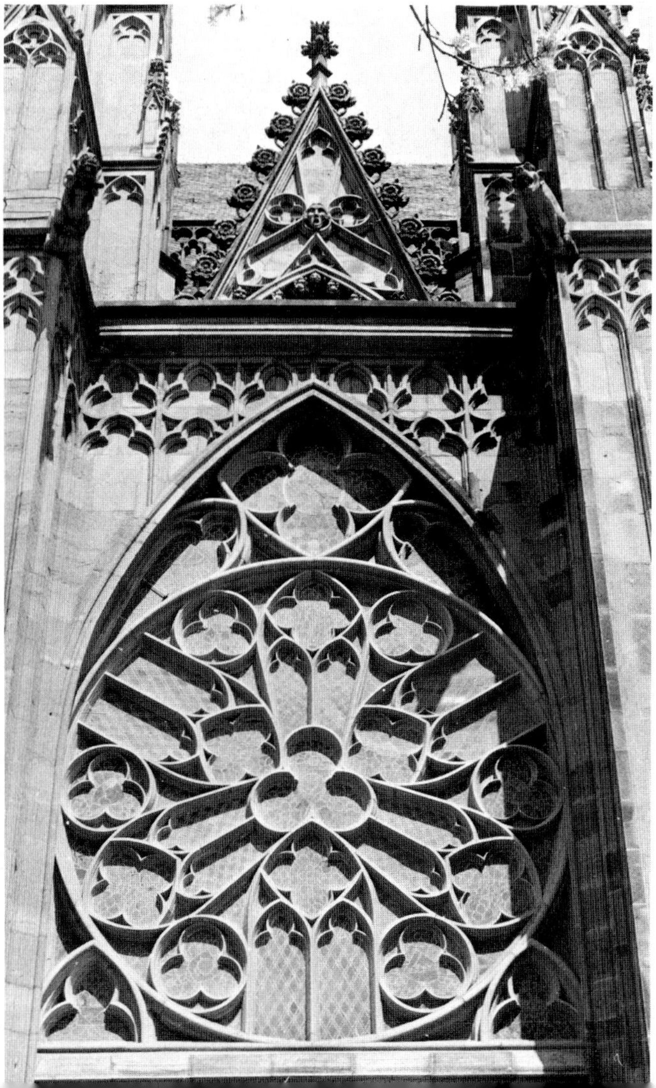

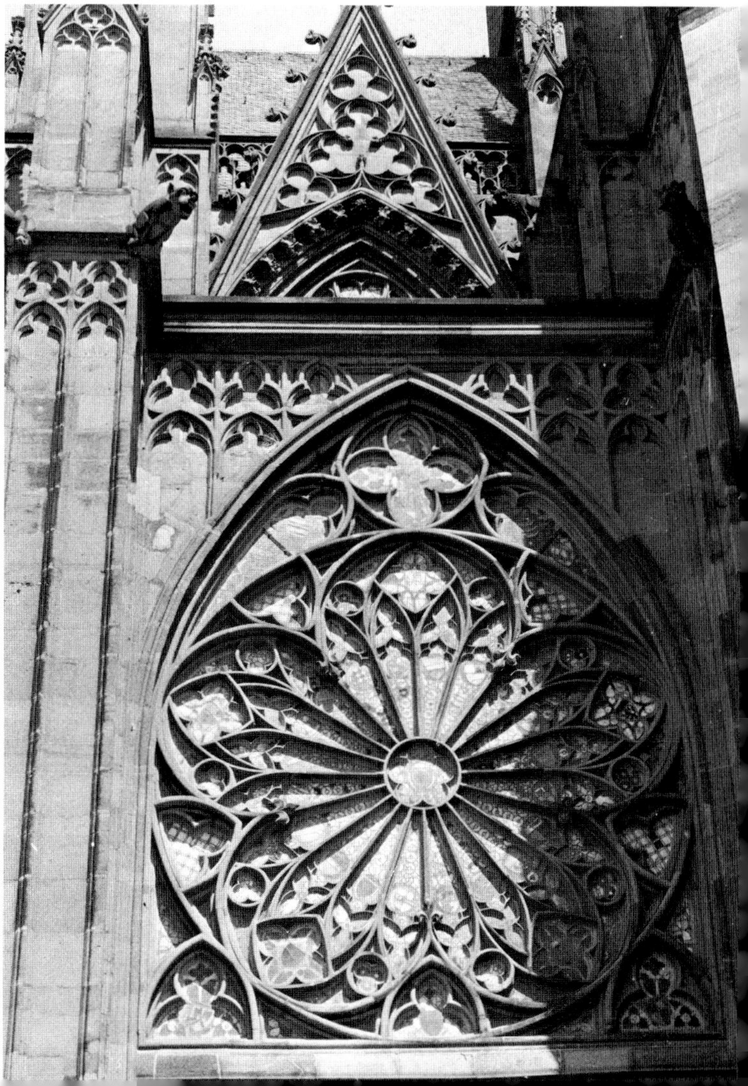

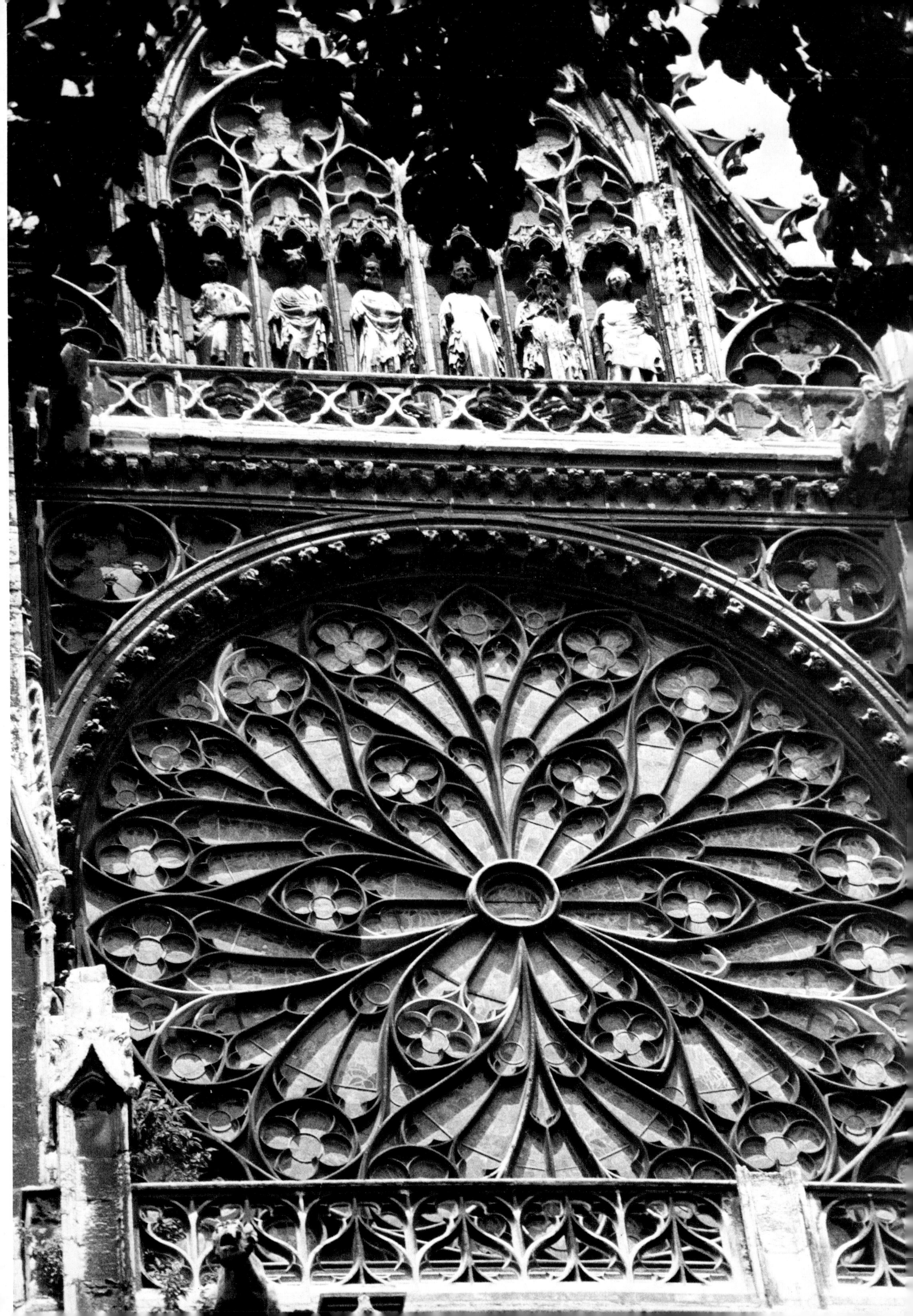

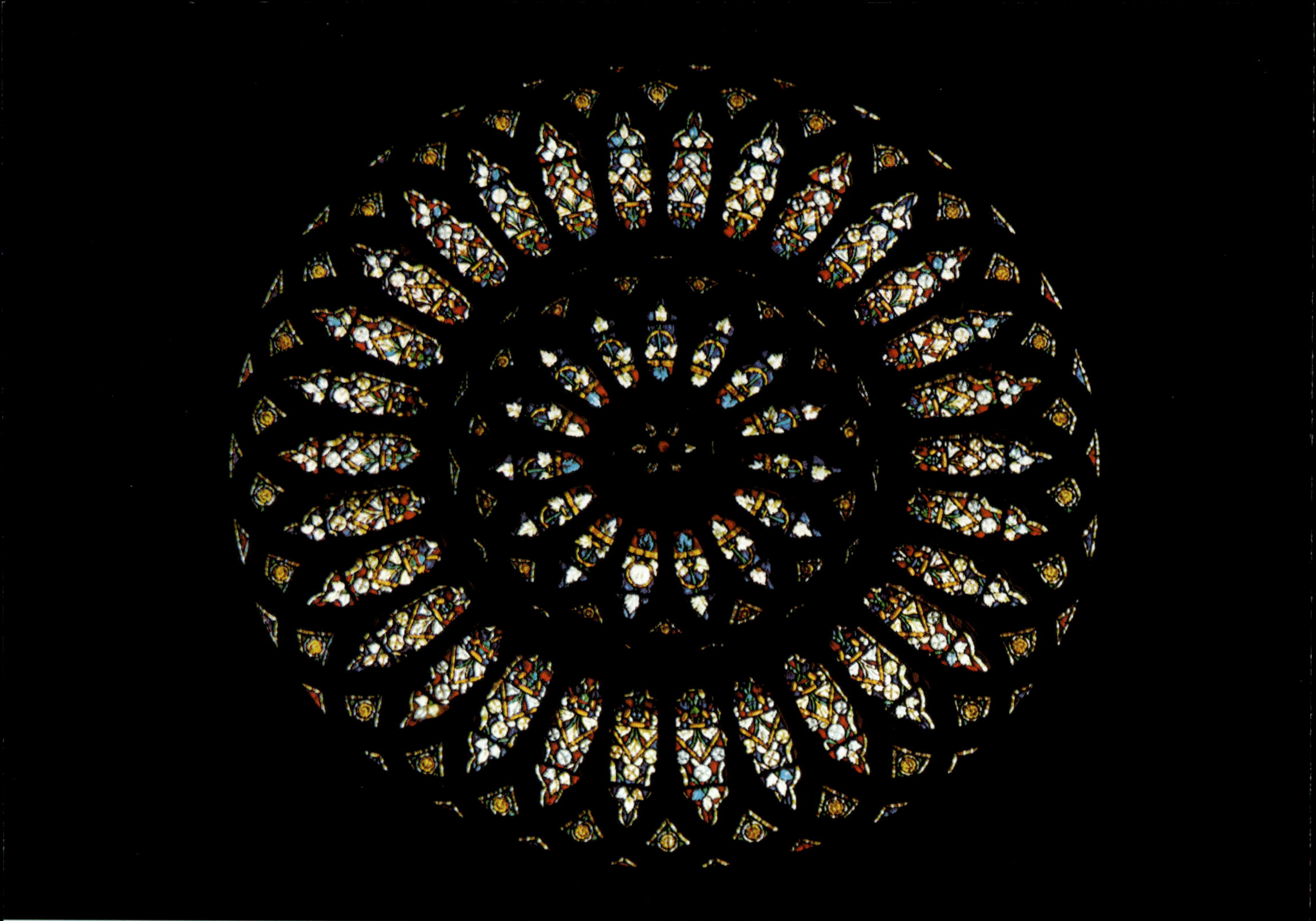

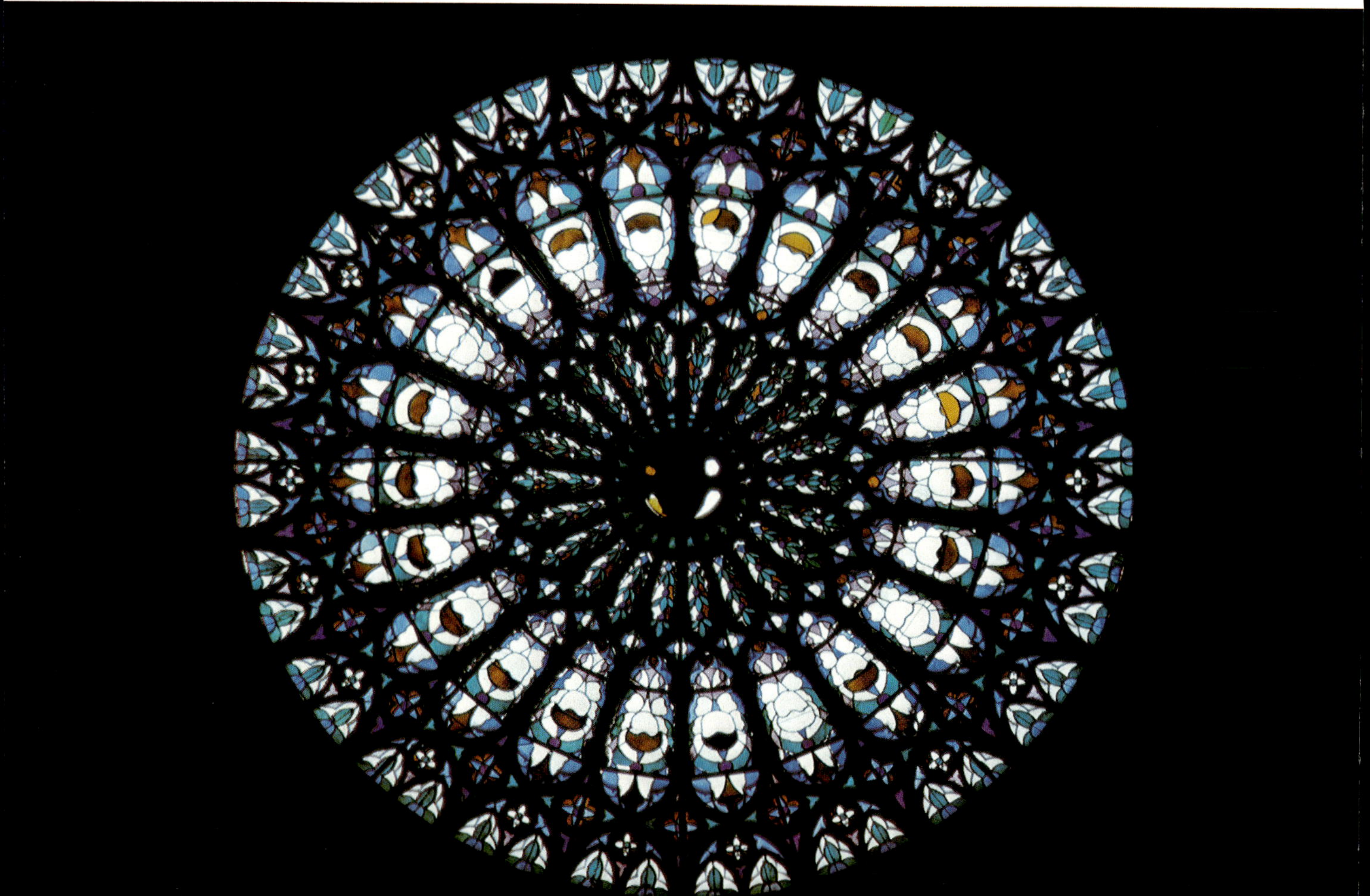

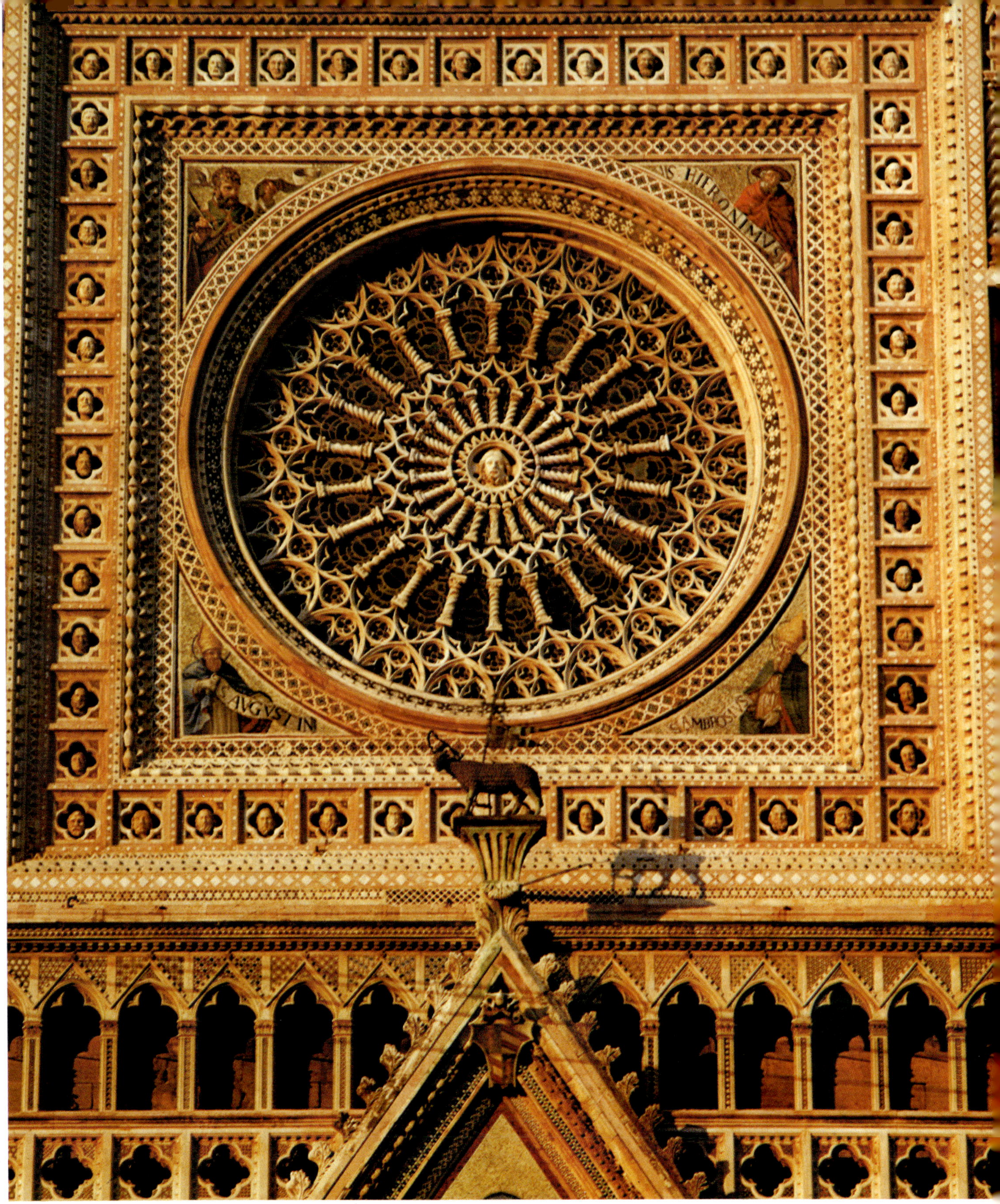

46 In Italien wuchsen die Radfenster zu wunderbarer Größe. Hier in Santa Chiara in Assisi war ein verschlungenes doppelschichtiges Rad mit Glas gefüllt worden, um einen bemerkenswerten dreidimensionalen Wirbeleffekt zu ergeben. – Assisi, Santa Chiara, Westfenster, um 1257–65, siehe auch Abb. 51

47, 48 Die Rosoni an den Fassaden der italienischen Kirchen sind oft mit klarem Glas gefüllt, aber in Orvieto ist jeder Raum und Spalt mit Ornamenten gefüllt. Dieses einmalige 22sprossige Rad ist in die Westfassade der Kathedrale gemeißelt, um die Abendsonne einzufangen. Im Zentrum ist der Kopf Christi; das Quadrat enthält das Rad und Mosaiken der vier frühen Kirchenväter, der Außenrand enthält in Vierpässen 52 Köpfe – vermutlich einer für jede Woche des Jahres. – Orvieto, Dom, Westfassade, 14. Jh. von Andrea da Cione, genannt Orcagna,

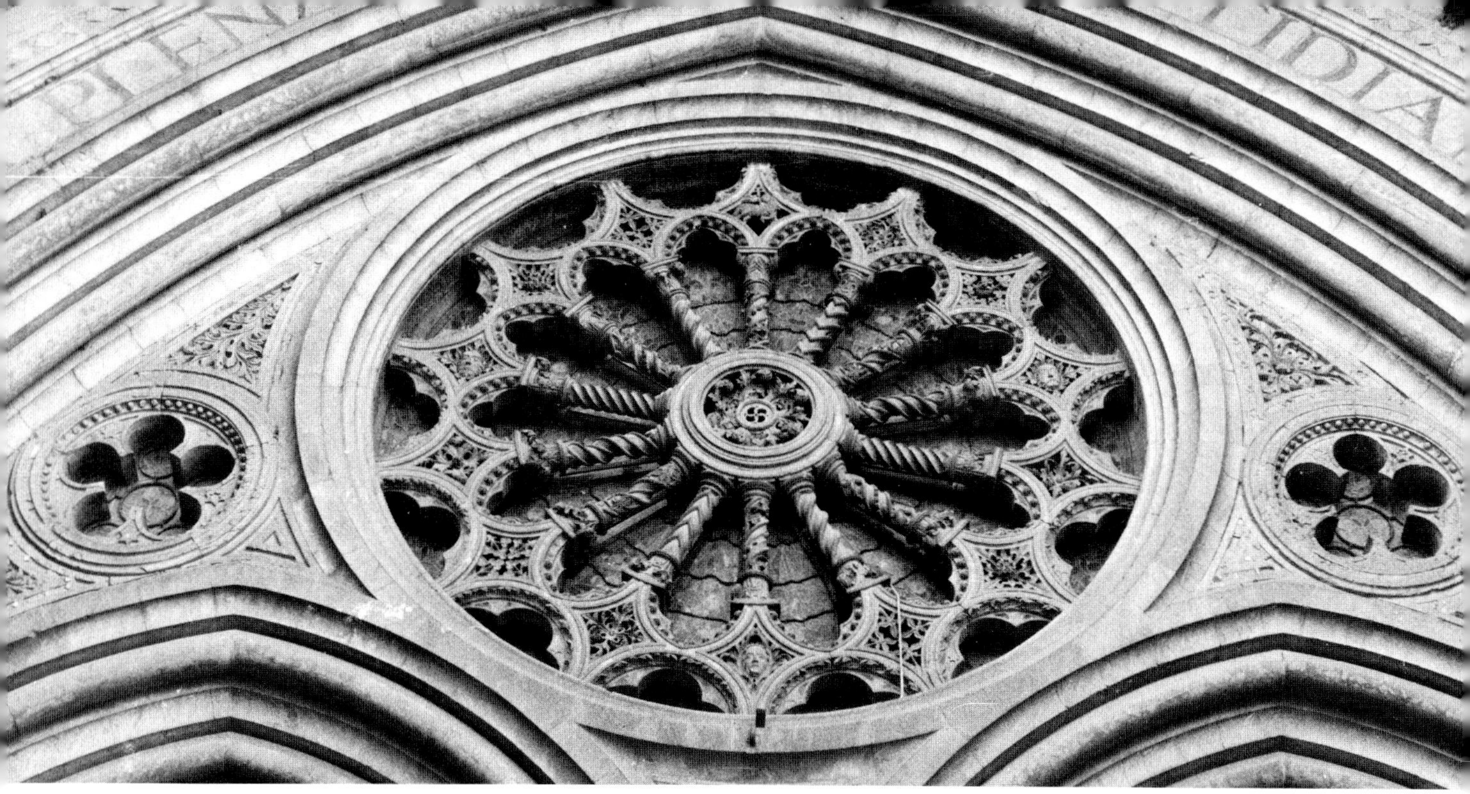

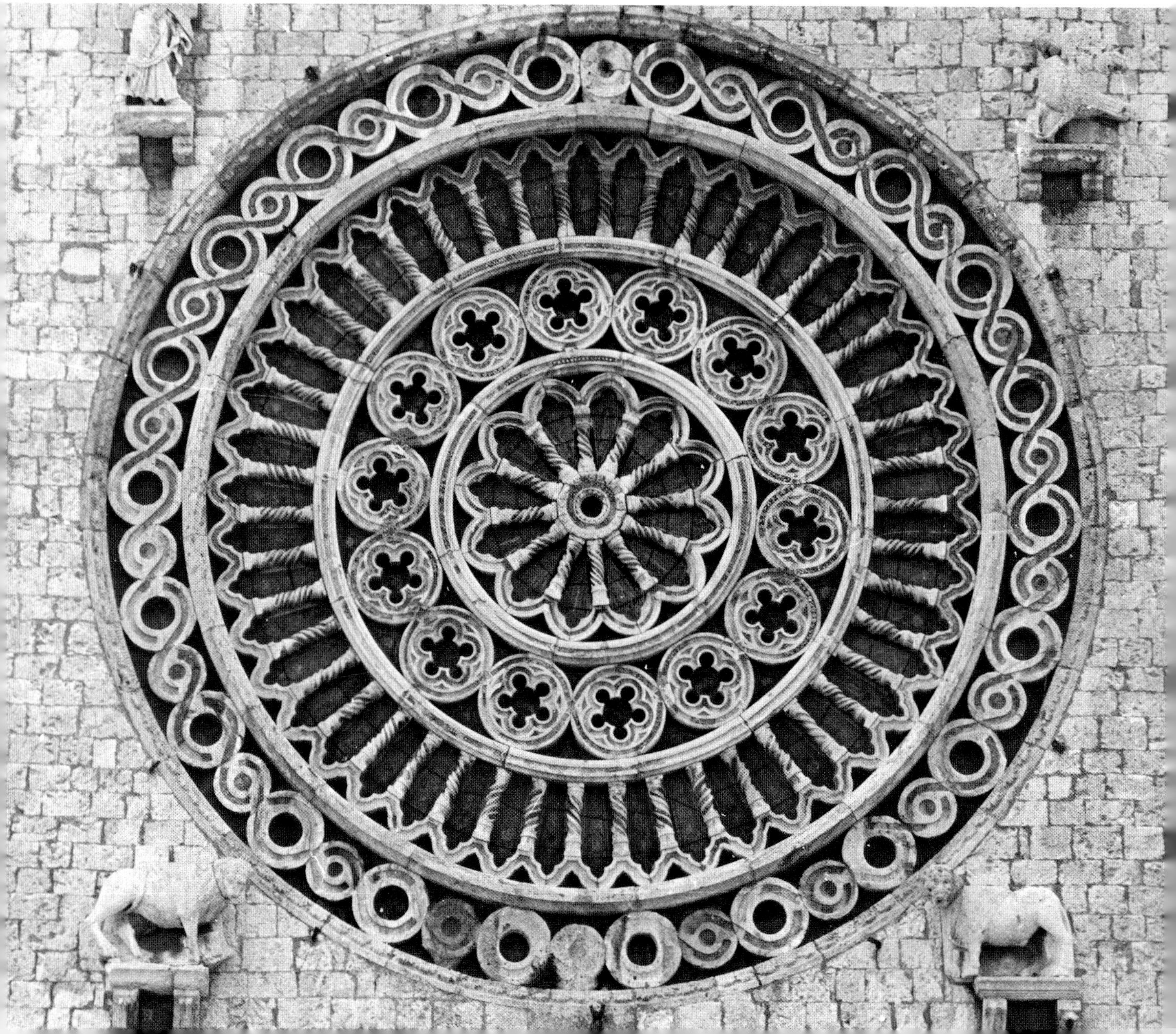

49 Reichverzierte einfache Radfenster können in vielen Teilen der Toskana gefunden werden – es gibt zwei wie dieses am selben Gebäude. – Assisi, San Francesco, Unterkirche, nach 1250

50 Räder innerhalb von Radfenstern. Umgeben von den vier Lebewesen ist dieses wunderschöne Rad an der Fassade der Oberkirche von San Francesco genau das Gegenteil der meisten anderen Rad- oder Rosenfenster. – Assisi, San Francesco, obere Basilika, um 1250

51 Das Radfenster findet in Assisi seine großartigsten Ausformungen; außer den drei Rädern an der Basilika gibt es drei weitere an der Kathedrale, drei in San Pietro, und dieses wunderbare Beispiel an Santa Chiara. – Assisi, Santa Chiara, Westfassade, 1257–65, siehe auch Abb. 46

52 In Italien, wo der gotische Stil Nordeuropas widerstrebend aufgenommen worden war, ist die am meisten „französische" Kathedrale der Dom von Mailand. Diese fast schon Flamboyant-Rose ist in der Apsis angebracht und besteht aus einem verschränkten Maßwerk in Fischblasenform. – Mailand, Apsis des Doms, 15. Jahrhundert

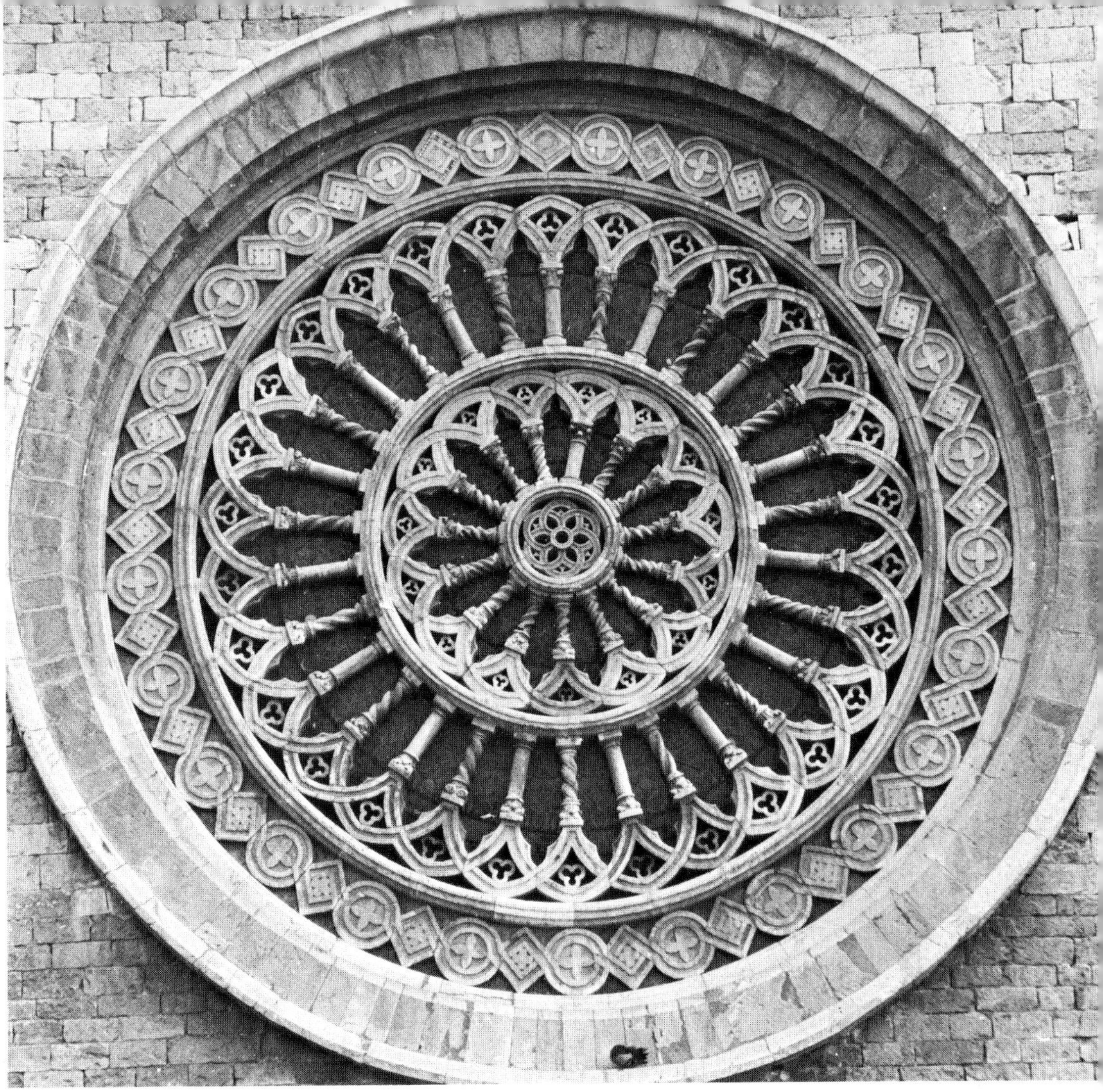

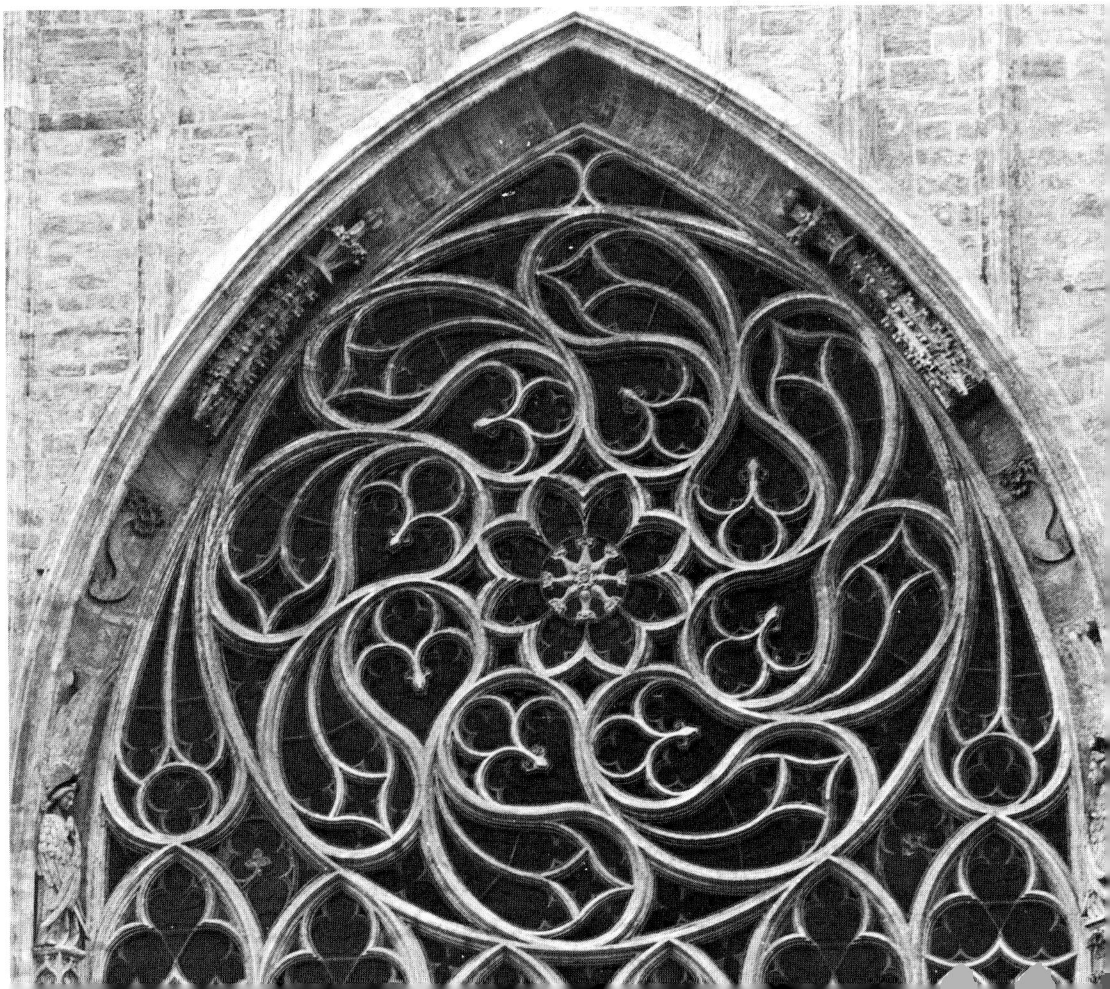

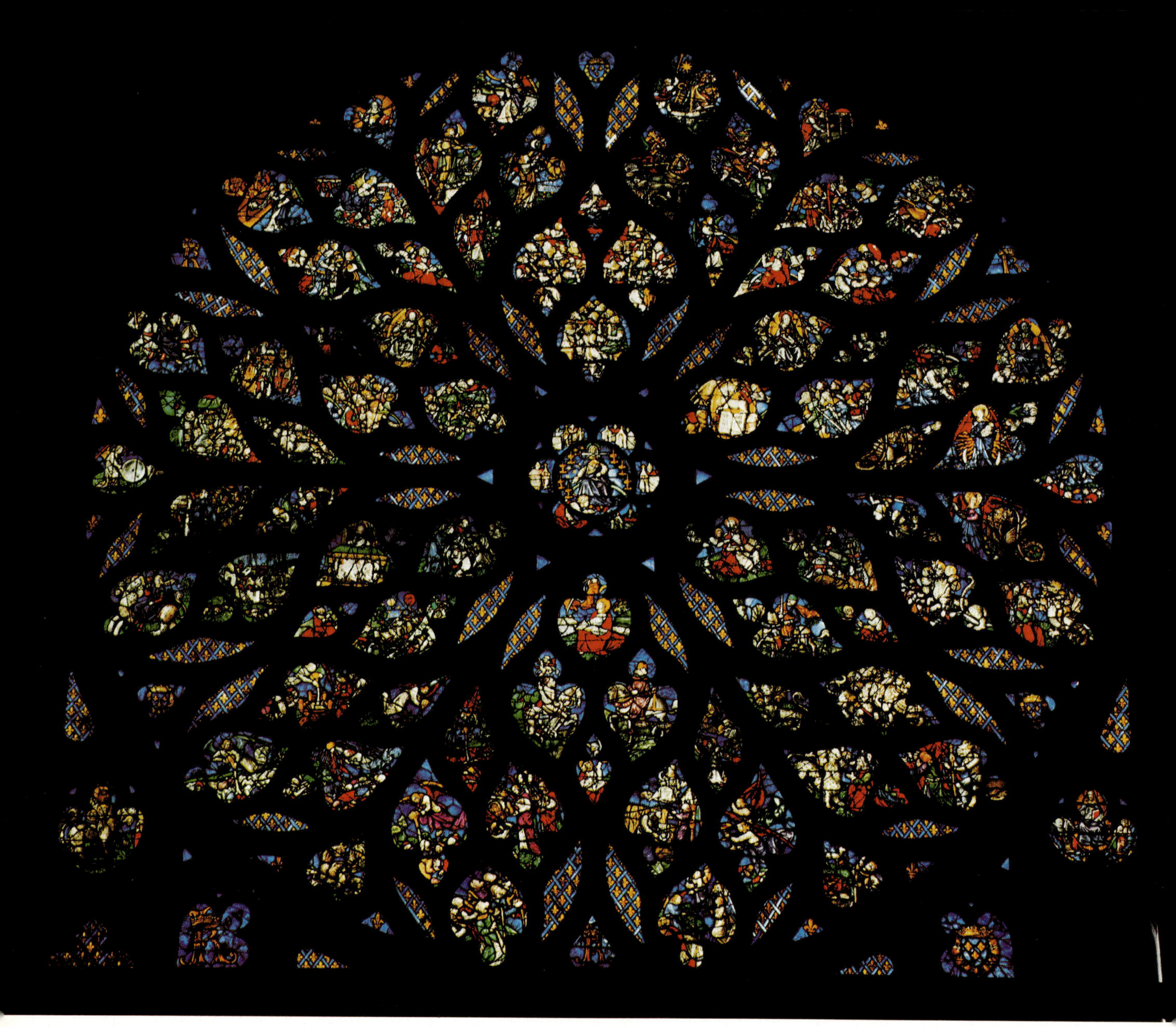

53, 54 Vor der Mitte des 16. Jh. versuchte die gotische Architektur in England und Frankreich einen letzten Energieausbruch. Die Rose der Sainte-Chapelle ist eines der großartigsten Beispiele dieses Zeitabschnitts. Sie ersetzt das Original aus dem 13. Jh., das gut dasjenige sein kann, das in den Très Riches Heures des Duc de Berry (unter dem Monat Juni) dargestellt ist. Eine ausführliche Beschreibung dieses apokalyptischen Fensters ist auf Seite 138–40 gegeben. – Gesamtansicht und Detail, Paris, Sainte-Chapelle, Westrose, 15. Jh.

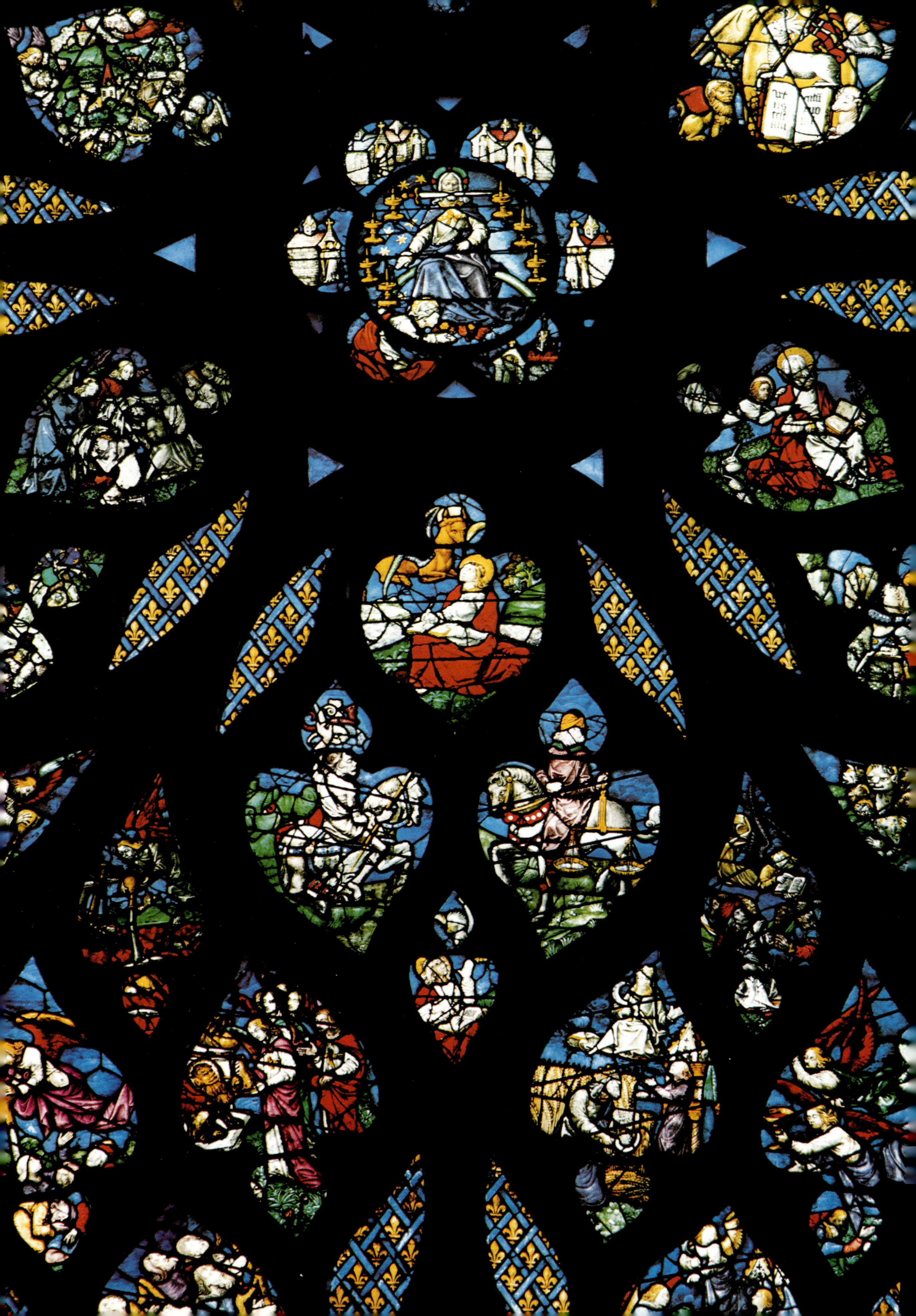

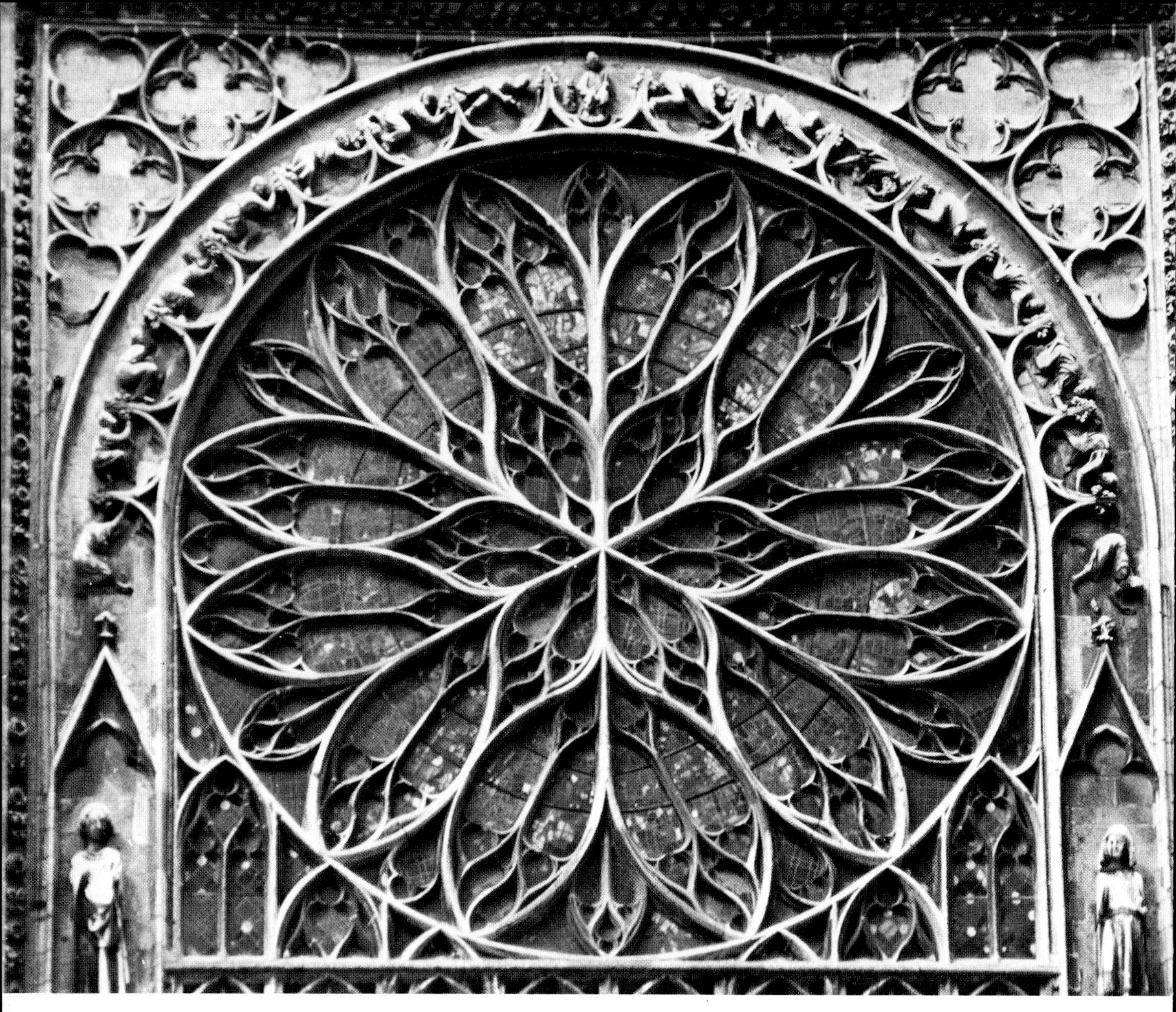

55 Rosenfenster im Flamboyant-Stil waren in Frankreich nach 1450 weit verbreitet. Dies prächtige Beispiel in Amiens kann gut das erste von ihnen gewesen sein. In einer Hinsicht ist es immer noch ein Glücksrad, mit den Figuren, die an einer Seite hochgezogen werden, um an der anderen fallengelassen zu werden. Das ganze Fenster ist von Rosen gerahmt. – Amiens, Kathedrale, um 1400

56 Die Rosenfenster in Frankreich hatten sich aus den Rädern entwickelt, aber schon nach 20 Jahren des Experimentierens konnten sie völlig in den allgemeinen Fassadenstil einbezogen werden. Die Flamboyant-Rosen wurden leichter eingegliedert. Das rhombenförmige Fenster oben ist eines der bestgelungenen. – Tours, Kathedrale, Westfassade, um 1500

Umseitig:
57 Die fließenden Formen des strahlenförmigen Stils. Der fünfzackige Stern, der sich vervielfältigt in fünfzehn Blumenblätter, schließt das himmlische Herz ein. Das Fünfeck symbolisiert in diesem Fall die Kreuzigung. Das Fenster könnte auch den Makrokosmos darstellen, wo die Sonnensterne der Bereich der Engelshierarchie sind und das Zentrum die sieben Lichter oder Sonnen einschließt. Die tiefroten Engel am Scheitelpunkt können gut Seraphim sein – Vermittler der göttlichen Liebe aus dem himmlischen Herzen, während der blaue und goldene Cherubim göttliche Weisheit vermitteln; die übrigen sind möglicherweise die niederen Engel. Diese Symbolik farbiger Engel gehört eher in die Renaissance als in die Gotik. – Rouen, Saint-Ouen, Nordrose, um 1440

58 Im südlichen Seitenschiff von Saint-Ouen befindet sich die sechsblättrige Rose in Form eines Baumes Jesse mit den Königen von Juda, die über das verwobene strahlenförmige Maßwerk verteilt sind, während die Tauben des Hl. Geistes von den sechs Blättern und zwölf Blattunterteilungen Licht ausstrahlen. – Rouen, Saint-Ouen, Südrose, um 1439

59 Einige Rosenfenster sind genau in Spitzbögen eingepaßt, wie es in diesem kleinen Beispiel im Schiff des Münsters von Straßburg der Fall ist; der Rosettenring ist zu Häupten der Szene des Jüngsten Gerichts angebracht; darunter Engel, die von der Rose aus herabsteigen. – Straßburg, Münster, 14. Jahrhundert

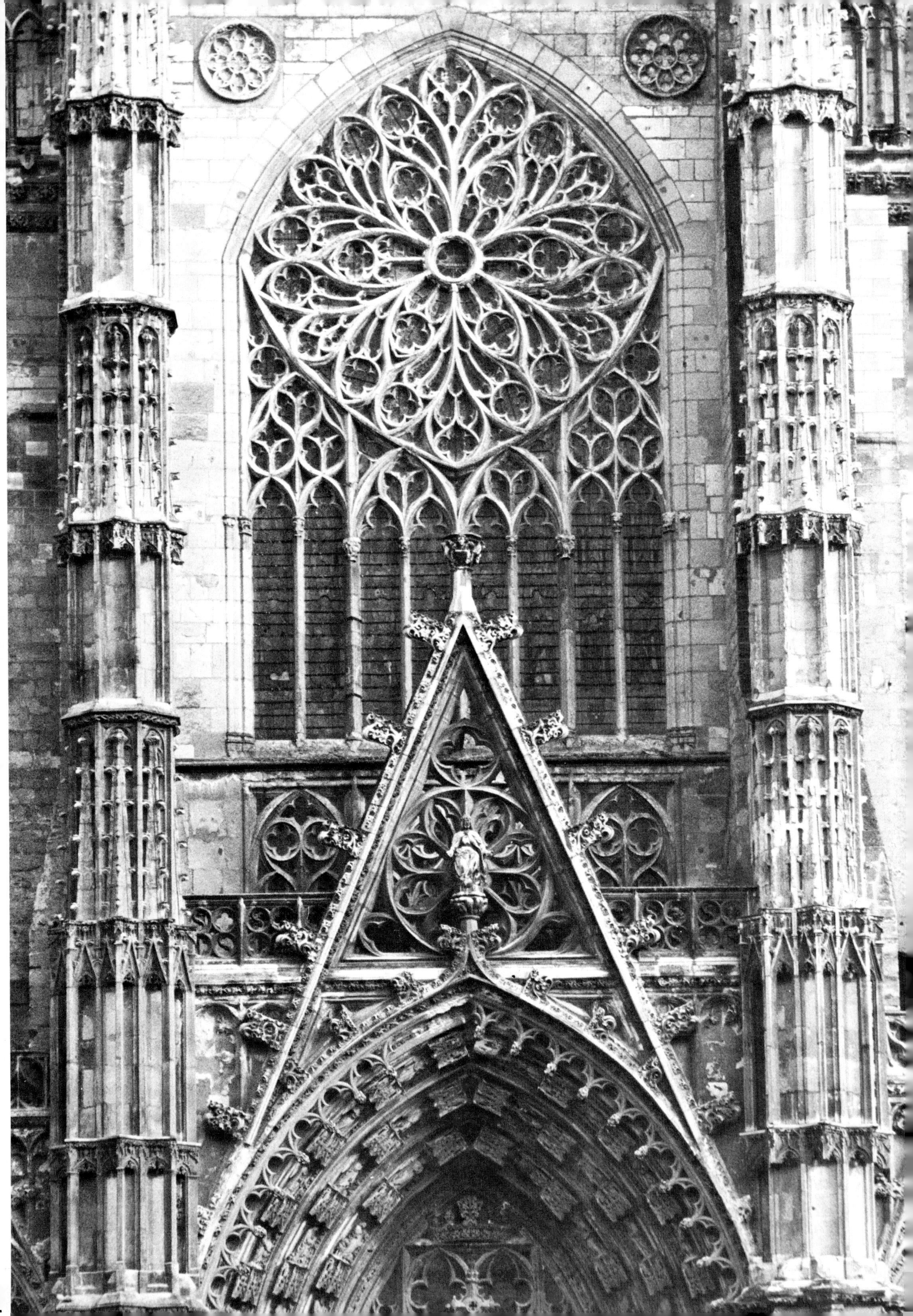

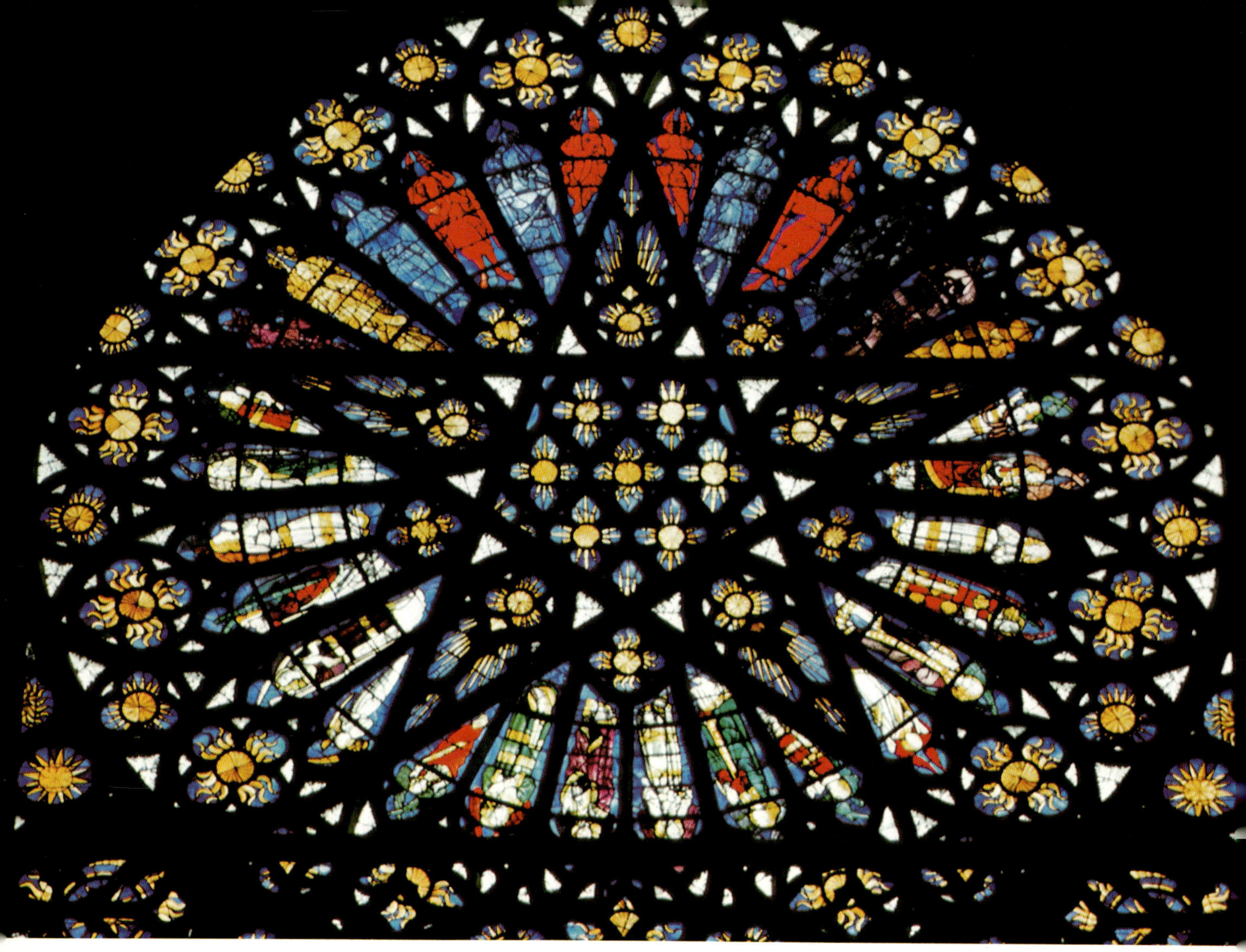

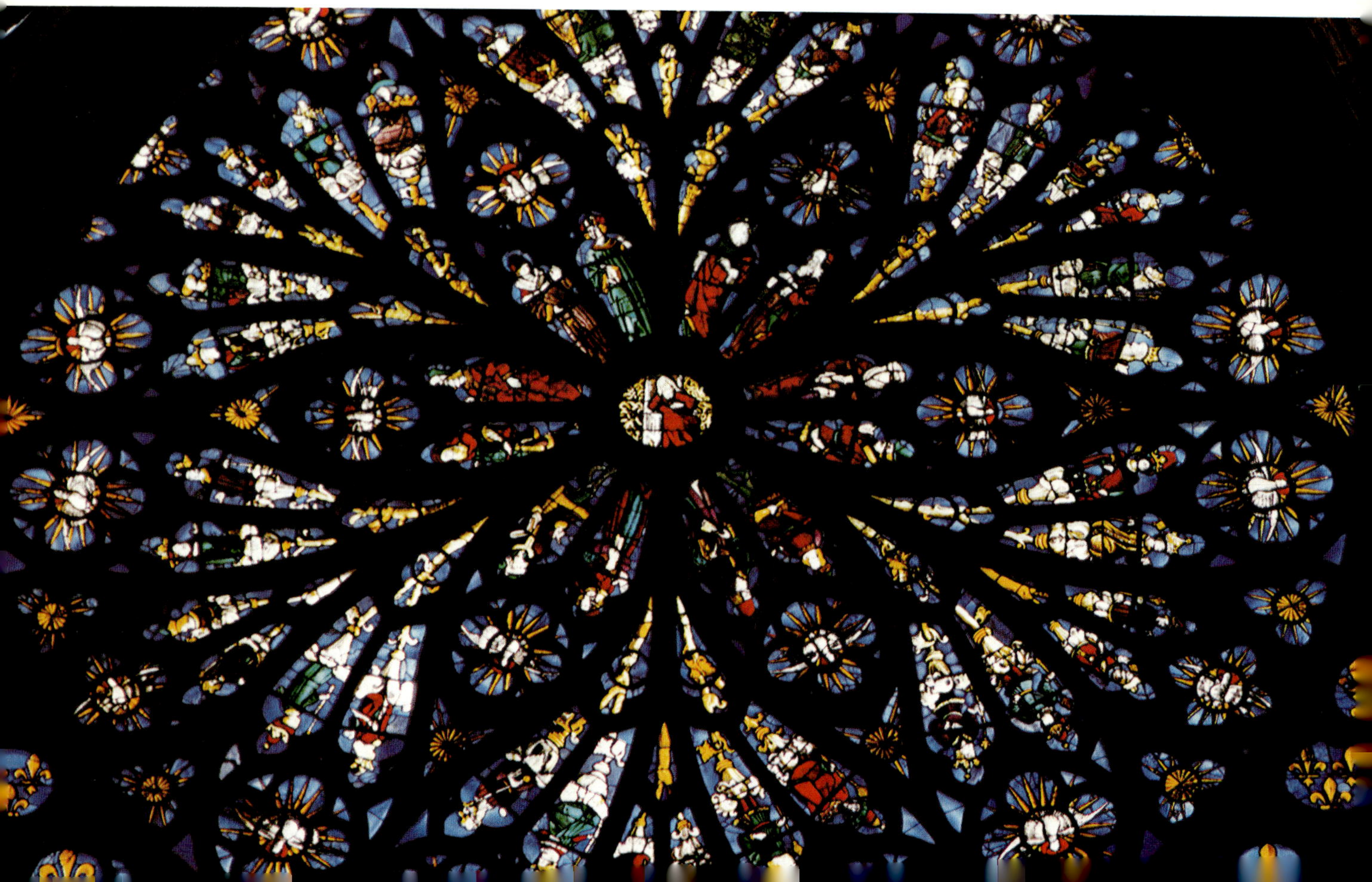

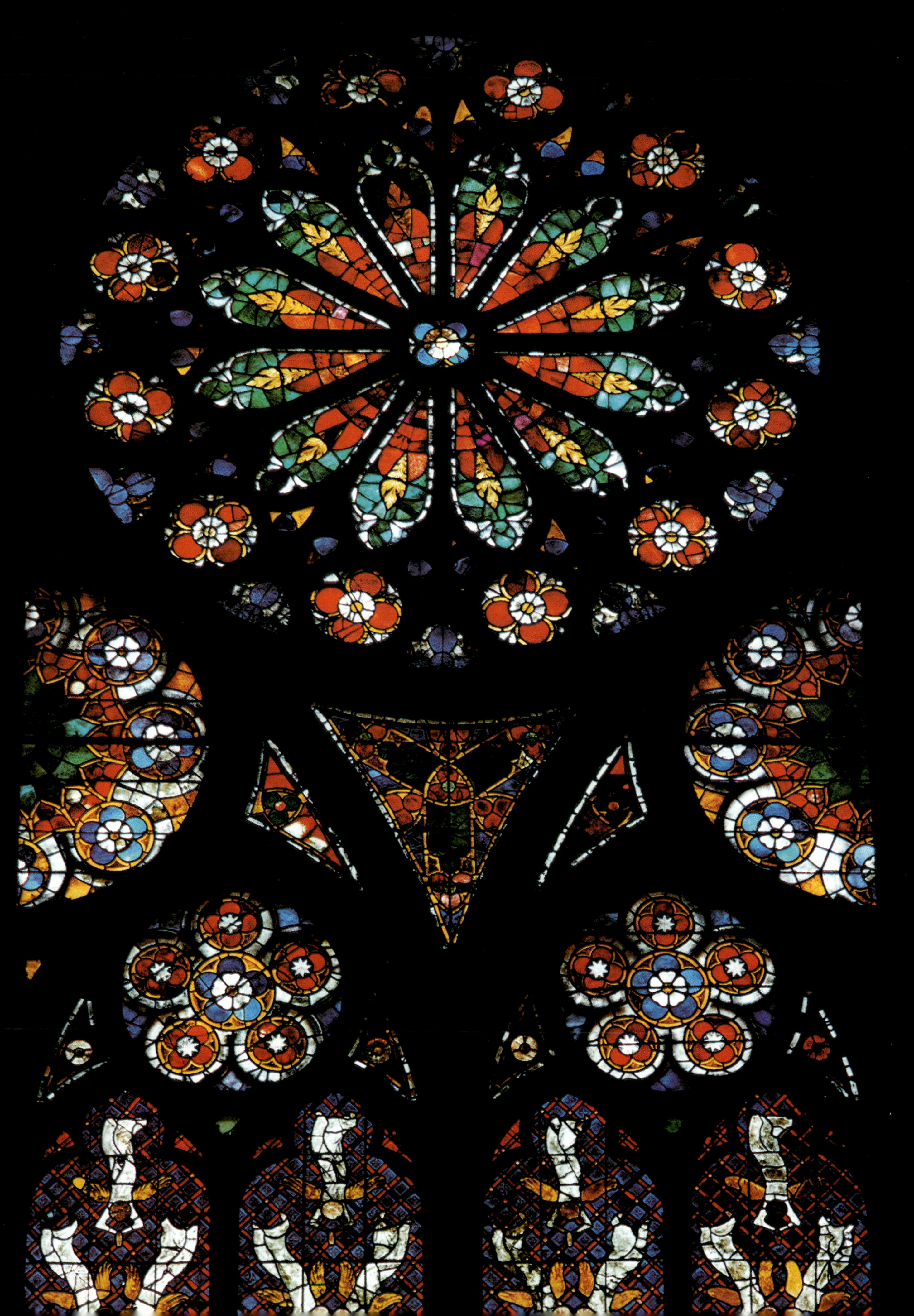

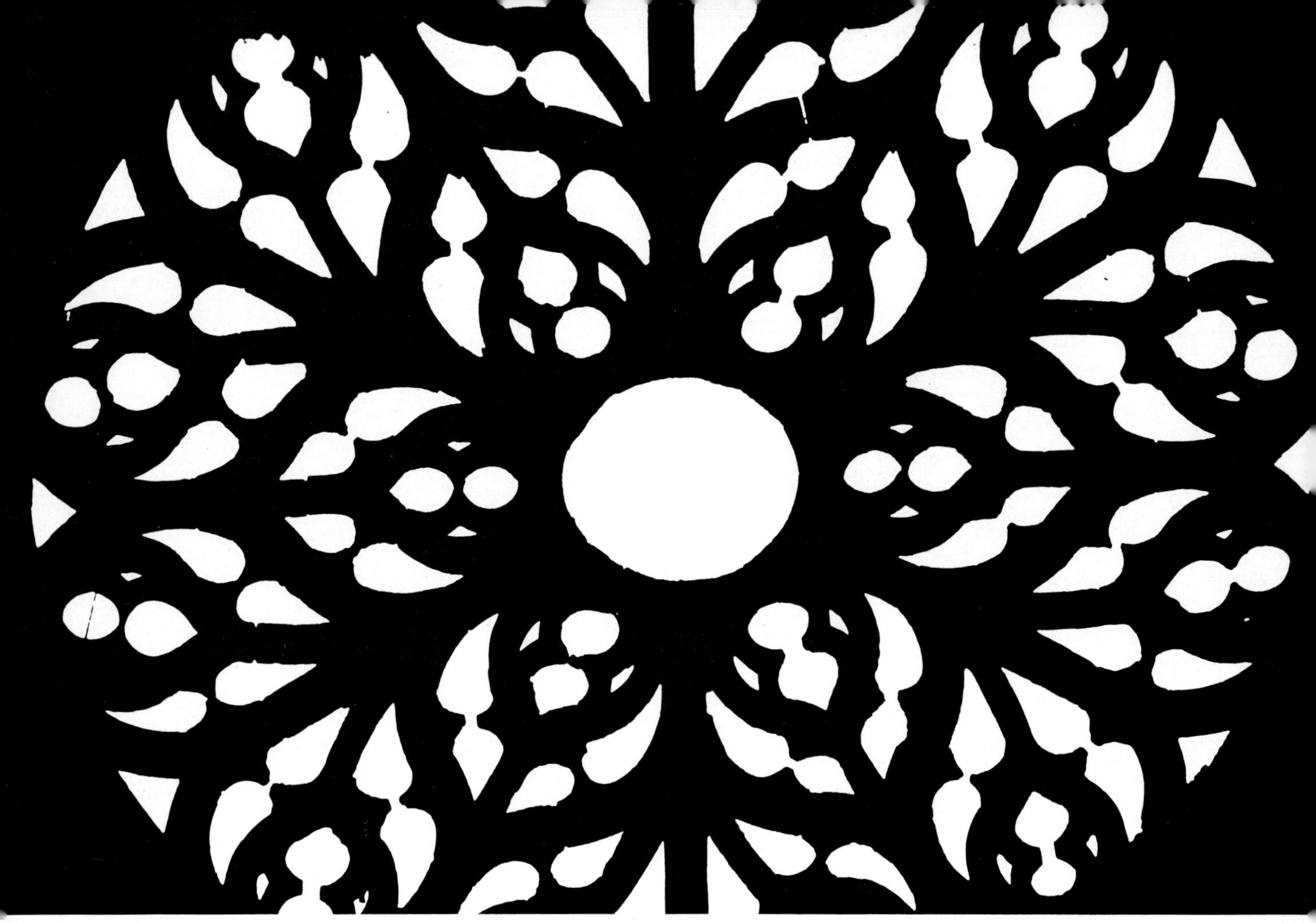

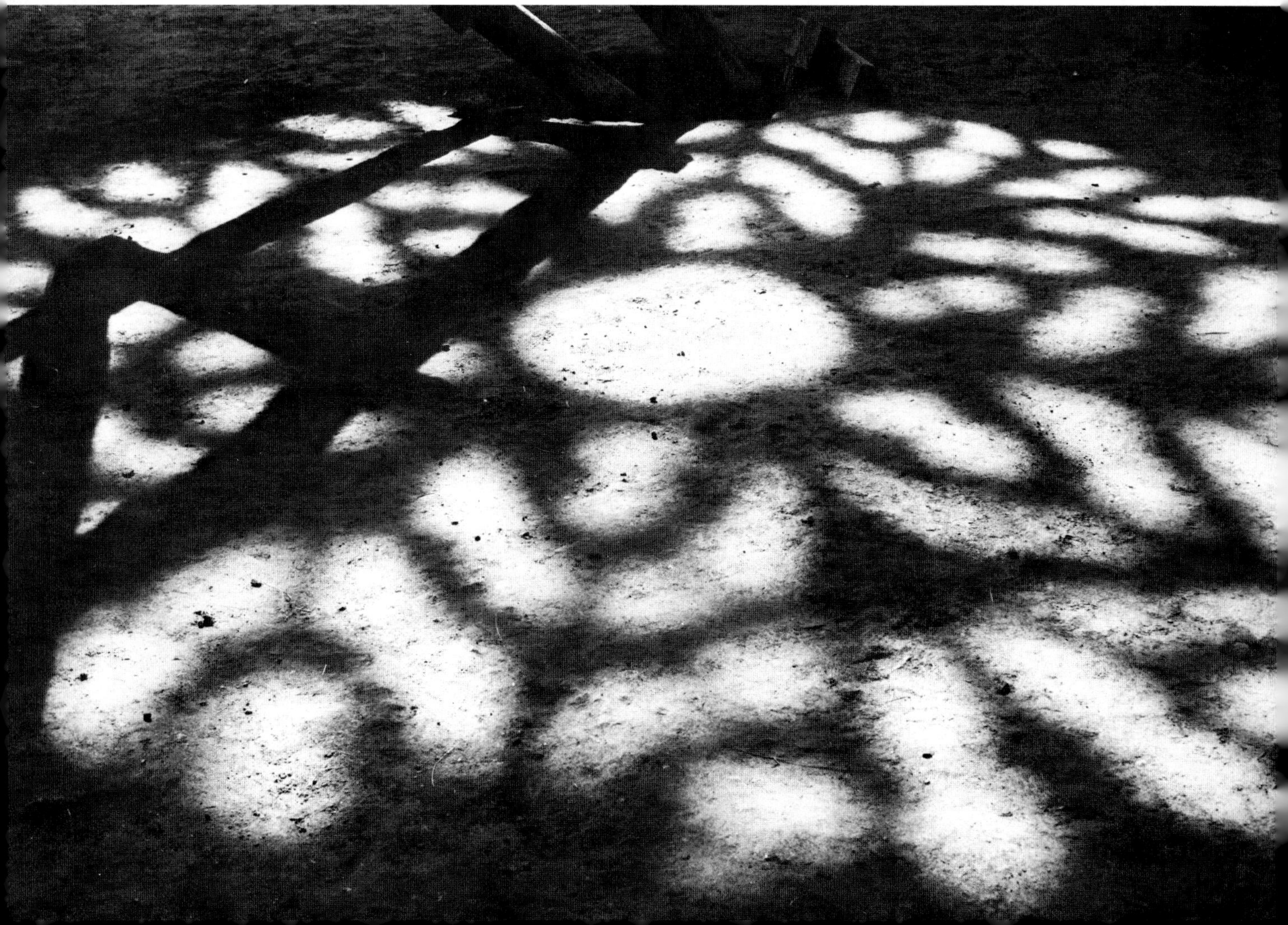

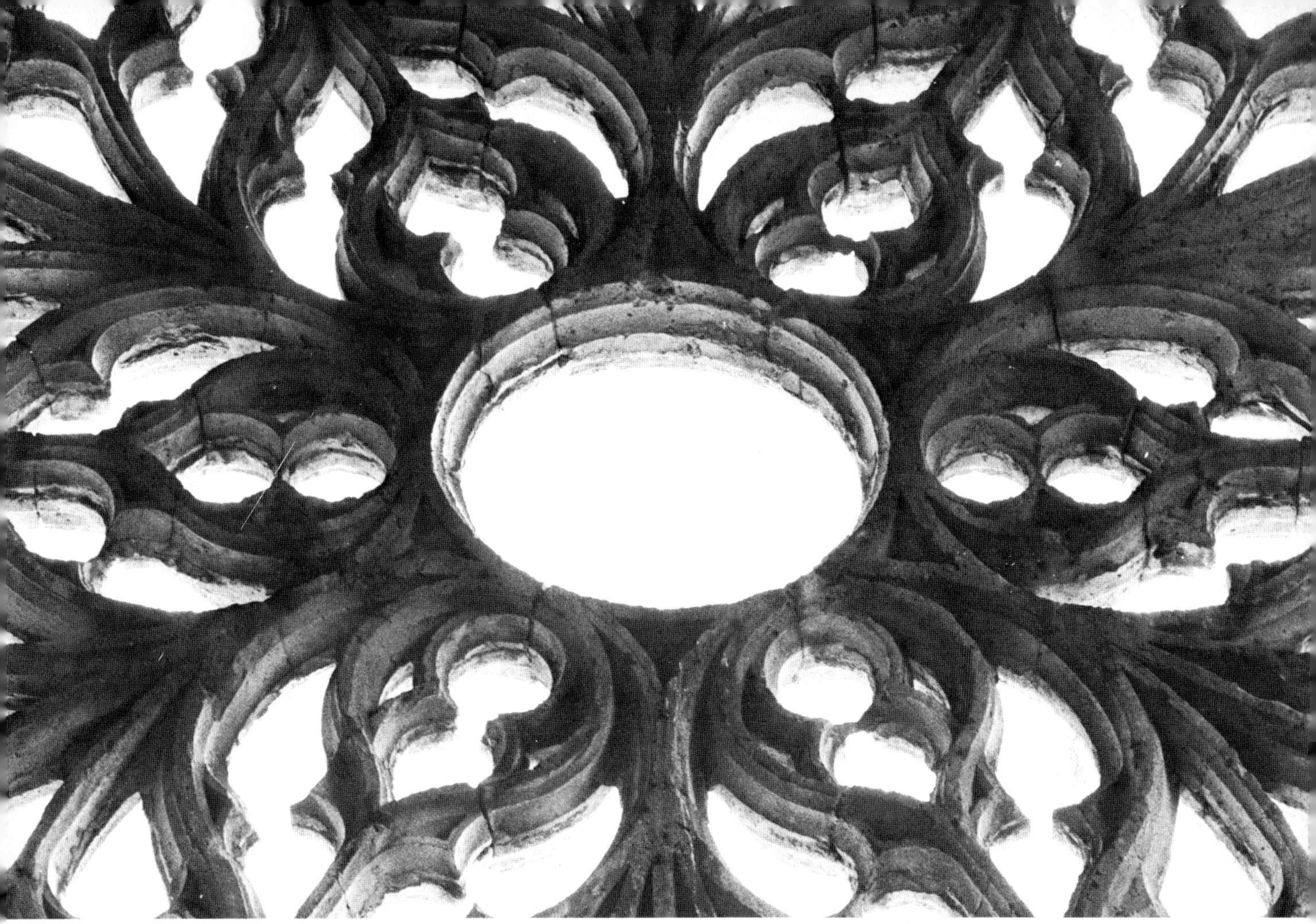

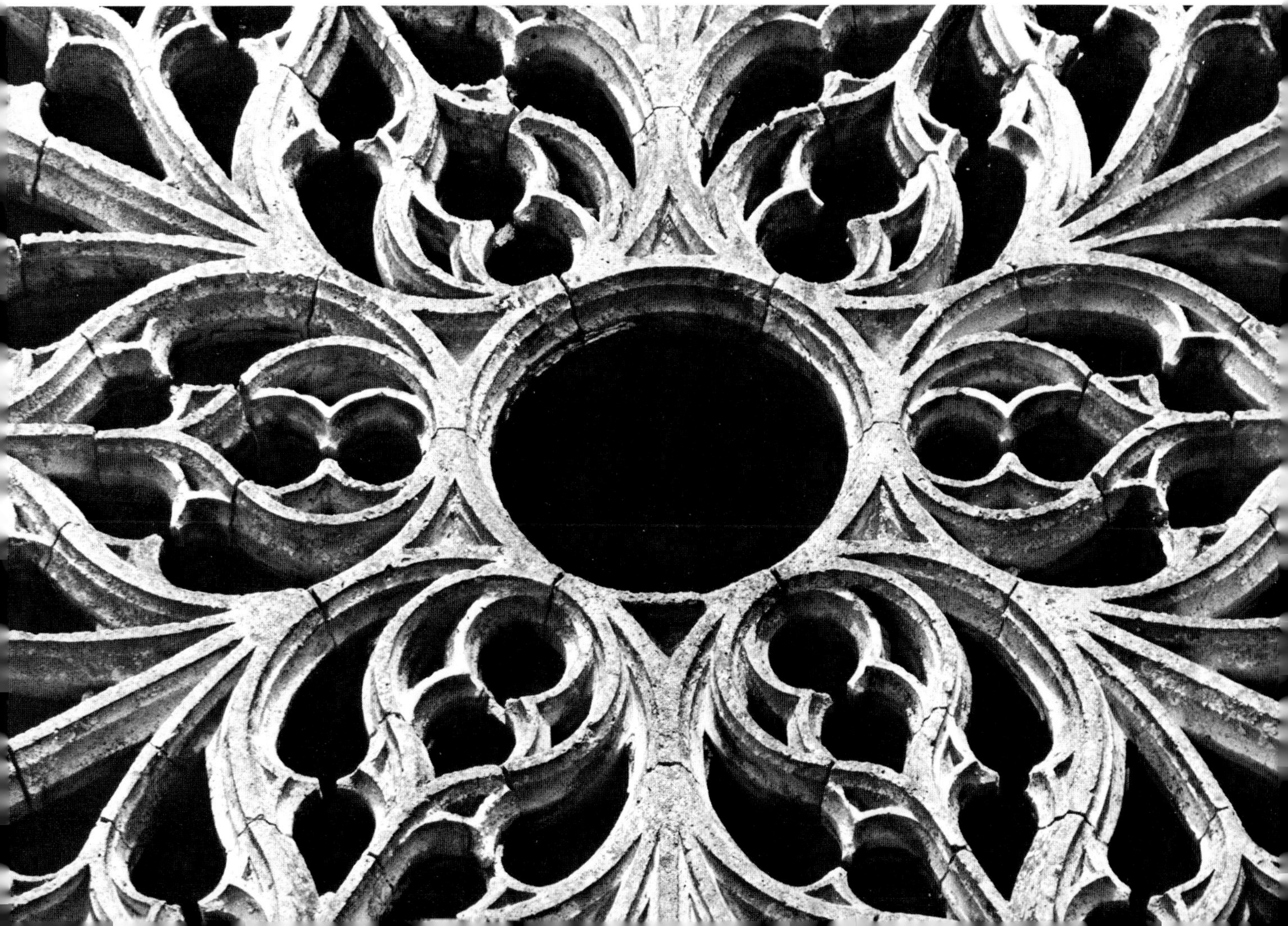

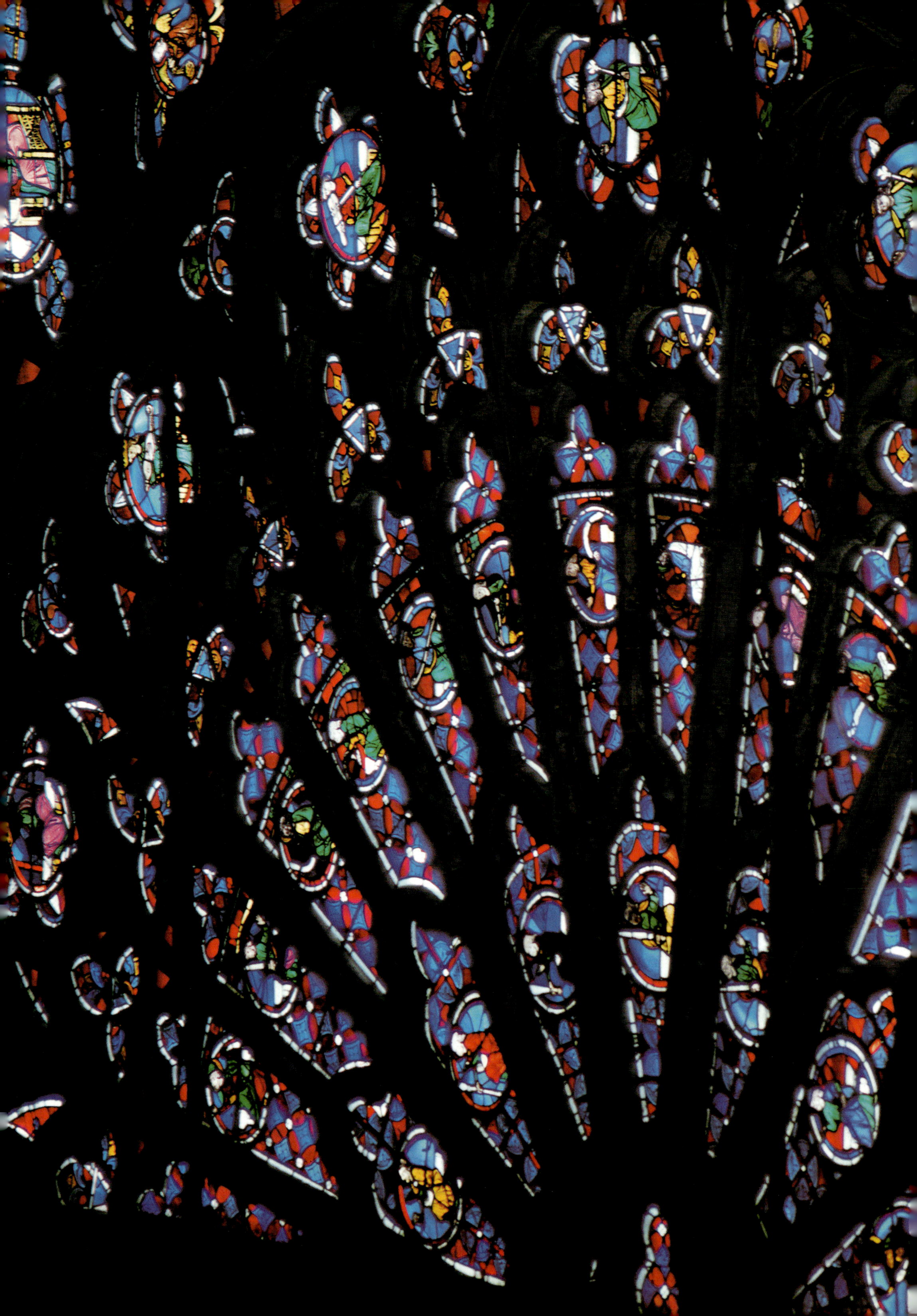

Die Bedeutung
Läuterung – Weisheit

„Alles in der mittelalterlichen Symbolik hat verborgenen Sinn: d. h., den Menschen wird etwas gezeigt, und dabei werden sie eingeladen, im Bild die Gestal von etwas anderem zu sehen." Mit dieser Feststellung liefert Émile Mâle sehr genau den Schlüssel zum Verständnis der mittelalterlichen Ikonographie. In der Rose und besonders im Rosenfenster, gibt es eine Menge Symbolik, die so einfach oder so vielgestaltig ist, wie jeder es sehen will. Wie die Blume, die Buddha als die Summe seiner Predigten hochhielt, ist das Rosenfenster selbst schon ein Symbol, kraft seiner Form, und stellt zur selben Zeit andere Symbole dar – indem es den Menschen eine Form zeigt und sie dazu auffordert, etwas anderes darin zu erkennen. Sowohl das Bild als sein Gehalt wirken zusammen, um als eine Brücke zum tieferen Verständnis zu dienen; sie befähigen uns, auf einen Blick etwas zu sehen, was mit Worten zu erklären weit mehr Zeit erfordern würde.

Bei jedem Kirchengebäude ist die Ikonographie der Schlüssel zur christlichen Sicht der Welt als einer verwandelten Realität: die Wahrheit des Alten Testaments enthüllt im Lichte des Neuen Testaments. Das gilt auch, wenn die Bilderwelt dunkel oder sogar heidnisch ist. Mittelalterliche Philosophen, Theologen und Kathedralbaumeister übertrugen das Christentum in die ihrem Zeitalter gemäßen Ausdrucksformen sowohl in Worten wie in Bildern aus Glas und Stein. Sie schauten auf ihre Wurzeln zurück – besonders auf das alte griechische Gedankengut und die frühen christlichen Kirchenväter – und verbanden diese Traditionen mit dem Wissen ihrer Zeit. Wie in Chartres – wo das wissenschaftliche und geistige Licht besonders stark schien und wo sie „auf den Schultern dieser Riesen aufbauten" – wurde die zeitgenössische Sicht des Kosmos und des Lebens auf die traditionelle christliche Ikonographie aufgepfropft. So stellt jede Folge von drei Rosenfenstern im allgemeinen die Verherrlichung der Jungfrau Maria, den auferstandenen Christus und das Jüngste Gericht dar. Aber innerhalb dieses Schemas kann eine weniger klare und tiefe Bedeutung gesehen werden, denn als Mandalas besitzen die Fenster die Kraft, einen Wandel im Denken herbeizuführen, die gewohnten Verhaltensmuster zu durchbrechen, die täglich das Bewußtsein beherrschen. Sie können den Geist für neue Wirklichkeiten öffnen, was oft begleitet ist von einem tieferen inneren Frieden und einer Aussöhnung mit sich selbst. Solch ein Akt erfordert aufrichtige Übergabe, „Sich-Fallen-Lassen, was Rodin beschreibt als ein Erleben der Geduld, das wiederum Tatkraft lehrt".[19]

Die Beschränktheit des alltäglichen Bewußtseins wird von Plato der Stumpfheit der menschlichen Sinne zugeschrieben, eine Bedingtheit, die einen daran hindert, die Sphärenmusik zu hören. Aber, wenn der Mensch zu seinen Ursprüngen zurückgeführt werden könnte, würde er diese Musik wieder hören können und im Hören der Natur tiefste Geheimnisse verstehen. In der christlichen Theologie ist der Garten Eden und das kommende Paradies die Parallele zu diesem musikalischen Bild. Über Christus und seine Lehre führt der Weg zu einer Welt, in der man in Harmonie mit der Natur die ewige Stadt, das Neue Jerusalem, schafft.

In den gotischen Kathedralen ist die christliche Ikonographie erfüllt vom Wissen der Antike, besonders dem Platos, und von den metaphysischen Zusammenhängen des Lichts, die vom hl. Augustinus und Johannes Duns Scotus Erigena herstammen. All dies ist in der christlichen Ikonographie kommentiert vorhanden und führt letztlich auf die Ordnung zurück, die hinter der Schöpfung steht: zum Logos.

Bevor wir uns auf die weiteren Aspekte der Symbolik einlassen, wird es wichtig sein, die ikonographischen Programme der frühen Kathedralen um Paris zu betrachten, wo das Rosenfenster mit einbezogen ist; denn diese bleiben die Grundmuster für die Ikonographie andernorts. In *Nordfenstern* findet man im allgemeinen die Jungfrau Maria im Zentrum, umgeben von Priestern, Pro-

Vorige Seiten:
60–63 Unvergeßlich durch ihre Lichtspiele ist die wunderschöne Flamboyant-Rose in der verlassenen Kirche von Lieu-Restauré in der Île-de-France, 15. Jahrhundert

64 Diese Südrose in Tours, die Licht und Farbe in jeder Gestalt und Form in jeden Winkel des Kosmos wirft, ist möglicherweise das letzte der großen Fenster, das innerhalb Henry Adams „magischen 100 Jahren" der Gotik nach 1270 gebaut wurde. – Tours, Kathedrale, Südrose, Detail, Mitte 13. Jahrhundert

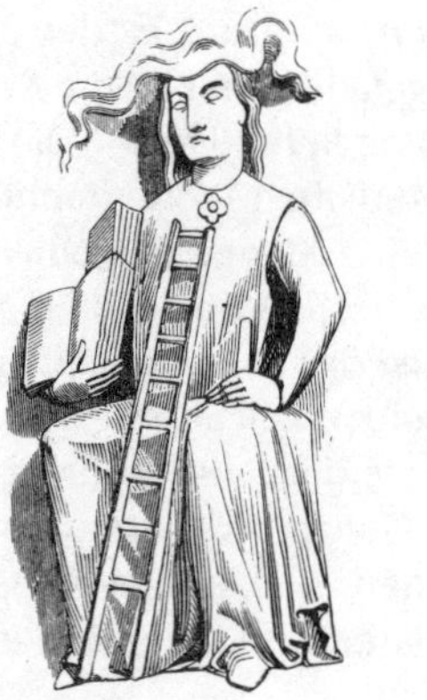

Die Philosophie, den Kopf in den Wolken, hält ein offenes Buch der Gelehrsamkeit und ein (jetzt zerbrochenes) Szepter. Vom Westportal der Kathedrale von Laon (nach Viollet-le-Duc)

pheten und Königen des Alten Testaments – wie in Paris und Chartres (Abb. 6, 11). Es gibt dabei jedoch Variationen: die Schöpfung in Reims, die Kindheit Christi in Soissons, und die sieben freien Künste in Laon (Abb. 28). In *Südfenstern* ist Christus fast immer in der Glorie nach der Auferstehung dargestellt, und von dieser Disposition von Norden und Süden her scheint es, als sei die Kreuzigung der Scheidepunkt der Zeit. Im *Westen* sitzt Christus dem Gericht über die Seelen vor, wo Heilige zum Himmel hinaufbegleitet werden und Sünder in die Hölle abstürzen; nirgendwo ist das besser dargestellt als in Chartres und Mantes (Abb. 27, 65). In der Westrose in Reims symbolisiert der Tod der Jungfrau wiederum das Ende aller Zeiten (Abb. 4, 5). In dieses Grundmuster sind die ikonographischen Details eingefügt, die in jeder Kirche verschieden aber fast immer im selben Verhältnis gegeben sind: Priester, Propheten und Gestalten aus dem Alten Testament im Norden, Apostel, die 24 Ältesten der Apokalypse, die Zeichen des Zodiakus, Märtyrer und Bekenner im Süden und der Engelschor, die Unterscheidung der Seelen, der Laster und Tugenden im Westen. In der seltenen Ostrose in Laon findet sich (fast voraussehbar) eine Verschmelzung von Altem Testament und Neuem Testament mit der Jungfrau, umgeben von Propheten, Aposteln und den 24 Ältesten (Abb. 32, 33).

In der Nordrose in Laon (Abb. 28) sind die freien Künste dargestellt; man möchte auf den ersten Blick meinen, daß sie außerhalb dieses Schemas stehen, aber in Wirklichkeit verweist dies auf die Vereinigung von klassischer Gelehrsamkeit mit christlicher Ikonographie. Ursprünglich gab es zur Blütezeit des Römischen Reiches nicht sieben, sondern neun freie Künste, bis Medizin und Architektur vom Mittelalter fallengelassen worden waren. In Laon und Chartres wurden in den Kathedralschulen gelehrt: Musik, Arithmetik, Geometrie, Astrologie, Dialektik, Logik und Grammatik. In dieser Rose von Laon sind sie verbunden mit Medizin, und alle sind als Frauen personifiziert, welche die Philosophie umgeben, den Gipfel aller Gelehrsamkeit (Abb. 31). Sie sind ein gutes Beispiel für Mâles „verborgene Bedeutung". Denn die Philosophie ist die personifizierte göttliche Weisheit, die Hagia Sophia, der in der byzantinischen Welt berühmte Kirchen erbaut wurden. Im Mittelalter wurde sie mit der Jungfrau Maria gleichgestellt, die für den hl. Bernhard die Verkörperung aller Wissenschaft und Weisheit war. Vincent von Beauvais sah in den freien Künsten „eine bele-

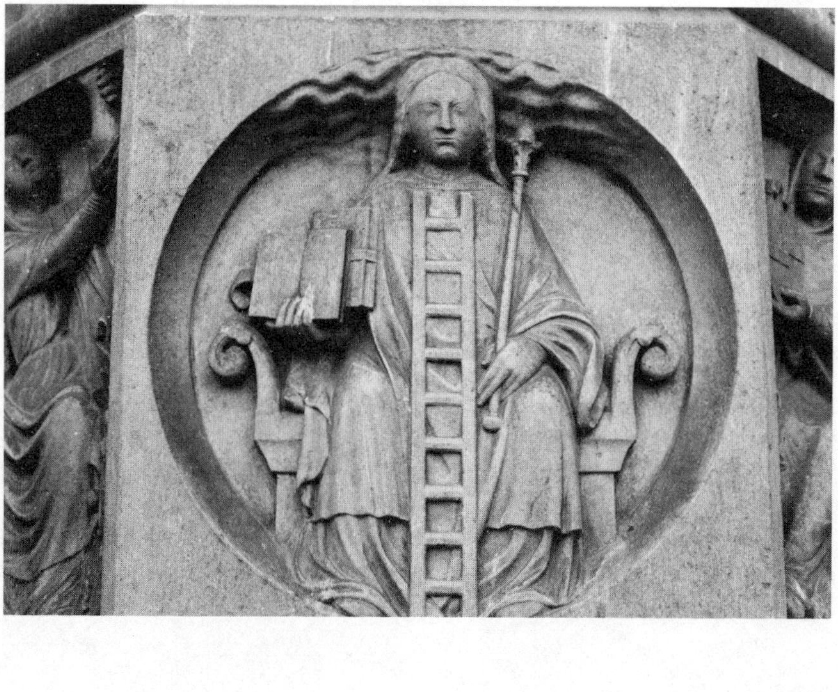

Die Philosophie, Relief (13. Jh., restauriert) vom Westportal der Kathedrale Notre-Dame in Paris

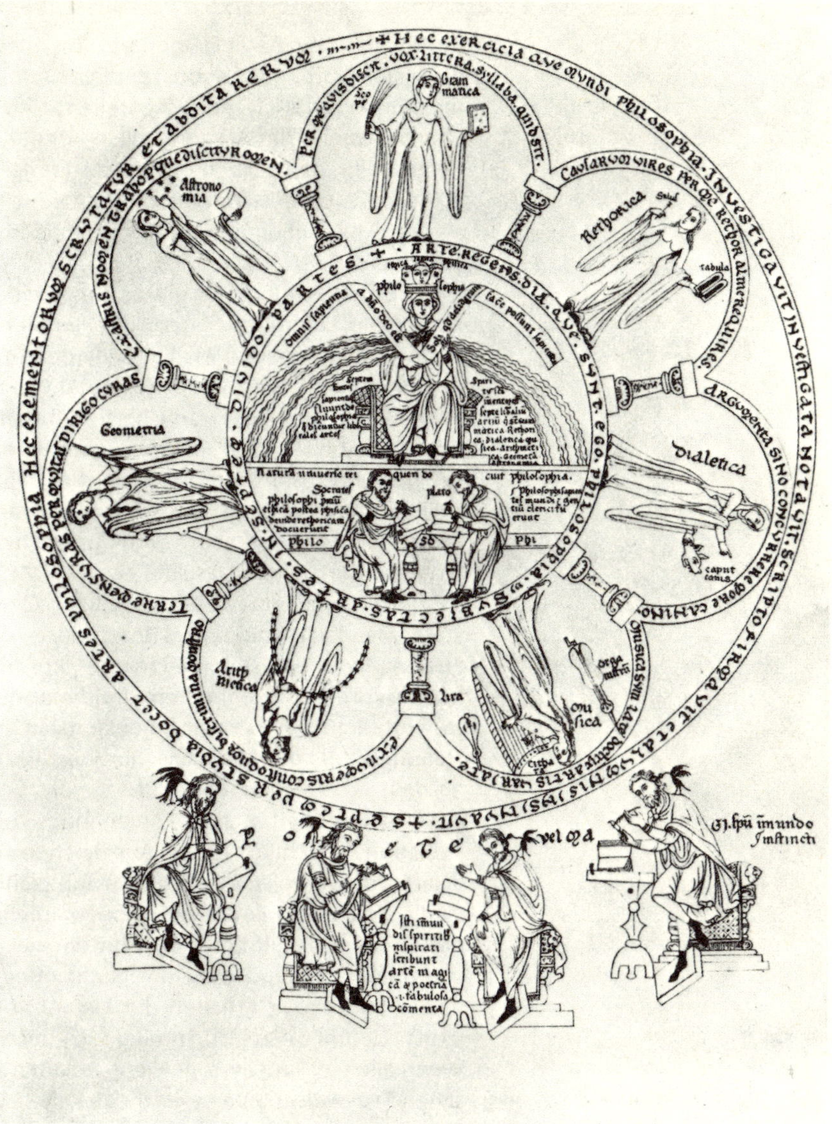

Das Rad der Gelehrsamkeit mit den sieben freien Künsten, die die Philosophie einkreisen, ist als Rundtempel dargestellt. Sokrates und Plato, die die Philosophie belehrt, sitzen unter ihr, während die drei Köpfe auf ihrer Krone das Wissen von Vergangenheit, Gegenwart und Zukunft darstellen (aus Herrad von Landsberg, Hortus deliciarum, 12. Jh.)

Skizzen Viollet-le-Ducs von Reliefs der sieben freien Künste an der westlichen Vorhalle der Kathedrale in Laon: Geometrie (oben), Astronomie (Mitte) und Musik (unten)

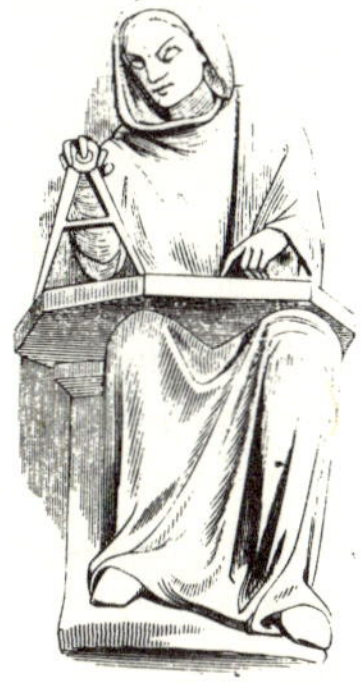

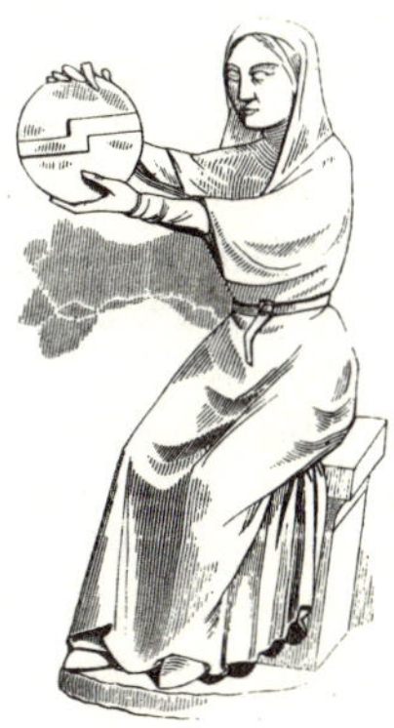

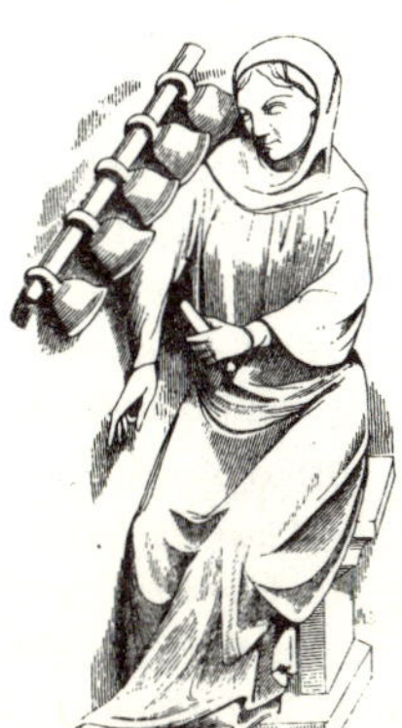

bende Kraft, und jeder der freien Künste ist ein entsprechendes Geschenk des Geistes zugeordnet".[20] Sie bringen die biblischen Sieben Säulen in Erinnerung, mit denen die Weisheit „ihr Haus gebaut hat" (Sprüche 9,1). Es gibt hier eine interessante Doppelbedeutung. 1.: im Mittelalter mußte ein Architekt sich gut in den freien Künsten auskennen, ehe er mit dem Bau einer Kathedrale betraut werden konnte; 2.: der Tempel des Geistes wird in der Offenbarung gesehen als in jedem einzelnen Menschen zu errichtenden Bau. So haben auch die Geschenke des Geistes eine doppelte Bedeutung, eine äußere und eine innere, die erstere ist gnadenhaft oder möglicherweise wunderbar (worüber der hl. Paulus den Korinthern viel zu sagen hatte), die letztere ist eine Gabe des Charakters, der Moral und der geistigen Ausstattung.

In der Ikonographie eines Fensters liegt verborgene Bedeutung; es liegt auch Bedeutung in seiner Form, in seiner Funktion als Rad, als Rose, als Modell der Sonne oder des Universums. Im Ostfenster von Laon (Abb. 33) ist die Bedeutung in noch anderer Form verborgen. Geometrisch ist das Fenster aufgebaut aus 12 Fünfecken, die das Zentrum umgeben – eine Erinnerung an die fünf festen Körper Platons, den Dodekaeder, dessen 12 Oberflächen Fünfecke sind.

Im *Timäus* sind die vier Elemente Erde, Feuer, Luft und Wasser dargestellt durch die festen Körper des Kubus, der Pyramide, des Oktaeders und des Ikosaeders (ein Körper mit 20 Flächen). Sie stellen Stoffe dar, die sich in der Zeit offenbaren. Das 5. Element, der Äther, wird, so könnte man sagen, durch den Dodekaeder dargestellt, „den ganzen geistigen Himmel", der ewig sich offenbart[21]. In der Rose von Laon bestätigt die Ikonographie dies in der christlichen Bilderwelt als das Ewige Geheimnis, die Verschmelzung von Altem Testament und Neuem Testament.

In vielen Rosenfenstern gibt es eine dreidimensionale, räumliche Bedeutung, für die der Dodekaeder oder die Himmelssphäre in Laon ein gutes Beispiel ist. In einigen Fenstern wird diese Bedeutung jedoch durch rein visuelle Mittel hervorgebracht, wie in dem Rosenrad von Santa Chiara in Assisi (Abb. 46) und in allen Rosenfenstern von Chartres. Tatsächlich sagt uns das Nordfenster in Chartres (Abb. 7) selbst ausdrücklich, daß sein Bild nach drei Dimensionen ausgelegt werden soll. Die vier Bilder der Taube, die zur Jungfrau Maria herabsteigt, sind so angelegt, daß sie den Eindruck erwecken, von allen Richtungen zu kommen: eine von vorn, von der Fläche des Fensters, eine von hinten und zwei von den Seiten. Das sind zwar vier Ansichten, aber von *einer* Taube – da es nur einen allumfassenden Heiligen Geist gibt.

Der Mandala-Aspekt jedes Rosenfensters hilft uns, diese Dreidimensionalität zu verstehen, und suggeriert seine „kosmische" Bedeutung: die zweidimensionale Form repräsentiert ein dreidimensionales Bild, das uns durch die Vorstellungskraft zu einer vierdimensionalen Realität führt. Nach Jung besteht der Heilungseffekt der Mandalas, herbeigeführt durch den Zustand der Ganzheit, zu dem sie einladen, darin, daß sie uns befähigen zu denken und uns etwas außerhalb der Zeit vorzustellen. In Jungs Philosophie wird der Prozeß der Individuation erreicht durch das Ausgleichen von vier Energien, was in der Mandala-Form symbolisiert ist. In der mittelalterlichen Alchemie fand Jung viele Parallelen zu den Bildern, die seine Patienten aus dem Unterbewußtsein heraus darstellten. Das gilt besonders für die vier Elemente, die in der Vierzahl den geordneten Zustand des Universums oder des Makrokosmos widerspiegeln. In der Erinnerung erhalten die Elemente Bewußtseinsqualitäten: Gedanke, (Luft), Gefühl (Wasser), Intuition (Feuer) und Sinneswahrnehmung (Erde). Wenn alle vier im Gleichgewicht gehalten werden innerhalb des psychologischen Wegweisers, dann wird das Leben voll genossen.

Es gibt an der Kathedrale von Lausanne eine großartige Rose, die diesen vierfachen Aspekt zeigt (Abb. 38/39; vgl. auch 128–31), wo das Wissen der Welt kombiniert ist mit Spekulation und Mythos, um etwas darzustellen, was ohne Zweifel eine der erstaunlichsten Schöpfungen des Mittelalters ist. Als ein Bild der Welt oder des Kosmos ist die Rose von Lausanne eine Glanzleistung der Symbolik, die im geometrischen Rahmenwerk enthalten ist, das sowohl real wie symbolisch ist. Im Zentrum ist die Schöpfung, umgeben von den vier Jahreszeiten und den 12 Monaten des Jahres, darunter stehen die 12 Zeichen des Zodiakus und die vier Elemente (Abb. 68/69). Am Rande dieser Welt sind die vier Paradiesflüsse und die Wesen, die diese abgelegenen Ecken bewohnen, und am Außenrand erscheinen die acht Winde des Himmels. Alles in diesem Kosmos ist Teil einer Ganzheit der täglichen Welt, die sich zyklisch wiederholt durch die Jahreszeiten, die jedoch innerhalb einer fast transzendenten Welt als Paradies dargestellt wird. Es ist eine Rose, die wohl ihre Inspiration von der Westrose in Chartres und ihren philosophischen Impuls von der dortigen Schule bekommen hat, denn es ist bekannt, daß einige Kanoniker aus Lausanne Paris in der Zeit von 1222–24 besuchten, genau in der Zeit, als Chartres und Paris mitten im Planen und Herstellen ihrer großen Fenster waren. Eine andere Inspirationsquelle mögen wohl die Berichte von Prester Johns Königreich im Osten sein, wo es ein Land von Milch und Honig gibt, das von einem christlichen König regiert wird und die vier Paradiesflüsse enthält, die überflossen von Gold und Edelsteinen „in regelmäßigen Abständen, dreimal im Jahr"[22]. Émile Mâle jedoch, sieht die Paradiesflüsse – dargestellt, wie sie ihre vier Wasserkrüge gegen die vier Richtungen des Kosmos wenden – als „Symbole der Evangelisten, die die Welt mit ihrer Lehre überfluten, wie die vier wohltätigen Ströme"[23].

Das Universum – die Hinwendung zum Einen

Jedes Rosenfenster ist ein Symbol und Abbild der Schöpfung und des geschaffenen Universums. Die Lagen konzentrischer Kreise, welche die großen frühen Rosen einschließen, sind idealisierte Modelle des Universums mit der Erde im Zentrum der Sphären. Die Zahl variiert entsprechend dem Modell, das betrachtet worden war: Platons Universum hatte acht, während das des Aristoteles die stolze Zahl von 56 Sphären hatte. In den einfacheren Systemen enthielten die Sphären die Planeten, den Mond und die Sterne, in den ausgearbeiteten Modellen jedoch hatten Engel, Erzengel, die Elemente und selbst moralische Qualitäten eigene Sphären. In den meisten Schemata war die äußerste Sphäre die Urmutter, unter welcher der Lichthimmel Gottes lag.

Von der Schule von Chartres ist bekannt, daß sie eine Kopie von Makrobius' Kommentar über Ciceros *Traum des Scipio* besaß, der das neuplatonische Schema des Kosmos enthielt, das auf Pythagoras gründet. Dieser Kosmos kannte Platons acht Planeten- und Sternensphären, besaß jedoch noch drei weitere: die Weltseele, den Geist und den obersten Gott. Diese 11 Sphären rufen die 11 Schichten des Chartres-Labyrinths ins Gedächtnis zurück, das Keith Crichlow als ein Diagramm der „Schalen" der Realität auslegt. Auch er verweist auf die Verbindung von Labyrinth und Rosenfenster (vgl. S. 98). Die Kombination von „Abbild des Universums" und „Sonnensymbol" in den Rosenfenstern erinnert stark an Pythagoras' Bild des Universums, mit seinem Zentralfeuer, das das letzte Mitglied seiner Schule, Aristarchus, mit der Sonne gleichsetzte. Die Chartres-Rosen scheinen nur drei klar unterschiedene Schichten und eine vierte, schwächer umrissene zu haben; in Paris sind es mindestens sechs Schichten.[24]

Die Bedeutung verschiedener Schichten in den mandalaförmigen Rosenfenstern kann in der Interpretation der Funktion des „sichtbaren Universums" liegen, oder, mit anderen Worten ausgedrückt, in der Engelshierarchie. Die mittelalterliche Welt sah die geistige Welt in der Art einer neunfachen Hierarchie, die die Sphären zwischen Gott und der Welt bewohnt und die allmählich das Wissen und die Kraft Gottes an die Seelen der Gläubigen weitergab. Solch ein Bild wurde auch von Dante in seinem Paradies verwendet, wo die neun Himmelssphären die neun größeren Regionen der Hölle widerspiegeln, die man durch die sieben Stationen des Fegefeuers erreicht. Diese körperlich unsichtbare aber geistig sichtbare Hierarchie war gebunden an die Sphären der Planeten und Sterne in folgender Weise: (1) der Urbeweger, Seraphim, (2) die Fixsterne, Cherubim, (3) Saturn, Throne, (4) Jupiter, Herrschaften, (5) Mars, Tugenden, (6) Sonne, Mächte, (7) Venus, Fürstentümer, (8) Merkur, Erzengel, (9) Mond, niedere Engel.

Die Hierarchie selbst erscheint nicht wirklich in einem der frühen Rosenfenster – aber ihre Vertreter sind manchmal in die Portale darunter gemeißelt, wie in Chartres. Sie erscheint jedoch in Saint-Quen (Abb. 57) rund 200 Jahre später; es kann gut sein, daß zu diesem späten Datum die wesentliche Bedeutung der himmlischen Rangordnung verlorengegangen war. Etwas Entsprechendes, so könnte man sagen, gibt es in den „Energie"-Graden der Mandalastruktur, die sich vom Zentrum, der Quelle, her aufbaut. Diese Vorstellung ist schon im Universum des Pythagoras mit seinem Zentralfeuer enthalten.

So wie ein Kreis nur ein Zentrum hat, so ist alles im Universum dem einen

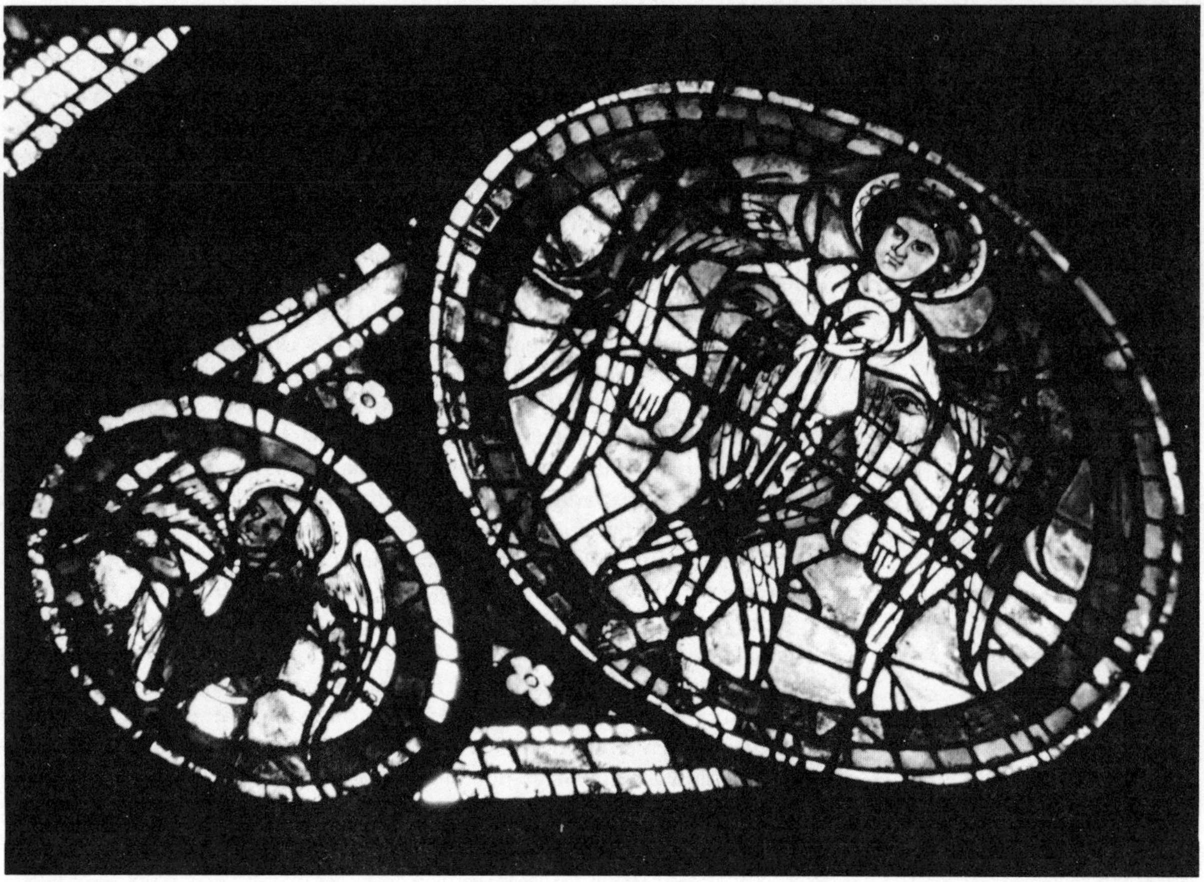

Einer der sechsflügeligen Seraphim in der Westrose von Chartres mit Augen auf den Flügeln

Schöpfer untergeordnet, so wie es das Wort „Universum" selbst ausdrückt: „auf eines gerichtet". In Chartres steht Christus im Zentrum aller Rosenfenster als die Quelle aller Kraft. Wie das Wort des Johannes, der Logos, erscheint die Sonne im Zentrum des mittelalterlichen Pythagoreischen Kosmos. Kardinal Nicolaus Cusanus, der stark unter dem Einfluß der Schule von Chartres stand, drückt diese Idee wie folgt aus:

> Die universelle Macht des Makrokosmos, die sich selbst und alle Dinge bewegt, ist ewig, da sie ein Rund ist und in kreisförmiger Bewegung alle Bewegung in sich selbst hat, genauso wie die Form des Kreises alle anderen Formen in sich schließt. Der Mensch ist der Mikrokosmos, der dem entspricht und alles Wissen vom Mittelpunkt – Christus – empfängt.[25]

Von Zeit zu Ewigkeit – Rad und Rose

Das Rad ist ein fast universales Symbol der Zeit. Das Drehen beschwört seinen zyklischen Charakter und die scheinbar endlose Wiederholung von Nacht und Tag und Jahr auf Jahr. Die Speichen des Rades schaffen ein Sonnenbild; und seit der Lauf der Sonne durch das Firmament unsere Zeit bestimmt, sind die beiden miteinander verbunden. Das Bild findet sich schon in der vorchristlichen und keltischen Welt sowie im Osten, wo es das Leben und die Wiedergeburt symbolisiert. Im Mittelalter verkörpert das Glücksrad das Schicksal, und seine Metamorphose in eine Rose scheint mit dem Entstehen der Kathedralen zusammenzufallen. Das Rad symbolisiert auch Befreiung von diesen Zyklen, in der Christenheit durch den Sieg über das Schicksal und im Osten durch Erleuchtung.

Als ein Symbol Buddhas stellt das Rad den Durchgang der Seele durch die verschiedenen Existenzformen dar. Die Befreiung ist symbolisiert durch die Umwandlung in einen tausendblättrigen Lotus. Die Loslösung und die Vollendung im Nirvana werden angestrebt durch Training, andächtige Hingabe, verschiedene asketische Praktiken, durch Meditation und Gebetsräder: *Om Mani Padme Hum* ist das Mantra (Wahlspruch), das zum Lotus führt, der Satz, der zu dem Drehen des Rades wiederholt wird. Er bedeutet: Gott (Om), du Juwel im Lotus, Anbetung (Hum).

In Orvieto in Italien ist der Kopf Christi in den Mittelpunkt eines Rades mit 22 Speichen an der Westfassade der Kathedrale eingemeißelt, ein wirkliches „Kleinod im Lotus" (Abb. 48). Aber es bedeutet auch den wesentlichen Unterschied zwischen Erleuchtung im Christentum und im Buddhismus, jenes „Niemand kommt zum Vater, denn durch mich". In der Metamorphose vom Rad zur Rose ist Befreiung vom Schicksal verkörpert im Prinzip der Geburt Christi in der menschlichen Seele – wofür die Rose und die Rosenfenster Symbole sind.

Émile Mâle, lenkt in seinem Werk „Das Bild der Gotik" unsere Aufmerksamkeit auf den Schriftsteller Honorius von Autun aus dem 12. Jh., dessen Beschreibung von Schicksal und Glück an Boethius erinnert:

Philosophen erzählen uns von einer Frau, die an einem Rad befestigt war, das sich unablässig drehte, so daß sie sie in dieser Bewegung manchmal aufsteigen und manchmal fallen sahen. Was bedeutet dieses Rad? Es ist der Ruhm der Erde, der in unaufhörlicher Bewegung rund um die Erde getragen wird. Die am Rad befestigte Frau ist das Glück, dessen Haupt abwechselnd aufsteigt und fällt, da diejenigen, die durch seine Macht hochgekommen und reich geworden sind, oft in Armut und Elend gestürzt werden.[26]

Eine Zusammenfassung dieser Vorstellung kann man an dem sehen, was an der Kirche Saint-Étienne in Beauvais (Abb. 25) von dem Glücksrad erhalten geblieben ist, wo Menschen um die Radeinfassung geschleift werden wie durch das Leben, nur um in Vergessenheit zu fallen. Mit dem Auftreten von Sugers Rosenfenster und den größeren Beispielen, die folgen sollten, findet die Umwandlung des Rads unter zwei bedeutenden Aspekten statt. Der erste ist, daß in den Rosenfenstern der Nachdruck von der Einfassung weg auf das Zentrum verlegt wird – wenn auch die Fenster noch ihre Radstruktur beibehalten. Zum zweiten ist es die Verwandlung, die im Inneren des Gebäudes stattfindet, indem das Rad zu einer Rose aus Licht und Farbe wird. Nirgendwo ist das besser beleuchtet als in Amiens, wo ein Glücksrad an der Außenseite der Südfassade auf der Innenseite zu einer Rose voller Farbenfeuer wird.

Eine Interpretation dieses Übergangs vom Rad zur Rose sieht diesen Wechsel in den Begriffen von Zeit und Ewigkeit, wobei der Radkranz die Zeit als Vergangenheit, Gegenwart und Zukunft darstellt, während das Zentrum die Zeit als Ewigkeit symbolisiert. Frühchristliche Räder, die auf dem ☧-Monogramm aufbauen, geben diese Botschaft weiter, indem sie oft zwischen A und Ω gestellt sind, dem ersten und letzten Buchstaben des griechischen Alphabets. Dies sind Hinweise auf Christus als „Anfang und Ende", außerhalb der Zeit, aber in der Ewigkeit, die ewig gegenwärtig ist. Christus ist dargestellt als der Herr der Zeit, indem er im Zentrum der Rose plaziert und manchmal von den Zeichen des Zodiakus umgeben ist, wie in Saint-Denis, Angers (Abb. 70), Laon und Paris (Abb. 9). Hier ist er auch Herr des Schicksals:

Und er hatte in seiner rechten Hand sieben Sterne: und aus seinem Mund kam ein zweischneidiges Schwert; und sein Ausdruck war strahlend wie die Sonne in seiner Strenge.

Und als ich ihn sah, fiel ich wie tot zu seinen Füßen. Und er legte seine rechte Hand auf mich und sprach zu mir: Fürchte dich nicht, ich bin der erste und der letzte.

Ich bin der, der lebt, und der, der tot war: und siehe da, ich lebe, Amen; und ich habe die Schlüssel der Hölle und des Todes (Apokalypse 1,16–18).

Christus im Zentrum des Zodiakus – wie in einigen Rosenfenstern – legt einen Weg der Synthese nahe, einen Weg, das höhere Bewußtsein mit den Kräften des Unbewußten zu vereinen. Astrologie auf ihrem höchsten Stand sieht den Zodiakus als ein stimmiges und vollkommenes Rahmenwerk an, Wissen unter dem Aspekt der Ganzheit zu verkörpern; Jung sieht die Planeten (die sieben Sterne des Johannes) als „Symbole der Macht des Unbewußten"[27]. Das Christentum neigte dazu, die Astrologie zu verwerfen, da diese Symbole mit dem Polytheismus identisch sind und wegen der Gefahr, daß die Menschen die Verantwortung für ihr eigenes Schicksal abgeben könnten, indem sie den leichteren Ausweg wählen und ihr Geschick den Sternen überlassen. Eine reifere Ansicht wäre es, die Zeichen des Zodiakus als Energiemuster anzusehen. Einige von ihnen kennen wir bereits durch unsere eigenen Geburtsdaten. Hubert Whone folgt Jung und der traditionellen symbolischen Interpretation, wenn er zwölffache Muster in Form von 12 Wegen zum Zentrum sieht, die z. B. den 12 menschlichen Typen entsprechen, die sich in den Zeichen des Zodiakus widerspiegeln: „Da jedes Wesen ein einziges Energiemuster hat, das es unter Ausschluß anderer verwirklicht, ist es seine Hauptaufgabe, dieser anderen gewahr zu werden und diese Energien in sich zu wecken, um ein voller Mensch zu werden; dieses Erwecken öffnet die Tore zu seiner eigenen Göttlichkeit."[28]

Das Wort Zodiakus stammt von dem griechischen *zodiakus kuklos*, „Rad der Tierfiguren". Die übliche Interpretation der vier Heiligen Wesen, die oft Christus umgeben (und die frühen Radfenster), ist die des Wortes, das durch die vier Evangelisten verkündet worden ist. Sie sind die typologische Umsetzung der Wesen, die Ezechiel im Feuerrad sah. Von einem anderen Gesichtspunkt her sind die vier Wesen die vier feststehenden Zeichen des Zodiakus – der Löwe (der Löwe des hl. Markus), Feuer; der Stier (der Stier des hl. Lukas), Erde; der Wassermann (der Mensch des hl. Matthäus), Luft; der Skorpion (der Adler des hl. Johannes, ein Alternativsymbol für dieses Zeichen), das Wasser – die das Schicksalsrad flankieren.

Das Schicksal ist in der Mythologie oft als spinnende Frau dargestellt, die Muttergottheit, die in Erich Neumanns Worten, „nicht nur das menschliche Leben spinnt, sondern auch das Schicksal der Welt, seine Dunkelheit sowohl wie sein Licht"[29]. Sie erscheint auch auf der zehnten Karte des Tarokspiels, wo sie eben auf dem Glücksrad sitzt. Nach dem Mittelalter ist die Jungfrau Maria manchmal als Spinnerin in der Verkündigung dargestellt; als der Erzengel Gabriel gegangen war, so wird berichtet, setzte sie ihre Arbeit fort und vollendete sie, und sie war vorzüglich gelungen.

Die Verbindung des Rades mit der hl. Katharina gibt einen interessanten Einblick in das Problem der Befreiung vom Rad – entweder als Rad der Wiedergeburt oder als Schicksalsrad in diesem Leben. Das Christentum hat die Reinkarnation immer abgelehnt und behauptet, daß jede Person nur ein Leben habe, in dem sie die Möglichkeit hat, ihre Talente zu verwirklichen und das Reich Gottes aufzurichten; die Lebensprobleme einem schlechten Schicksal zuzuschreiben und selbst nichts zur Lösung beizutragen, ist ein leichter Ausweg. Die hl. Katharina wird im allgemeinen mit dem Rad in Beziehung gebracht, da sie auf dem Rad gefoltert worden ist. Aber sie ist auch die Patronin der Weber und Spinner geworden; und die Schicksalsgöttinnen werden oft als Webfrauen und Spinnerinnen dargestellt, wie sie das Geschick der einzelnen Menschen und der Welt spinnen. Weben ist auch Schöpfung, und die Kettenfäden und

Ein Glücksrad, gezeichnet von Villard de Honnecourt (um 1225–50) mit Figuren in seinen typischen geometrischen Formen. Die Schrift lautet übersetzt: „Hier unten sind die Figuren des Glücksrads, alle sieben sind genau bildlich dargestellt." Er sagt nicht, wo sich dies Rad befindet, aber es ist interessant, daß es Rosettenform hat und vielleicht ein allgemein übliches Modell ist

Ves la .ii. testes de fuelles.

Vesci desos les figures de le ruee de fortune. totes les .vii. imagenes.

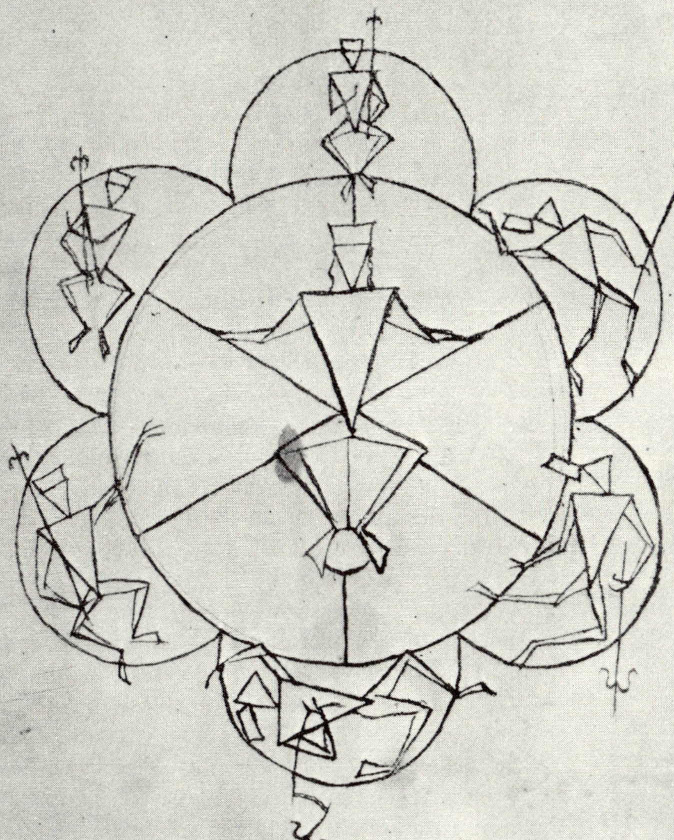

On prent kaus ⁊ tieule mulue de paiens. ⁊ tereskume. autre taunt del une cum del autre. ⁊ un poi plus del tieule de paiens taunt come ses color uainke les autres. destemprez ce ciment doile de linuse. sen poez faire un uassel pur euge tenir.

On prent une kaus bolete ⁊ orpiement se le met on en euge bollans ⁊ oile. Cist unnemens est bon por pail oster.

Querfäden, die ein Stoff liefert, symbolisieren die unendliche Vielfalt der von Gott geschaffenen Erde und ihre ständige Erneuerung. Das Rad in der Bedeutung als Spinnrad des Schicksals spiegelt den Logos als das ständig in der Welt und im Universum tätige schöpferische Prinzip wider. Als „Webstuhl der Schöpfung" zeigt das Rosenfenster jeder Person den Weg zu ihrer eigenen Seele: der Befreiung von einem blinden Schicksal durch die Verwirklichung von Christi Arbeit in und durch jedermann entspricht der Weg vom Zentrum der Rose zum Neuen Jerusalem, „wo alles neu gemacht wird". So wird das Schicksal ohne Gott umgestaltet in ein Schicksal mit Gott.

Ein Schlüssel zur Natur

Die Welt der Natur ist eine Welt ständiger Erneuerung: wie Goethe am Pflanzenleben beobachtete, unterliegt alles einer Metamorphose. Alles im Kosmos entfaltet sich in Übereinstimmung mit dem Logos – der göttlichen Vernunft – die jeden Augenblick schafft, Tag auf Tag und Jahr auf Jahr, von der Schöpfung bis zum Ende aller Zeiten. Alles Leben und alle Natur folgt dieser sich stetig vorwärtsbewegenden Vernunft, alles, was besteht – mit Ausnahme des Menschen, der eher gegen die Natur als mit ihr arbeitet, indem er seinen Weg in die Vergessenheit beschmutzt und verbraucht.

Die gotischen Kathedralen sind selbst ein „Spiegel der Natur", wie Vincent von Beauvais im frühen 13. Jh. berichtete, und sie sind auch „Spiegel der Belehrung"; baumähnliche Pfeiler streben aufwärts und treiben zu den Gewölben hinauf, sie spiegeln die emporstrebenden Mächte der schöpferischen Energie der Natur wider. Überall springen Weinreben, Blätter, Blütenknospen, Blumen und Disteln auf und zieren Türdurchgänge, Säulen, Fenster und Chorgestühl. In den Rosenfenstern, die zwischen Himmel und Erde aufgehängt sind, finden wir den letzten Ausdruck der Absicht der Natur: Liebe und Opfer, Schönheit und Metamorphose.

Wenn die Rose stirbt, hinterläßt sie für die Erneuerung Samen, die in der becherartigen Hagebutte enthalten sind. Im Zentrum der Südrose von Chartres hält Christus den Becher des letzten Abendmahls (Abb. 10); die Samen seiner Gegenwart sind über die ganze Rose des Kosmos verstreut – über alle Menschen und alle Natur. In der Ostrose von Laon hält die Jungfrau Maria der ganzen Menschheit eine Rose entgegen, während sie das aufgehende Licht ansieht (Abb. 32); sie ähnelt hier Buddha, der in manchen Darstellungen eine Blume in der Hand hält als die ganze Summe seiner Predigten.

Im Baum von Jesse, einer bevorzugten mittelalterlichen Darstellung von Christus als dem Lebensbaum, sieht man Jesse an der Basis des Stammes und die Jungfrau Maria als Zweig über den königlichen Ahnen, die den Stamm des Baumes bilden. Am Gipfel steht Christus als Blume, umgeben von sieben Tauben, die die sieben Gaben des hl. Geistes darstellen (in einem Lanzettfenster in Chartres). Diese Jessefenster haben fast alle die Form langgezogener Spitzbögen – wie in Chartres, Saint-Denis, Le Mans oder Carcassonne – aber es gibt wenigstens zwei Beispiele, wo die Idee in ein Rosenfenster umgestaltet wurde.

In Paris kann die Westrose (Abb. 9) als eine Art Jessefenster angesehen werden; die Zweige des Baumes winden sich zwischen den Medaillons durch und führen zur Jungfrau Maria im Zentrum. Der Geschlechterstamm von Christus ist ersetzt worden durch die Zeichen des Zodiakus, durch die Arbeiten der Monate und die Bilder der Laster und Tugenden. Diese Ikonographie ist wahrscheinlich nicht ganz authentisch, da das Fenster viele Restaurierungsarbeiten mitgemacht hat, aber man kann dieses Fenster trotzdem als einen Ersatz des Stammbaums Christi ansehen; es wird nämlich der Weg zu ihm gezeigt auf einem Pfad der Mühsal, mit Verständnis für die Jahreszeiten, die Astronomie und Astrologie, verbunden mit einem tugendhaften Leben. Das viel spätere Südrosenfenster in Saint-Quen in Rouen ist wie ein üblicher Baum Jesse gestaltet, mit Christus im Zentrum der Könige und Patriarchen inmitten von Rebzweigen (Abb. 58). In diesem Fenster wächst der Baum auf das Zentrum zu, aber die Linien des Steinmaßwerks und die Formen der Blütenblätter bringen genau die gegenteilige Wirkung hervor, indem sie den Eindruck erwecken, daß alles mit großem Energieimpuls vom Zentrum aus hervorquillt, eine wunderbare Beschwörung der Schöpferkraft der Natur.

Jedes der gotischen Gebäude und Rosenfenster, die aus den Gedanken der Renaissance des 12. Jh. erblühten, spiegelt die Naturformen wider. Erstaunlicherweise ist (wie sowohl Mâle als auch Ruskin aufzeigen) die ganze Epoche des Kirchenbaus von Saint-Denis bis zum 16. Jh. selbst eine Jahreszeit der Natur. Knospen und Schößlinge schmücken die frühen Gebäude, Blumen und Blätter zieren die mittlere Zeit des Hochsommers, und die Weinstöcke, Früchte und Disteln kennzeichnen den Herbst der späten Gotik; danach, wie es Ruskin formulierte, „kamen die Renaissancefröste, und alles ging zugrunde".[30] Rosenfenster folgten diesem Zyklus, sie knospten im 12. Jh., blühten im 13. und verbrauchten sich in den Flammen des 14. und 15. Jahrhunderts.

Zahlen und Geometrie der Schöpfung

Jedes Rosenfenster ist ein direkter Ausdruck von Zahl und Geometrie, von Licht in vollkommener Form. In Chartres sind alle Rosen in 12 Segmente aufgeteilt, die Zahl der Vollkommenheit, des Universums und des Logos. Die Gelehrten in Chartres waren ganz fasziniert von der Zahl und der davon abgeleiteten Geometrie, die sie nicht als Selbstzweck studierten, sondern als Schlüssel zum Verständnis der Natur. Sie studierten Pythagoras, für den die Geometrie göttlich und die Zahlen ewig waren, weil alles übrige vergänglich ist. Die Faszination der Zahlen war schon mit Augustinus in das Christentum eingedrungen, der die göttliche Weisheit der Welt in den Zahlen widergespiegelt sah, die sich in allen Dingen ausdrückte. Zahlen und Geometrie stellten Ordnung dar; das Wort Kosmos bedeutet auf griechisch wörtlich „Ordnung"; so schloß das Studium der Natur ein Studium der Zahl ein.

Kirchen waren seit frühchristlicher Zeit nach geometrischen Prinzipien erbaut worden; Zahlen waren eine mehr mittelalterliche Lieblingsbeschäftigung. Geometrie und Arithmetik waren traditionelle Studien, aber mit der Entdekkung von Euklids Elementen durch Adelard of Bath (der mit der Schule von Chartres in Verbindung stand) löste das Thema neuen Enthusiasmus aus. Darüber hinaus hatten die Zahlen im Mittelalter metaphysische Bedeutung erlangt, und laut Mâle nahm man an, sie seien mit dunkler Macht begabt. Folgerichtig fanden Zahlen ihren Weg in fast jeden Teil des Kathedralbaus, von der Zahl der Säulen im Chor und der Verteilung der Stockwerke im Triforium bis zu der Anordnung der Fassade und schließlich ganz selbstverständlich bis zur Aufteilung der Rosenfenster.

Die Zahlen eins bis acht waren die bedeutendsten, zusammen mit der allmächtigen Zahl 12. Jede hatte eine geometrische Entsprechung. *Eins* bedeutete die Einheit aller Dinge, symbolisiert durch den Kreis und sein Zentrum; *zwei:* Dualität und das Paradoxe der Gegensätze, ausgedrückt als Paare quer über das Zentrum; *drei:* das Dreieck, Stabilität, die die Dualität überschreitet; *vier:* das Quadrat, Materie, die Elemente, Winde, Jahreszeiten und Richtungen; *fünf:* das Fünfeck, Mensch, Magie und der gekreuzigte Christus mit fünf Wunden; *sechs:* die Zahl des Gleichgewichts und der seelischen Balance, symbolisiert im Stern Davids oder in Salomons Siegel; *sieben:* die mystische Zahl, von sieben Lebensaltern, Planeten, Tugenden, Geistesgaben und freien Künsten; *acht:* die Zahl der Taufe und Wiedergeburt, im Oktogon miteingeschlossen; *zwölf:* die Zahl der Vollkommenheit, des Universums, der Zeit, der Apostel, des Zodiakus, der Stämme Israels und der wertvollen Steine in den Fundamenten des Neuen Jerusalems.

Zwölf und vierundzwanzig sind die häufigsten Zahlen in Rosenfenstern, vor allem in den Südquerhäusern. Fünf- bis achtteilige Rosen (und ihr Vielfaches) sind im allgemeinen auf der Nordseite zu finden, aber es ist schwierig eine Regel daraus abzuleiten. So sind in Paris 16 riesige Blumenblätter in der Nordfassade (Abb. 11), 12 in der südlichen (Abb. 12); dasselbe gilt für Rouen; aber in Clermont-Ferrand (Abb. 2) und Tours (Abb. 64) sind 16-blättrige Rosen in beiden Querschiffen vorhanden. Viel überzeugender ist die Anbringung von fünfteiligen Fenstern in der Nordfassade und sechs- oder zwölfteiligen in der Südfassade – wie in Amiens und Saint-Quen in Rouen (Abb. 57, 82).

In Rosenfenstern ist die Geometrie auf drei verschiedene Weisen angewandt: offensichtlich erkennbar, versteckt und symbolisch. Alle drei Weisen können sich verbinden, indem die Symbolik mit der Wirklichkeit im Beschreiben der schöpferischen Ordnung des Logos verknüpft ist. Otto von Simson zeigt auf, daß in den gotischen Kathedralen die Geometrie im allgemeinen eher im Entwurf als in den wirklichen Maßen angewandt wird – wodurch die Wahrheit bekräftigt ist, daß in der Welt der Zahlen alles in Beziehung steht. In diesem Sinn wird das Rosenfenster zur Symbolik der unendlichen, maßlosen und allumfassenden Liebe des Schöpfers, die vom Atom bis in die Milchstraßen wirkt; in solchen Formvorstellungen findet sich eine Verwandtschaft zur islamischen Darstellung Gottes in geometrischer Form, die durch endlos verwobene Muster unendliche schöpferische Kraft zum Ausdruck bringt.

Im Rosenfenster macht vor allem diese sichtbare *handgreifliche Geometrie* unmittelbaren Eindruck auf das Auge; es erfaßt das Gewebe von genau überlegter Verflechtung, innerhalb dessen jeder Raum durch eine kleinere geometrische Figur charakterisiert ist – einen Dreipaß, Vierpaß, eine Rosette, ein sphärisches Dreieck. Innerhalb dieser kunstvoll durchdachten Maßwerkgewebe in Chartres, Paris, Laon und Tours ist ein noch feineres Muster in den Glasarbeiten zu sehen – das rote und blaue Mosaikmuster –, das die Wirksamkeit des schöpferischen Wortes bis hinunter in jede Faser und Ecke der kosmischen Rose symbolisiert.

Hinter diesem sichtbaren Gerüst steht die entsprechende sorgfältig *verborgene Geometrie.* In den größten Rosenfenstern bestimmt sie die genaue Stellung von fast jedem größeren Bestandteil, der die strahlenförmigen Elemente an die konzentrischen Glieder bindet und letztlich alles aufs Zentrum zurückführt. Das Auge nimmt, möglicherweise unbewußt, dieses Verhältnis auf, so wie es das mit der inneren Geometrie der Renaissancemalerei tut. In einem anderen Sinne scheint die verborgene Geometrie in vieler Hinsicht im Kathedralbau angewandt zu sein, da die Skizzenbücher von Villard de Honnecourt viele geometrische Formen zeigen, in die auch Menschen, Tiere und Gebäude hineingezeichnet sind. Sein Interesse an Dreiecken als dem grundlegenden Bestandteil folgt Platons Timäus. Diese Bücher enthalten zwei Skizzen von Rosenfenstern, eines von Chartres, das andere von Lausanne; beide sind aus einem nicht bekannten Grund ungenau.

In vielen Weltreligionen ist die *symbolische Geometrie* als eine Art Stenographie angewandt. So werden beispielsweise Kreise, Rechtecke, Dreiecke und Sterne gebraucht, um einen viel tieferen Sinn darzustellen als sie ihn etwa in einem Verkehrszeichen oder in der Sprache der Werbung haben. Quadrate und Kreise, scheinen fast universale Bedeutung zu haben für die Symbolisierung des Endlichen und Unendlichen, der Erde und des Himmels, oder von Materie und Geist. Im Sufismus, der islamischen Mystik, bedeuten das Zentrum, der Radius und der Kreisumfang wechselweise die Wahrheit, den Weg zur Wahrheit und das Gesetz. Im christlichen Glauben ist Christus der Weg, die Wahrheit und das Leben, was in den Ausdrucksmitteln der Rosenfenster der Weg zum Zentrum, das Zentrum und der Kreisumfang als das Rad des Lebens

„Hier ist das Fenster der Kirche Unserer Lieben Frau in Chartres", sagt Villard zu dieser Skizze. Man beachte den Unterschied zwischen dieser Zeichnung von etwa 1225–50 und der wirklichen Rose (Abb. 29)

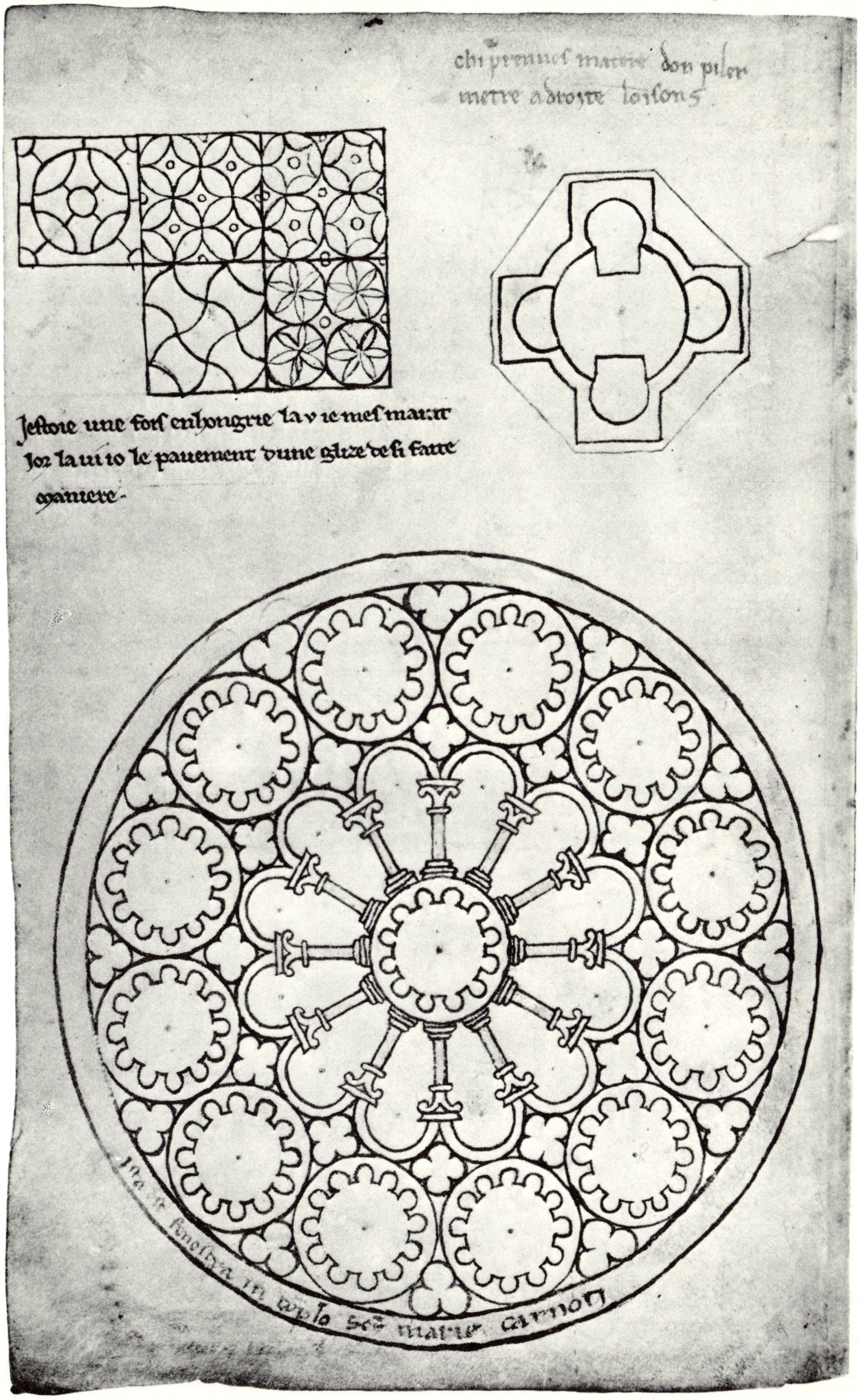
Jestoie une fois en hongrie la u ie mes maint
ior la ui io le pauement dune glize de si faite
maniere

sind. Das Zentrum ist dann der Schwebepunkt, der Ruhepunkt und „Schnittpunkt des Zeitlosen mit der Zeit", um T. S. Eliots Worte zu gebrauchen[31].

In vielen Rosenfenstern sind das Endliche und das Unendliche verbunden durch die Anbringung eines kreisförmigen Teils innerhalb eines Quadrates, wie in Paris, Clermont Ferrand, Sées und vielen anderen Orten. Wenn die Zahl 12 innerhalb der Rose dargestellt wird, ist die Vereinigung von Himmel und Erde symbolisch vollendet. In Lausanne ist die Darstellung voll ausgewertet.

Seit frühchristlicher Zeit hat der Kreis die Ewigkeit, Gott, Anbetung, Vollkommenheit, Jahr und Himmel bedeutet. Aus diesem Grunde, in Übereinstimmung mit Vitruv, sind einige antike Tempel rund, weil sie die Form oder Gestalt des Himmels darstellen. Als ein Symbol des Geistestempels im Menschen symbolisiert das Rosenfenster die Einheit aller Dinge, in der die Gegensätze versöhnt sind durch das Zentrum. Ein kleines Rosenfenster im Chor der Kathedrale von Auxerre hat die Laster und Tugenden einander gegenüber angeordnet (wie die antithetischen Zeichen des Zodiakus). Thomas von Aquin folgt zu Ende des 13. Jh. Aristoteles mit seiner Idee der „Goldenen Mitte" – nicht aufzufassen als Mittelmäßigkeit, sondern als eine echte dritte Möglichkeit, frei von zwiespältiger Spannung.

Glaube und Vernunft waren die unvereinbaren Gegensätze des Zeitalters, zumindest bis zu Thomas von Aquin. Aber ehe er eine Lösung brachte, brachten die Kathedralenbaumeister ihre Version in Form eines Symbols, der Rose: eine Lebenslinie in den Wasserstrudeln des Zeitalters. Viele Jahre später äußert sich der spanische Mystiker Johannes vom Kreuz zu dem Problem von Gegensatz und Paradox; seine Gedanken formulierte T. S. Eliot so:

> Um zu erreichen, was Du nicht weißt,
> mußt Du den Weg der Unwissenheit gehen.
> Um zu besitzen, was Du nicht besitzest,
> mußt Du den Weg der Entblößung gehen.
> Um zu erreichen, was Du nicht bist,
> mußt Du den Weg durchschreiten,
> auf dem Du noch nicht bist.
> Und was Du nicht weißt, ist das einzige, was Du weißt;
> und was Du besitzest, ist das, was Dir nicht gehört,
> und wo Du bist, ist, wo Du nicht bist.[32]

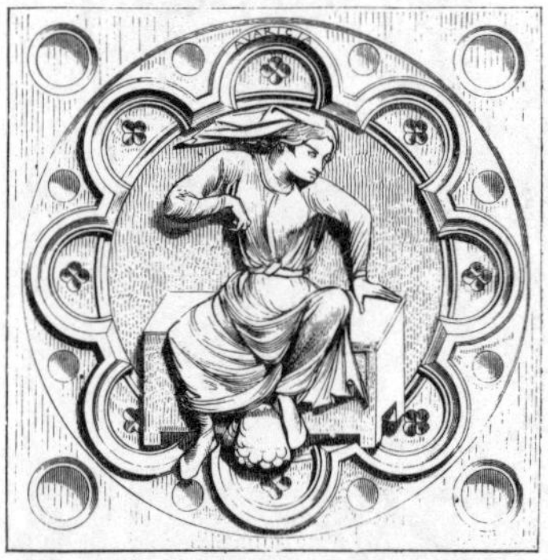

Der Geiz, eines der Laster in einem Relief an der Kathedrale in Sens, von einer Rosette und einem Quadrat gerahmt (nach Viollet-le-Duc)

Erleuchtung – Wissen

Seele: „Werde ich meinen liebsten Herrn sehen, wenn ich seinen Thron erreiche?

Engel: Ja, für einen kurzen Augenblick, sollst Du Deinen Gott sehen. Einen Augenblick; aber Du weißt nicht, mein Kind, was Du fragst: Der Anblick des Allerschönsten wird Dich froh machen, aber er wird Dich auch durchbohren."

(Kardinal Newman, „Der Traum des Gerontius".)

Der Stern

Jedes Rosenfenster enthält einen Stern, entweder buchstäblich in die Rose eingesetzt – wie in Saint-Quen (Abb. 57) und Sens (Abb. 71, 82) –, oder er ist mitenthalten im strahlenförmigen Muster. In der Symbolsprache haben Sterne viele Bedeutungen, aber vorwiegend werden sie „mit dem Kampf des Geistes gegen die Macht der Dunkelheit"[33] in Beziehung gesetzt. So ist das fünfzackige Fünfeck ein Symbol der Magie, das pythagoräische Symbol der Heilung, das der Kreuzigung und zu einem späteren Zeitpunkt das des Menschen, der von Leonardo da Vinci in das Fünfeck eingezeichnet wird. Das sechszackige Salomonische Siegel oder der Stern Davids ist der Stern des Makrokosmos, des Himmels und der Erde, vereinigt durch den Menschen; die beiden sich durchdringenden Dreiecke sind Symbole von Feuer und Wasser, die eine vollkommene Einheit des Bewußten mit dem Unbewußten bilden.

Jeder Stern ist ein winziger Lichtpunkt in einem Ozean von Dunkelheit und dennoch eine blendende Sonne in seinem Bereich. Im Christentum kündigt der Stern Davids die Geburt des göttlichen Kindes an; es ist das Pünktchen „des wahren Lichtes, das jedermann erleuchtet; es kam in die Welt..." (Joh 1,9). Im Evangelium des Johannes folgt der Einleitung der Bericht über die Taufe Jesu im Jordan; symbolisch wie tatsächlich ist der Jordangraben der tiefstgelegene Punkt der Erdoberfläche. So wurde der Sohn Gottes auch zur finstersten Zeit des Jahres geboren, zur Wintersonnenwende. Beim hl. Johannes vom Kreuz ist es „die dunkle Nacht der Seelen", in der die Erleuchtung kommt.

Wie Sterne, nach denen man sich richten kann, schauen die Rosenfenster in das Kirchenschiff hinunter – das Schiff der Kirche oder die Arche der Menschheit – und führen es durch die Wasser der Zeit, so wie der Stern die Weisen leitete. Sie zeigen jedem einzelnen den Weg zu seiner eigenen Seele und führen diese Seele durch das Labyrinth des Lebens, das in Chartres buchstäblich und symbolisch unter den Füßen liegt. Als ein Symbol und Bild der Sonne, der Quelle allen Lichts, hat das Rosenfenster die Rolle eines großen Filters zwischen dem Menschen und der wirklichen Sonne, die sonst nach einigen Sekunden die Augen blenden würde. Christus steht vor seinem Vater als eine Abschirmung zwischen der nackten Seele und dem Unendlichen, zwischen Gesundheit und Wahnsinn. Gerontius ist in Kardinal Newmans Gedicht ein kurzer Blick auf Gott erlaubt, aber selbst das ist noch zu viel. So wie Eliot es ausdrückte, „kann die Menschheit nicht viel Realität vertragen".[34]

Juwelenartiges Licht

„Das Licht des Leibes ist das Auge; wenn nun dein Auge gesund ist, dann wird dein ganzer Leib licht sein." (Matthäus 6,22)

Die ganze Schöpfung wird durch das Licht offenbar. Als Lichtkugel, die in der Dunkelheit aufgehängt ist, ist das Rosenfenster die vollkommene Darstellung der Schöpfung, wie es sich in dem Wort „es werde Licht" ausdrückt. Es ist das Universum selbst als eine Explosion, die geschaffen ist durch Licht und Geometrie, die von einem einzigen Punkt im Zentrum ausgeht (was an die moderne Schöpfungstheorie des großen Urknalls erinnert). Im Rosenfenster könnte die Schöpfung einer Explosion gleichen, die sich in jedem Moment wiederholt; und so wie das Mandala den Menschen über die Zeit hinaushebt, so wird das Auge des Geistes „gesund", wird es gerichtet auf einen Punkt, und „es werde Licht" wird zum ewigen Ereignis (sozusagen im Übergang vom Urknall zum Zustand der Dauer).

Licht war für den mittelalterlichen Geist symbolisch für das göttliche Licht, dem die ganze Natur antwortete. Licht wurde als Grundbegriff für Ordnung und Wert erachtet. Otto von Simson paraphrasiert in „Die gotische Kathedrale" den Schriftsteller Robert Grosseteste aus dem 13. Jahrhundert:

> Licht ist wirklich der Mittler zwischen körperhaften und körperlosen Substanzen, ein geistiger Leib, ein verkörperter Geist, wie er es nennt. Licht ist außerdem das schöpferische Prinzip in allen Dingen, äußerst wirksam in den himmlischen Sphären, woher alles organische Wachstum kommt hier auf der Erde, und am schwächsten in den irdischen Substanzen.[35]

In Dantes „Paradies" findet Simson die großartigste poetische Darlegung der mittelalterlichen Lichtmetaphysik. Doch schon etwa 200 Jahre vor Dante hatte Suger die Bedeutung des Lichts in der Architektur des neuen Zeitalters gesehen und hatte seine neue Kirche mit Glas in Fülle ausgestattet. Rosenfenster sind eine vollkommene Verkörperung von Grossetestes Ideen der lichterfüllten himmlischen Sphären, und gleich wie die Sonnenstrahlen durch eine Glaslinse so konzentriert werden, daß Feuer erzeugt werden kann, so konzentriert das Rosenfenster das Licht der Seele auf einen Punkt, als ob sie das Feuer des Geistes ankündigen wolle.

Im Mittelalter dachte man von Juwelen und kostbaren Steinen, daß sie geheime Kräfte besäßen, vor allem die Kraft, zu heilen. Traditionsgemäß symbolisieren sie höheres Wissen; und die 12 Steine auf der Brustplatte des Hohenpriesters (Exodus 28, 12–21) wiederholen dies, indem sie nicht nur die 12 Stämme Israels darstellen, sondern auch 12 Aspekte der Wahrheit. Die 12 Teile einer Rose können als Zeichen des Zodiakus gelten, als 12 Apostel und letztlich als die 12 Zonen im Fundament des Neuen Jerusalem, das die neue Gottesstadt symbolisiert, die auf der Wahrheit erbaut ist und von wo diese in 12 verschiedene Richtungen ausgestreut wird.

Eine ganze Kathedrale, die vom Licht juwelenartigen bunten Glases erfüllt ist, muß den Gedanken an das Neue Jerusalem heraufbeschwören. Als ein Mandala schien das Rosenfenster dies weiterzuführen, indem es auf den Menschen als den elementarsten Tempel des Geistes verweist. In dieser Richtung – wie C. G. Jung es betont – liegt das Geheimnis der Heilkraft des Glaubens. Zweck der Individuation ist es, eine Ganzheit zu werden; hier sind Rosenfenster wieder ein Führer, denn jedes erweckt den Eindruck, von tausenden von Juwelen erfüllt zu sein, ist jedoch gleichzeitig selbst ein vollkommenes Juwel. So ist die Rose ein einzigartiges Beispiel von Vielfalt innerhalb der Einheit, was wieder das Bild des All-Einen beschwört – „eine Perle von großem Wert". In mittelalterlichen Begriffen eine Ganzheit zu sein würde einen Menschen befähigen, Licht zu empfangen, weshalb auf zeitgenössischen Heiligenbildern immer der Heiligenschein zu sehen ist. Die Ähnlichkeit der Rosenfenster mit einem Heiligenschein ist bereits erwähnt worden, aber die Worte halo (Heiligenschein) und whole (ganz) sind etymologisch verwandt; und so sind es auch holy – heilig, hail – glücklich und heal – heilen. Sie führen alle dazu, eins zu werden mit dem, was heilig ist.

Vereinigung – Liebe

Die erleuchtende Rose

Als Symbol der Erleuchtung sind die Rose und ihre östliche Entsprechung, der Lotus, fast universal, und in Blumen und kosmischen Rädern findet René Guénon die weitverbreitete Bildersprache, die schon lange vor Christus von Japan über Indien und China nach Europa gekommen war. In Ägypten wird Horus im Lotus der Isis geboren, und weiter nach Osten wird gesagt, daß Brahma im Zentrum eines tausendblättrigen Lotus wohnt, dem Ziel des geduldigen und gründlich Eingeweihten. Auf dem Berg Olymp verschüttete Eros Nektar, und die Sage berichtet, daß da, wo dieser Nektar auf den Boden fiel, plötzlich Rosen wuchsen.

In der Art der christlichen Mystik sieht Angelus Silesius im 17. Jh. die Rose als ein Symbol der Seele Christi an, während nach Eithne Wilkins die Alchemisten des 16. Jh. „eine bewährte Tradition hinter sich haben, wenn sie die Rose die *flos sapientium,* die Blume derjenigen, die Weisheit besitzen, nennen".[36] In anderen Worten, so führt E. Wilkins weiter aus, setzen sie die Rose, der durch Mühe vollkommenen Seele gleich – was an den Aspekt des Rades als Spinnrad des Schicksals erinnert, wie wir weiter vorne sahen. Ein mittelalterlicher Gelehrter, Arnold von Villanova, gab seiner Abhandlung über das alchemistische große Werk den Titel *Rosarium philosophorum* „Rosengarten der Philosophen".

Als ein Symbol der Liebe und Schönheit geht die Rose letztlich auf Isis in Ägypten, Aphrodite und Venus in den klassischen Welten zurück. Im Mittelalter stellen der hl. Bernhard und die Zisterzienser die Rose ganz in den Vordergrund, zur selben Zeit, als sie die Jungfrau Maria in einen fast göttlichen Stand erheben. Die Rose wird Symbol sowohl der menschlichen als der göttlichen Liebe, der leidenschaftlichen Liebe, aber auch der Liebe, die jenseits jeder Leidenschaft liegt. Alle Feinheiten werden in der Poesie des Zeitalters ausgewertet, besonders in den Gralslegenden. Für die Mystik ist Liebe die Suche nach der Einheit mit Gott. Der Weg des Wissens und der Weisheit führte zur Philosophie, die in der Rose von Laon als Frau dargestellt ist; aber auf dem Glaubensweg ist die Einheit allein in der Rose enthalten, dem Symbol der einfachen Annahme von Gottes Liebe für die Welt. Diese beiden Wege verschmelzen in der Rose der Jungfrau Maria, der Himmelskönigin, in der der hl. Bernhard die Verkörperung von Weisheit, Philosophie und Liebe sah. Diese Entwicklung liegt gleichzeitig mit jenem außergewöhnlichen Phänomen des mittelalterlichen Lebens, den Liebeshöfen, welche die Weiblichkeit zu ähnlichen Höhen erhoben, mit einem ausgetüftelten Regelsystem, das die Ritterlichkeit und das Benehmen in Liebesangelegenheiten betraf. Unter der ersten Schutzherrin des Hofes, Eleanore von Aquitanien, finden die romantische Liebesdichtung und das Abenteuer eine ihrer größten Entfaltungsmöglichkeiten.

Die „Romanze von der Rose", geschrieben etwa 1250, ist zeitgenössisch mit dem Tod der letzten Schutzherrin des Hofes, Blanche von Kastilien, und hier wird nach Henry Adams' Formulierung „Der Tod aller guten Dinge" ausgedrückt. Diese Romanze bringt die zeitgenössischen Gefühle, wie das der Traurigkeit gegen Ende des Zeitalters, zum Ausdruck, Gefühle eines Zeitalters, das die Rose als „ein weibliches Ideal der Schönheit, Intelligenz, Reinheit und der Anmut sah, das immer in der Jungfrau seinen höchsten Ausdruck fand – aber der Schauplatz sind die Liebeshöfe, und die Handlung geschieht zugestandenermaßen in einem Traum ohne Zeit und Ort".[37] In der „Romanze von der Rose" wird die Rose als in dem geheimnisvollen Tabernakel des Liebesgartens der Ritterschaft befindlich beschrieben, nach dem alle Männer trachten sollten. Etwa sieben Jahre später erscheint die Rose in Dantes Paradiso in Gestalt eines Liebesgartens, wo Beatrice sich Dante bei ihrer Ankunft im Paradies, das selbst wie eine Rose angelegt ist, darbietet. Die Rose symbolisiert hier die Vollkommenheit, die Vollendung und letztlich das große Geheimnis der Trinität und der Einheit Gottes mit dem Menschen.

Selbst nach 1270 – Henry Adams' Datum für das Ende der wirklich schöpferischen Kathedralbaukunst – blieb die Rose das machtvollste Symbol wie eh und je, und viele Rosenfenster wurden gebaut. Aber der Hauptstrom mystischer Eingebung floß in die Literatur. Dantes Werk war das erhabenste Beispiel; aber daneben gab es noch die Werke von Meister Eckhart, Petrarca und des hl. Johannes vom Kreuz. Die Rose jedoch folgte und verband sich mit dem Kult Unserer Lieben Frau, und im 15. und 16. Jh. wurde Maria oft inmitten von Rosen oder in Rosengärten dargestellt. Allerdings war Maria zu dieser Zeit menschlicher geworden, hatte weniger von einer Gottheit, war vielmehr eine Gestalt, zu der jedermann beten konnte. Aus dieser Zeit stammt auch der Rosenkranz, so genannt wegen zeitgenössischer Kunstwerke, die die Jungfrau Maria oft darstellen, umschlungen von Rosengirlanden oder in einem Rosengarten *(rosarium)*. Davon leitet sich das Wort Rosenkranz direkt ab. Eithne Wilkins sieht den Rosenkranz als eine Art sich bewegendes Gebetsrad an, das ein Sichloslösen des Geistes durch die Wiederholung von Gebeten bewirkt. Jede Perle stellt eine Rezitation dar. Das Gebet selbst ist der Mutter Maria im Rosengarten gewidmet. Der Rosenkranz verwendet „wörtliches, geistliches und körperliches Gebet, um die innere Welt aufzuschließen"; seine Funktion ist

> sowohl physisch als geistig, sinnenhaft und mystisch. Der Rosenkranz kann glänzen, blitzen und klirren; in einigen Legenden ist er „wohlriechend", und manchmal tut er es auch wirklich; er ist beweglich, kann ständig berührt und befühlt werden, und er schließt auch den Gebrauch der genauen Zahl ein, die zu Weisheit, Macht und der wirklichen Natur des Seienden gehört[38].

Loslösung des Geistes, Moment „außerhalb der Zeit", und Wege zur Seele sind schon weiter vorne in diesem Buch angesprochen worden. Die Rosenfenster und die Rosenkränze haben diese Funktion gemeinsam. Es ist unwahrscheinlich, daß die Fenster mit voller Absicht in dieser Weise in Gebrauch standen; aber wenn Abt Suger von der durch Licht und Farbe hervorgebrachten Transzendenz der Sinne spricht, legen seine Worte nahe, daß die Wirkung bekannt und anerkannt war. Die bloße Größe und Kraft der Form der großartigsten unter den Rosenfenstern muß unbedingt die Aufmerksamkeit auf sich ziehen und einen Augenblick des erstaunten Nachdenkens hervorrufen. Für die Menschen, die sie zum erstenmal sahen, muß der Eindruck erstaunlich gewesen sein; selbst in den hochzivilisierten Menschen des 20. Jh., die eine lebenslange Erfahrung mit elektrischem Licht, Kino, Fernsehen, Neon und weiten Reisen haben, löst der Anblick der Rosenfenster noch eine Art Ehrfurcht aus, die unser Weltbild stört. Solch eine Störung, oder sogar ein Moment der Loslösung, kann als der Anfang einer Seelenreise gesehen werden, einer Reise, die sowohl aufregend wie gefährlich ist. In diesem Sinne symbolisieren die Blütenblätter der Rose ein sich enthüllendes Mandala oder ein Labyrinth, entlang dessen Wegen die Reise gemacht werden soll.

In Chartres stellt das große Westrosenfenster (Abb. 27) das Jüngste Gericht dar, das mit der Teilung der Seelen zwischen Himmel und Hölle eine ständige Erinnerung für die Menschheit an den ewigen Kampf zwischen Gut und Böse bildet. Ein Kampf, der seinen Höhepunkt in den Letzten Tagen erreichen soll, wie in der Offenbarung des hl. Johannes angekündigt wird. Dieses Rosenfenster enthält einen tieferen Sinn, der im allgemeinen übersehen wird. Unter der Rose ist das Labyrinth. Es ist im Schiff in genau der Entfernung vom Westportal plaziert, daß, wenn die Rose zum Fußboden geklappt würde, sie genau darauf passen würde.[39] Labyrinthe symbolisieren im allgemeinen den Weg der Seele durch das Leben, und mittelalterliche Pilger nahmen das wieder auf, indem sie auf ihren Knien dem Weg des Labyrinths in der Kathedrale folgten und so die Reise nach Jerusalem symbolisch nachvollzogen. Denkt man sich die Rose

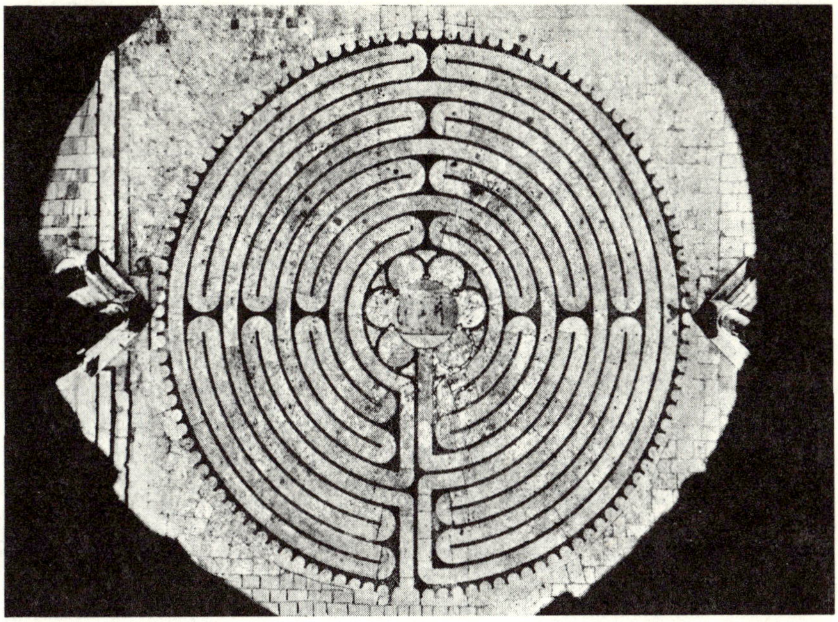

Das Labyrinth im Schiff der Kathedrale von Chartres mit seiner zentralen Rosette. Es gibt die Westrose über ihm wieder

aufgelegt auf das Labyrinth, wird das Mandala suggeriert, der Wegweiser zum Sinn. Auf das Leben übertragen heißt das, ein Mittel, das dabei behilflich ist, nicht nur seinen Weg zu finden, sondern auch zwischen Gut und Böse zu unterscheiden. In der „Göttlichen Komödie" können wir in Dantes Reise durch die Sphären der Hölle, des Fegefeuers und des Paradieses eine ähnliche Symbolik sehen. Von dieser Reise sagte er nämlich selbst, daß sie auf vier verschiedene Weisen ausgelegt werden kann, wobei eine von ihnen der christliche Lebensweg ist. Bei der Ankunft im letzten Kreis des Paradieses bietet Beatrice Dante eine Rose an; so schlängelt auch in Chartres das Labyrinth seinen Weg (es gibt nur einen Weg) durch konzentrische Kreise, und im Zentrum befindet sich eine sechsblättrige Rosette, in welche der Weg mündet: sie wiederholt unverkennbar die Rosette im Zentrum des Rosenfensters, das auf das Labyrinth herabblickt. Im Mittelpunkt der Rosette war früher (nach Keith Critchlow und Malcolm Miller) eine Metallplatte mit dem Bild eines Zentauren oder eines Minotaurus – eine klare Anspielung auf das kretische Labyrinth, dessen Wände mit Rosen ausgekleidet waren.

Nachdem er den Weg zum Zentrum des Labyrinths gefunden hat – zur Erleuchtung und zum Minotaurus –, muß der Suchende in die Wirklichkeit zurückgehen. In christlichen Begriffen ist es der hl. Geist, der im Labyrinth des Lebens die Rolle des Ariadnefadens spielt: Einheit mit Christus als dem „Bräutigam", der durch die „mystische Hochzeit" Gnade verleiht, um den dunklen Mächten zu widerstehen, nämlich dem dunklen Wald, dem Leoparden, dem Löwen und dem Wolf Dantes, dem Bösen und der geistigen Zersetzung, dem Minotaurus der Alten, der mittelalterlichen und der modernen Welt. H. Daniel-Rops sieht den Bezug zwischen Rosenfenster, Jüngstem Gericht und Dante in ähnlichem Licht:

Wie jede Kathedrale ist auch die Göttliche Komödie nach menschlichem Maß gebaut. Das Jüngste Gericht über dem Kathedralenportal warnt, wie das Inferno, die Seele vor ihrer Gefahr und führt den Betrachter dann mit einem Geleit von Heiligen zu dem großen Rosenfenster, wo die englischen Chöre sich vor der Majestät Gottes aufgestellt haben. Der Dichter selbst war von Gott beauftragt „diejenigen zu retten, die auf Erden in einem elenden Zustand leben, und sie in einen Zustand der Wonne zu führen".[40]

Das Wesentliche am Christentum ist die verborgene Wahrheit, „die Perle von großem Wert", die nicht in Worte gefaßt werden kann; doch kann man sich ihr durch eine Allusion, eine Parabel oder ein Symbol nähern, oder sie kann im Handeln verwirklicht werden. Ganz ähnlich ist es mit dem Wesen der gotischen Kathedralen, mit dem Grund, warum sie so viele Leute faszinieren, mit der Quelle des Wissens, mit dem sie erbaut sind – all das sind eigentlich unbeantwortbare Fragen. Einige Schlüssel dazu mögen im Hintergrund liegen, vor dem sie gebaut wurden, besonders zu Beginn von Henry Adams' magischen 100 Jahren, 1170–1270; dies fällt, was Zeit und Ort betrifft, mit der Erscheinung der verschiedenen Versionen der Gralslegende zusammen.

Etwa um 1180 wurde Chrétien de Troyes *Compte del Gral* geschrieben; das ist der erste umfassende Bericht einer Legende, die ihre Ursprünge in der keltischen Welt und in den Legenden um König Artus hat. Gegen 1270 ist eine Anzahl verschiedener Versionen in England und Frankreich erschienen, deren letzte Albrecht von Scharfenburgs Gedicht „Jüngerer Titurel" war, das den Tempel des Grals beschreibt. Auf die Parallele zwischen der Legende und dem Kathedralbau wird in diesem Gedicht angespielt: Es wird vermutet, daß „Albrecht diese entmaterialisierende und spiritualisierende Wirkung der Gotik im Sinn hatte und fähig war, diese Qualitäten seinen Lesern durch die Mittel der Dichtung und der Mystik nahezubringen".[41]

In den verschiedenen Versionen der Gralslegende haben die Gelehrten viel Symbolik gesehen und auch viele Romantizismen. Aber das Wesentliche bleibt verborgen; der Gral selbst ist auf verschiedene Weise beschrieben, als Kelch des letzten Abendmahls, als ein Stein, eine Schale, als des Philosophen und Alchemisten Stein und selbst, in einer anderen Theorie, als Glaslinse. Die meisten dieser Vermutungen sind in Emma Jungs ausgezeichneter Studie erwähnt. Sie faßt die verschiedenen Eigenschaften des Grals zusammen: Jugend zu erhalten, süßen Duft auszuströmen, Nahrung auszuteilen und zwischen Gut und Böse zu unterscheiden.[42] In Chrétien de Troyes originaler Version ist der heilige Gral als „grail" (gradus) eingeführt, wo er als eine besondere Art Gefäß gedeutet wird. Er beschreibt es als „aus reinem Gold bestehend und mit Edelsteinen besetzt und mit solch einem strahlenden Licht, das von ihm ausgeht, daß Kerzen ihre Leuchtkraft verlieren."[43]

Emma Jung sieht den Kelch in der Symbolsprache der mittelalterlichen Mysterien als das Gefäß der Empfänglichkeit, das „den ganzen psychischen Menschen kennzeichnet (nicht sein ego) als eine Verwirklichung des Göttlichen, das in die Materie hinunterreicht".[44] An anderer Stelle erzählt sie noch das Gedicht mit dem Titel „Das Herz Jesu" nach, das Hermann Joseph geschrieben hat, der etwa 1150 geboren wurde. Hier wird das göttliche Herz Jesu in eher mystischer Sprache gesehen als „der Tempel, in dem das Leben der Welt wohnt, als eine Rose, ein Becher, ein Schatz, ein Brunnen, als ein Schmelzofen der göttlichen Liebe, der immer im Feuer des hl. Geistes glüht, als Weihrauchgefäß und als Brautkammer".[45]

Wolfram von Eschenbachs Bericht über den Gral im „Parzival", den er etwa 1197 begonnen hat, ist die wahrscheinlich geheimnisvollste Darstellung von allem. Der Gral selbst wird hier mehr als Stein, denn als Gefäß gesehen, als ein erstklassiger Edelstein, unübertrefflich in seiner Kraft, der die Tugenden aller anderen Edelsteine in sich vereint. Er wird durch die Tempelritter gehütet, die manche (so wie Charpentier in den „Mysterien von Chartres") als verantwortlich für den Beginn und den Fortgang des gotischen Kathedralbaus sehen.

Von diesem Gral wurde angenommen, er habe eine Anzahl seltsamer Eigenschaften: Abgesehen davon, daß ihm die Fähigkeit zugedacht wurde, das Altern und den physischen Verfall aufzuhalten, stellte er Nahrung und Getränke in jeder Menge her, und das Bedeutendste von allem: „Befehle werden durch Botschaften ausgegeben, die rund um die Welt erscheinen und sobald sie gelesen sind, verschwinden".[46] Das erinnert an Urim und Thummim, die beiden Edelsteine auf dem Talar des Hohenpriesters, durch die der Wille Gottes kundgetan wurde; ebenso an Christi Lehre an seine Apostel, als ihr Glaube geprüft wurde: „Macht euch keine Sorgen, wie oder womit ihr euch verteidigen oder was ihr sagen sollt. Denn der Heilige Geist wird euch in derselben Stunde lehren, was ihr sagen sollt." (Lk 12,11)

Im Zentrum all dieser Versionen liegt die Idee, daß die Suche nach dem Gral eine Aufgabe ist, eine Bemühung, bei der der einzelne sich anschickt, die Menschheit von einem Zauber zu befreien. In den meisten Versionen wird der Gral in Verbindung gesehen mit dem runden Tisch von König Artus und seinen 12 oder 24 Rittern. Ihre Aufgabe ist es, das Königreich des Fischer-Königs wiederzuerrichten, der in einigen Versionen der Legende an hohem Alter leidet, aber öfter verwundet und der Heilung bedürftig ist. Der Gral selbst erscheint als Gralsschloß; sowohl als Kelch als auch als Stein offenbart er seine Macht, die er durch das Licht ausübt auf alle, die ihn anschauen – besonders an Ostern. So wiederbelebt er den König von Zeit zu Zeit; aber die ganze Menschheit erwartet den Ritter, der endlich das Königreich erretten und den König heilen wird, indem er die richtige Frage an den Gral stellt. Der König kann symbolisch in Verbindung gebracht werden mit dem wahren Selbst, das in jedem wohnt; der befreiende Ritter (Parzival oder Galahad) ist das persönliche Bewußtsein (ego). Er tastet sich durch die Welt und versucht, die Bedeutung zu finden, wobei er Fehler macht und im allgemeinen nicht aus ihnen lernt.

In Robert de Borons Version „Le Quest du St Graal", von etwa 1220 war der runde Tisch

nach Merlins Rat aufgestellt; noch eignete ihm keine große symbolische Bedeutung. Was es aber bedeutet, zur Tafelrunde gerufen zu werden, ist die runde Gestalt der Welt und die Beschaffenheit der Elemente im Firmament; das Firmament wird in den Sternen gesehen und in den zahllosen anderen Din-

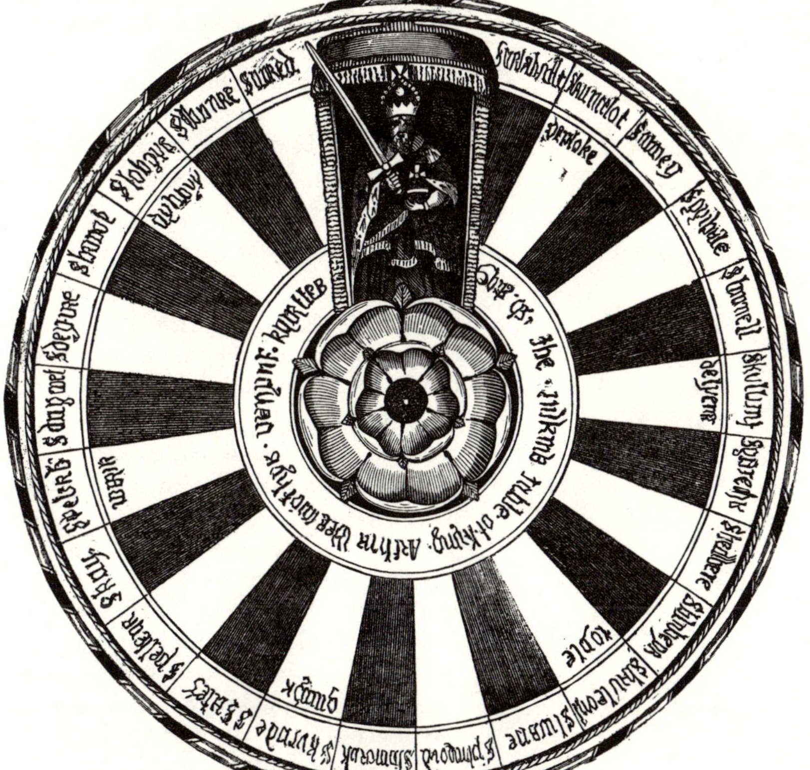

Der Runde Tisch in Winchester mit den Namen von 24 Rittern (wie sie bei Malory genannt sind) und der Tudor-Rose im Zentrum. Ursprünglich im 14. Jh. entstanden, wurde er im 16. Jh. übermalt

gen, so daß man sagen könnte, daß in dem runden Tisch das ganze Universum dargestellt ist.[47] Emma Jung, die wir hier referieren, fügt hinzu, daß der Tisch uns an die Tafelrunde Karls des Großen erinnert, die aus 12 Adeligen bestand. Der Tisch Karls des Großen geht möglicherweise auf Salomons Tisch zurück, auf dem der Kosmos in den drei Kreisen der Erde, der Planeten und der Sterne umrissen war. Diese besonderen Bedeutungen des runden Tisches haben eine auffallende Ähnlichkeit nicht nur in der Erscheinung, sondern auch mit der symbolischen Bedeutung für Rosenfenster mit 12 strahlenförmigen Einteilungen und konzentrischen Schichten; es wird dabei deutlich, daß die Menschheit und die Elemente nach demselben Modell des Universums angelegt sind. Der ganze individuelle Mikrokosmos spiegelt den Makrokosmos wider. Edward Matchett sieht diesen Archetypus in seinem ganzen Reichtum:

> Um den Tisch sitzen die Ritter und die Ritterschaft, die Schüler, die Planeten, die Zeichen des Zodiakus, oder die ganze Familie von Natur und Mensch. Es ist keine eitle Phantasievorstellung, die diese vielen anderen Darstellungen hervorbringt, aber fast der ganze Kosmos nimmt mit uns seinen ersten Kontakt durch ein Symbol auf, das sein mächtigster Vermittler ist.[48]

Merlins Rolle in der Gralslegende ist lebenspendend. Er stellte nicht nur den Tisch auf, sondern symbolisiert auch die Rückkehr der Menschheit zum Wissen, das in der Natur verborgen ist, ohne das der Dienst am runden Tisch – ja die ganze Menschheit – nicht vollkommen ist. Der Schlüssel zum Verständnis liegt darin, die Natur selbst als Lehrer anzuerkennen. Um das zu tun, muß der Mensch in einer Weise aufnahmefähig sein, wie er es zuvor vielleicht noch nicht erfahren hat.

Der Rundtisch an der Wand der Großen Halle in Winchester Castle erinnert auffallend an diesen Archetypus des Rosenfensters, und symbolisch können die beiden als kirchliche und weltliche Gegenstücke angesehen werden. Er ist zur Tudorzeit gemalt und hat 25 Einteilungen mit König Artus auf dem Ehrenplatz. Die Tudor-Rose im Zentrum ist ein seltsamer Zufall; denn die Rose und der Runde Tisch scheinen eine Verschmelzung des Kirchlichen und Weltlichen im Dienste der Menschheit zu sein. Taten der Ritterlichkeit dienten ideell – allerdings nicht immer – einem höheren ethischen Ziel, selbst wenn der Dienst persönliches Leid mit sich brachte, weil die Rose sowohl das Symbol des Leidens wie der Liebe ist.

Das Königreich des Geistes

In einer Version der Gralslegende ist der Tempel, der den Gral birgt,

> eine Kapelle aus Glas (ähnlich der Sainte-Chapelle), die sich nach jeder Richtung dehnen kann: wenn drei Personen eintreten, ist die Kapelle voll, und alle haben Platz; wenn zehn eintreten, ist sie voll, und alle haben Platz – und so fort bis in die Unendlichkeit. Wenn die Leute hinausgehen, zieht sie sich auf die unterste Grenze von drei Personen zusammen.[49]

Eine andere Version sieht den Gralstempel im Paradies stehen als ein Heiligtum im Zentrum der Welt, ein Bild des Kosmos. Diese Idee eines mandalaförmigen „geistigen Jenseits" in Gestalt eines Schlosses kann im Osten entstanden sein und herrühren von dem Parsenheiligtum des heiligen Feuers zu Siz (Gazat), „welches das Vorbild sowohl des Königsgrabes als auch ein Heiligtum im Zentrum der Welt war und ein Abbild des ganzen Universums[50]. Ein ähnlicher Bildtypus wurde in Verbindung mit dem Rosenfenster in Lausanne gesehen: das Bild vom Königreich des Priesters Johannes, ein Land von Milch und Honig mit dem Geheimnis ewiger Jugend und vier juwelenhaltigen Flüssen. Hier war das Land des Grals (Wolfram v. Eschenbach brachte die beiden in Verbindung) zum Land, in dem Milch und Honig fließt, geworden. Es erinnert stark an die Mandalaform mit seiner Vierzahl der Flüsse. Der eigentlichen Idee eines goti-

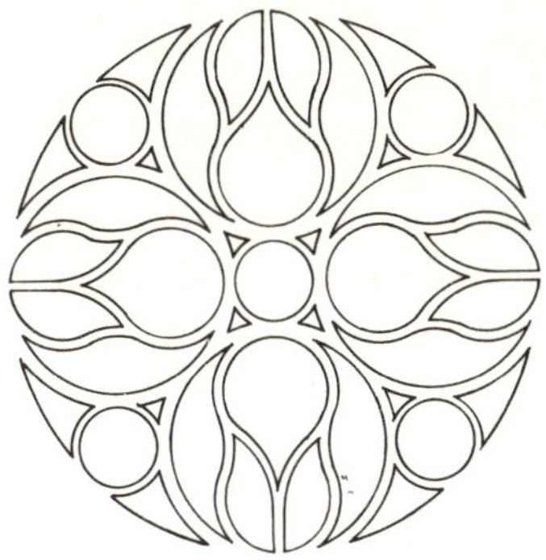

Rosenfenster der Kirche in Vernon bei Paris

schen Tempels steht die Glaskapelle näher, die sich nach jeder Richtung dehnen und zusammenziehen kann, aber immer wieder auf das kleinste Maß für drei Personen zurückschrumpft. Gottes Tabernakel sollte, nach der Offenbarung des Johannes, beim Menschen sein, hauptsächlich innerhalb der Seele, und letztlich in der christlichen Vorstellung vom Neuen Jerusalem mit seinem wesentlichen Bestandteil, der Trinität, aber mit der ganzen Menschheit als möglichen Bewohnern. Der hl. Johannes beschreibt die Stadt „wie aus klarem Glas bestehend", deren Wände mit kostbaren Steinen aller Art besetzt waren.

Die Ähnlichkeit zwischen all diesen idealen Vorstellungen des Gralstempels und ihrer Erscheinung in Frankreich vor dem Jahre 1200 mag wohl viel Einfluß auf den Kathedralbau gehabt haben und besonders auf den Entwurf von Rosenfenstern, die in einer mandalaförmigen Viereckstruktur gebaut sind und die juwelenähnlich das Paradies darstellen. Emma Jung, die die verschiedenen Gralslegenden im Licht des Individuationsprozesses interpretiert, verbindet die Erscheinung der Mandalasymbolik in vielen Aspekten der Legende mit dem Prozeß der Verwirklichung der Seele innerhalb des Individuums. Sie weist deutlich hin auf die Schaffung eines „inneren Tempels", der im Gral symbolisiert ist, denn „wenn die Seele tot ist, dann ist Gott auch tot; und nur in der Seele wird Gottes Wirksamkeit für den Menschen wahrnehmbar. Weil er die Frage nach dem Gral nicht stellte, versteht Parzival sich selbst nicht mehr und ist von der Quelle seines eigenen inneren Wesens abgeschnitten".[51]

An anderer Stelle interpretiert sie die Bedeutung des Grals ganz unmißverständlich: „Ein Gefäß ist auch ein materielles Ding, aber es dient dem Zweck, andere physikalische Substanzen zu enthalten. Diese spezielle Funktion des Symbols zeigt an, daß das Bild des Selbst, Christus, praktisch nicht existiert, wenn er nicht in der Seele des Menschen verwirklicht ist".[52]

Henry Adams sieht Parallelen zwischen der Gralslegende und dem Kult der Jungfrau Maria im 12. Jh.: „Während ‚Lanzelot' die Idee des 12. Jh. von höfischer Liebe wiedergab, vermittelt der ‚Parzival' die Idee des religiösen Geheimnisses. Maria hatte mit beidem zu tun".[53] Tiefe Weisheit war immer als ein weibliches Attribut angesehen worden und erschien auch in den Männern, wenn sie das weibliche Element in sich selbst würdigen konnten und umgekehrt. Der Individuationsprozeß, durch den eine Person inneres Gleichgewicht sucht und erreicht, erstreckt sich auf die erfolgreiche Aussöhnung gegensätzlicher Kräfte, um so innere Harmonie des Geistes und als Folge auch Harmonie in der Welt um uns zu erzeugen.

Die moderne Psychologie wird oft gesehen als Religionsersatz oder, was noch schlimmer ist, als Erklärung davon. Aber im Christentum liegt eine Fülle tiefer Weisheit, die Psychologie und Psychoanalyse weit übertrifft. Der Durchbruch zu diesen Tiefen der Weisheit, zum Quell des eigenen Seins, ist das Wesen aller großen Kunst und das Geheimnis aller Religion.

Rosenfenster sind Leitbilder – äußerlich durch ihre Plazierung in den Kathedralen und Kirchen, innerlich durch ihre Fähigkeit, innere und äußere Harmonie wiederherzustellen. Auf diese Weise ist es möglich, die Trinität des christlichen Glaubens in einem ehrfurchterweckenden Licht zu sehen. Denn zwischen der „passiven" Rolle von Gottvater und der „aktiven" von Gottesohn schwebt der Heilige Geist. Er ist weder aktiv noch passiv, sondern eher der Katalysator und Führer durch das Labyrinth des Unbekannten. Er offenbart sich jedem ernsthaften Wahrheitssucher, und er führt die Menschen in der Sprache, die sie kennen, ob das Dichtung, Musik, Architektur oder was immer sei, solange diese Arbeit ernst gemeint ist. Der Geist ist der Schlüssel zur Natur, der im Schwebepunkt zwischen den Extremen der Aktivität und der Passivität im Zentrum der Rose liegt. Es ist der Weg, der zur Einheit und zum Neuen Jerusalem der ganzen Menschheit führt, der Weg der Liebe, „jener Liebe, die die Sonne und die anderen Sterne bewegt".[54]

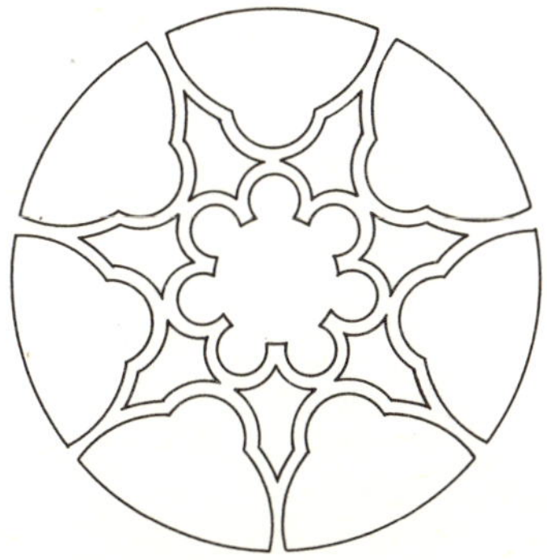

Rosenfenster der Abtei Caussade von Beaulieu

Um aber die Sonne zu erkennen, muß man lange in ihrem dreimal-heiligen Raum gewesen sein. Man muß weit gegangen sein, um ihr zu begegnen, muß lange ihr Schüler gewesen sein. So wenig wie schlechten Gebäuden hat die Sonne schlechten Künstlern zu sagen, die nicht im Freilicht der Bauhütten zu ihrem Verständnis erzogen wurden.

Ist es möglich, daß jemand die Sonne nicht kennt und ihre Gaben mißachtet? Zeigt sie uns nicht majestätisch das Weltall, schenkt sie nicht allen Wärme und Leben? Begeistert die Sonne nicht den Dichter, den berühmten wie den unbekannten? Die Sonne schenkt dem Bauern reiches Wachstum, sie gibt den Tieren Gesundheit, und Fruchtbarkeit dem Land. Vielleicht hat sich der Geist des Menschen nur im Licht und der Wärme der Sonne entwickelt. Lange hat der Mensch geglaubt, in ihren Feuern die Wahrheit Gottes leuchten zu sehen, und er hat geglaubt, Gott wünsche die Verehrung der Sonne. Denn nur weil die Sonne scheint, ist die Erde entstanden und hat sich unter ihren Strahlen entwickelt.

Deshalb ist es erlaubt und mit Geduld und Ausdauer auch möglich, die Geometrie des Lichtes zu verstehen und zu fühlen. Im Verstehen des Lichts gewinnt der Geist in der Stille Frieden und schöpft aus ihm neue Energie und Großmut.

Auguste Rodin über Mantes
in „Die Kathedralen Frankreichs"[55].

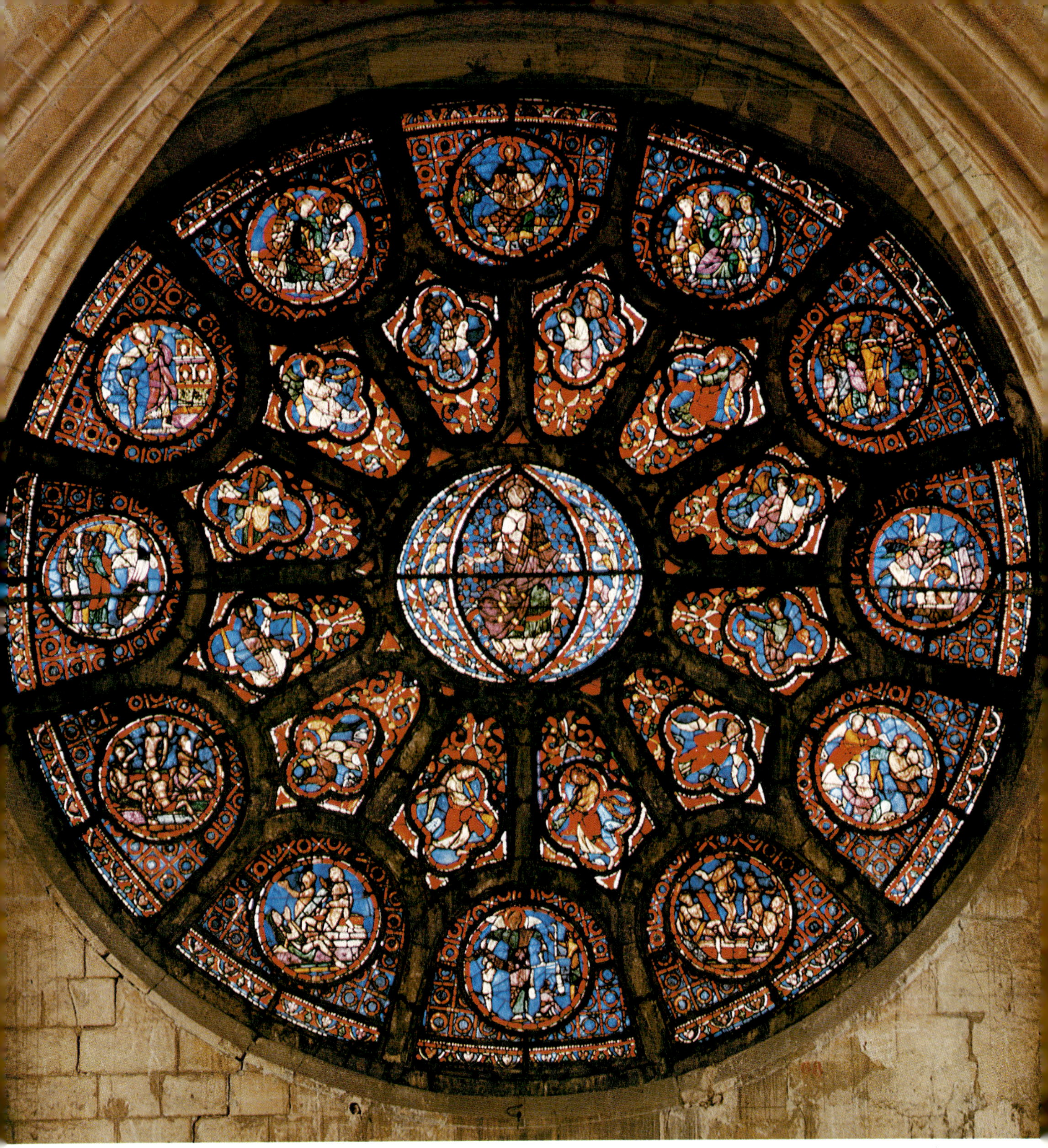

65 Erleuchtet von der untergehenden Sonne ist dieses Fenster auf der Westfassade von Notre-Dame in Mantes die erste wirkliche Rose, die von der streng mit Speichen versehenen Radstruktur abweicht. Thema ist das Jüngste Gericht, das stark an die Darstellung desselben Themas in der Westrose von Chartres erinnert, mit Christus im Zentrum, im innersten Kreis umgeben von anbetenden Engeln, der Jungfrau Maria und dem hl. Johannes links und rechts unterhalb Christus. Die äußeren zwölf riesigen Glasflächen enthalten Szenen des Jüngsten Gerichts. Den Stunden der Uhr folgend ist bei 12 Abrahams Schoß, hier als ein weißes Tuch dargestellt, das fünf Seelen umhüllt, während der Höllenrachen (3) bereits drei Verdammte aufgenommen hat. Ein Dämon führt vier Unglückliche fort, unter ihnen ein Bischof und zwei Könige (2), während andere von Engeln zum Himmel geleitet werden (4) und (9). Der hl. Michael (6) trennt die Seelen, die aus ihren Gräbern auferstehen (5) und (7), von denen einige zum Himmel aufsteigen (8), wo der hl. Petrus das Tor bewacht (10) und vier der Apostel sitzen (1,11). Unglücklicherweise sind einige der Glasflächen seit dem 19. Jh. ausgetauscht worden (4, 6, 7, 8) und einige sind neu (1, 8, 10). – Mantes, Kathedrale, Westrose, Steinarbeiten um 1180, Glas frühes 13. Jahrhundert

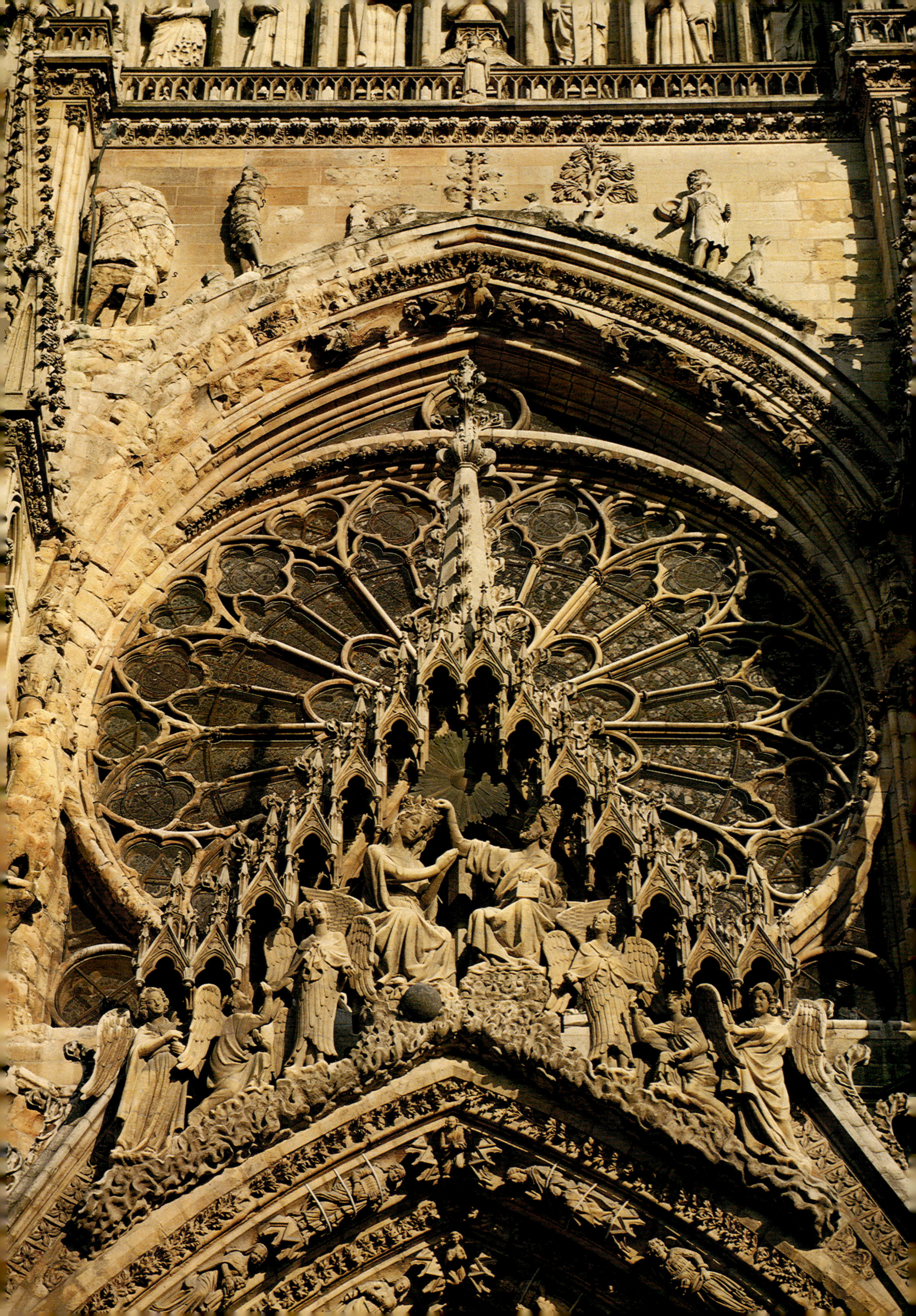

66 Die berühmte Rose in Reims bildet eine goldene Krone für die Jungfrau Maria. – Reims, Westfassade, die obere Rose, um 1260

67 Eine Rose im Tympanon unter Krönung der Jungfrau. Reims war im Ersten Weltkrieg sehr zerstört worden; dieses restaurierte Fenster, das die Litanei der Jungfrau Maria darstellt, ist möglicherweise die feinste Rose des 20. Jh. – Reims, Westfassade, untere Rose, um 1260, Glas von Jacques Simon, 20. Jh.

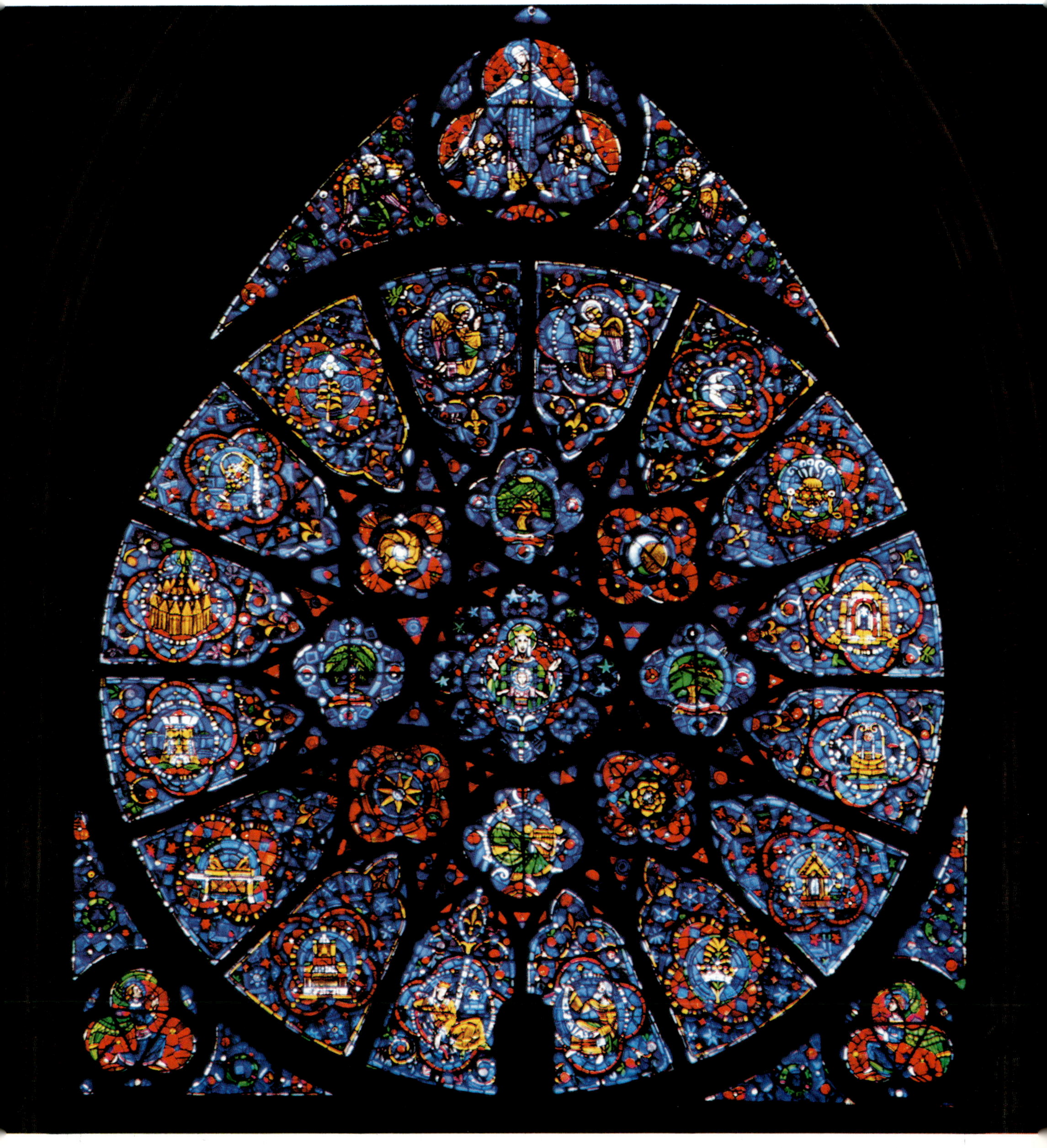

Umseitig:
68 Die Anfangsschöpfung wird zur ständigen Schöpfung, wie das in jedem Rosenfenster in Licht und Farbe offenbar wird. In Lausanne symbolisieren der Jahreszyklus, die Zeichen des Zodiakus und die vier Elemente die Kräfte der Schöpfung, die ewig im Kosmos und auch durch den Menschen, wenn er in Übereinstimmung mit der Natur tätig ist, wirksam sind. – Lausanne, Kathedrale, Detail der Westrose, um 1230, z. T. restauriert im 19. Jh., siehe den Schlüssel S. 131

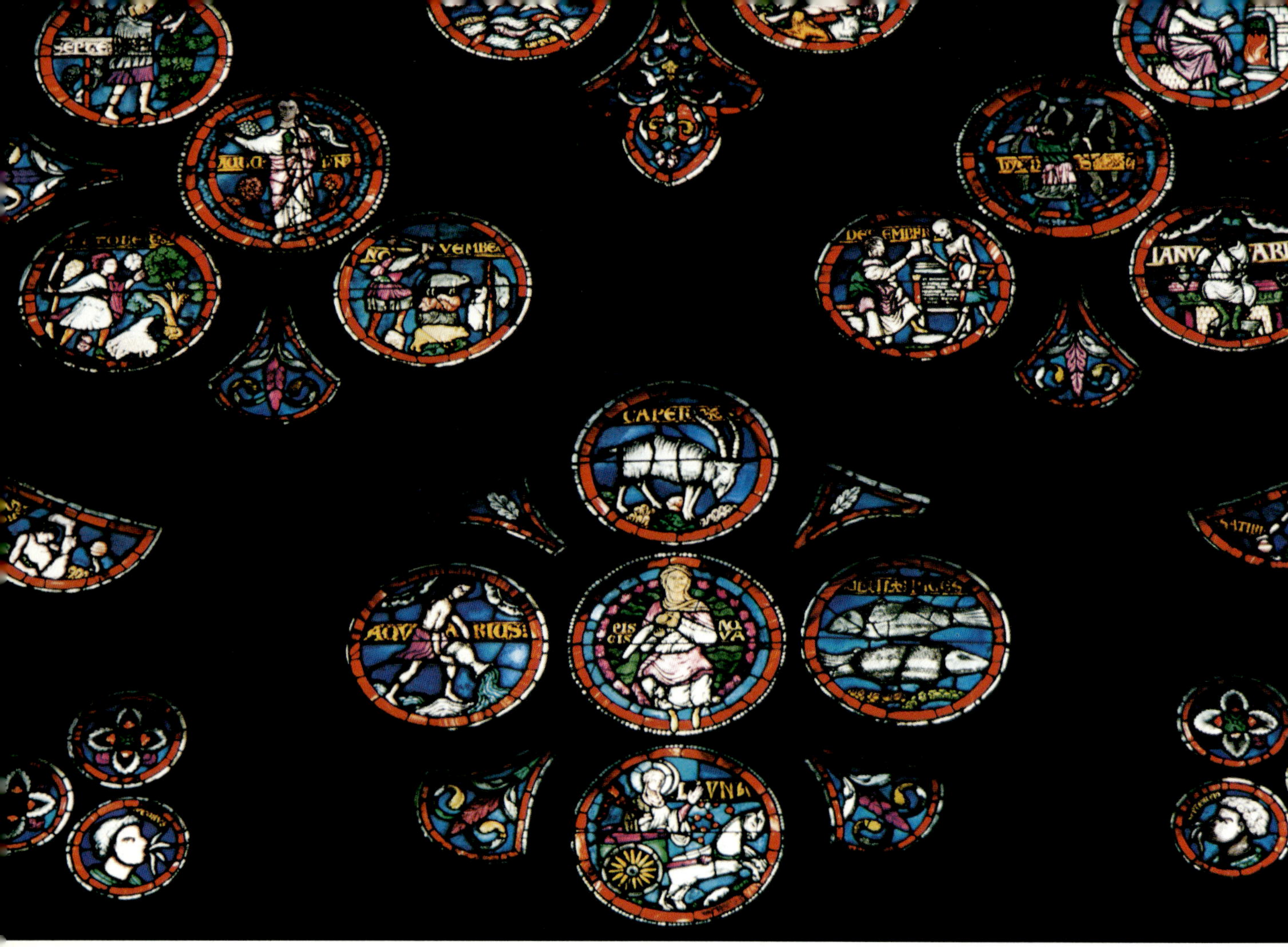
CAPER
PIS CIS
NO VA
LVNA
JANV

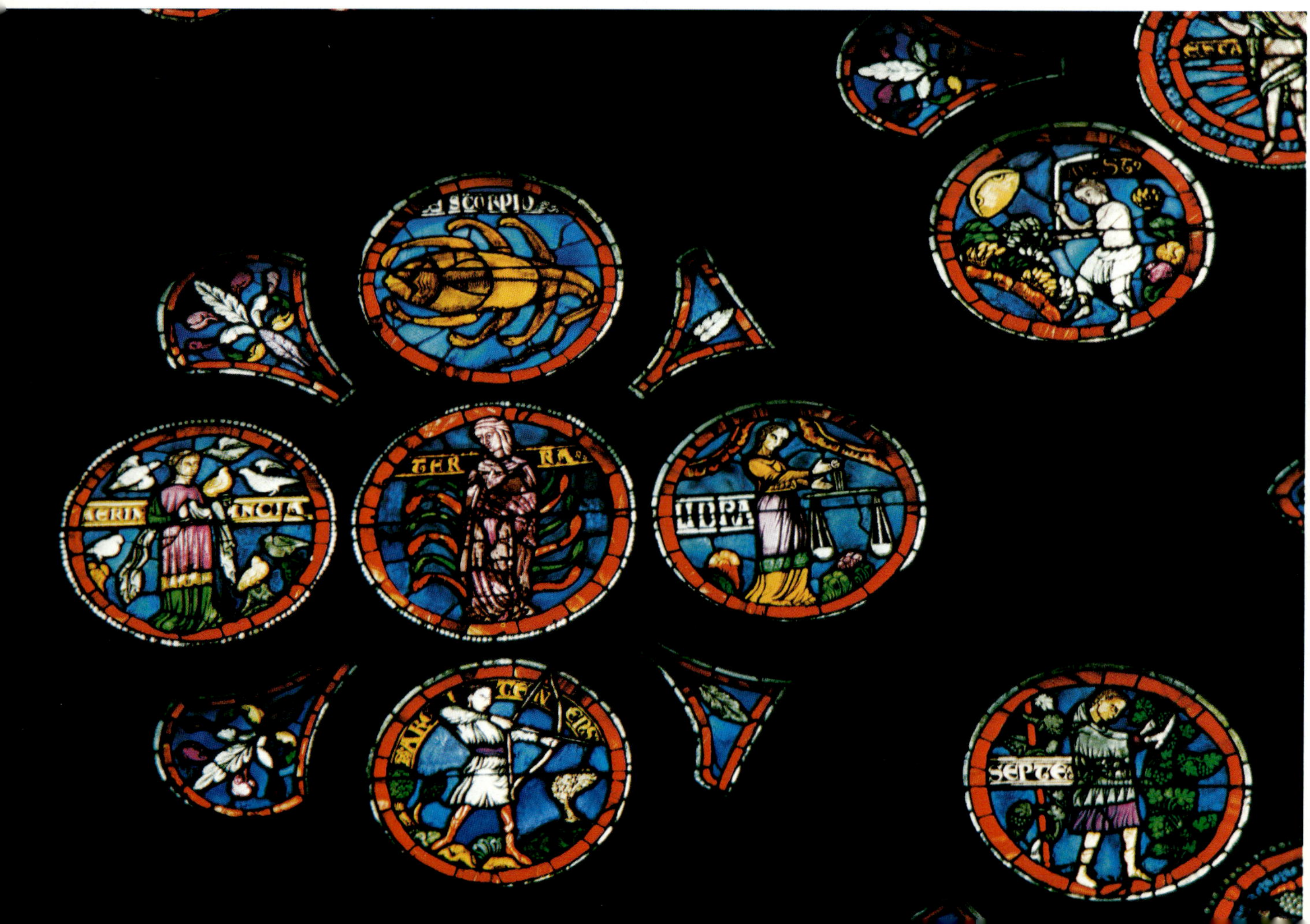
SEPTE

69 Die Erde ist umgeben von Skorpion, Waage, Schütze und Aeromantia, der die Zukunft durch sieben Tauben voraussagt. – Lausanne, Detail der Westrose

70 Das Rad des Lebens, das oft die Zeichen des Zodiakus enthält, hat in Angers 24 Sprossen statt der üblichen zwölf. Die Zeichen sind über die obere Hälfte des Rads verteilt, zusammen mit zwölf der vierundzwanzig Ältesten der Apokalypse im unteren Teil, von denen jeder eine Laute und ein Gefäß hält. – Angers, Kathedrale, Westrose, Maßwerk 13. Jh., Glas, 1463

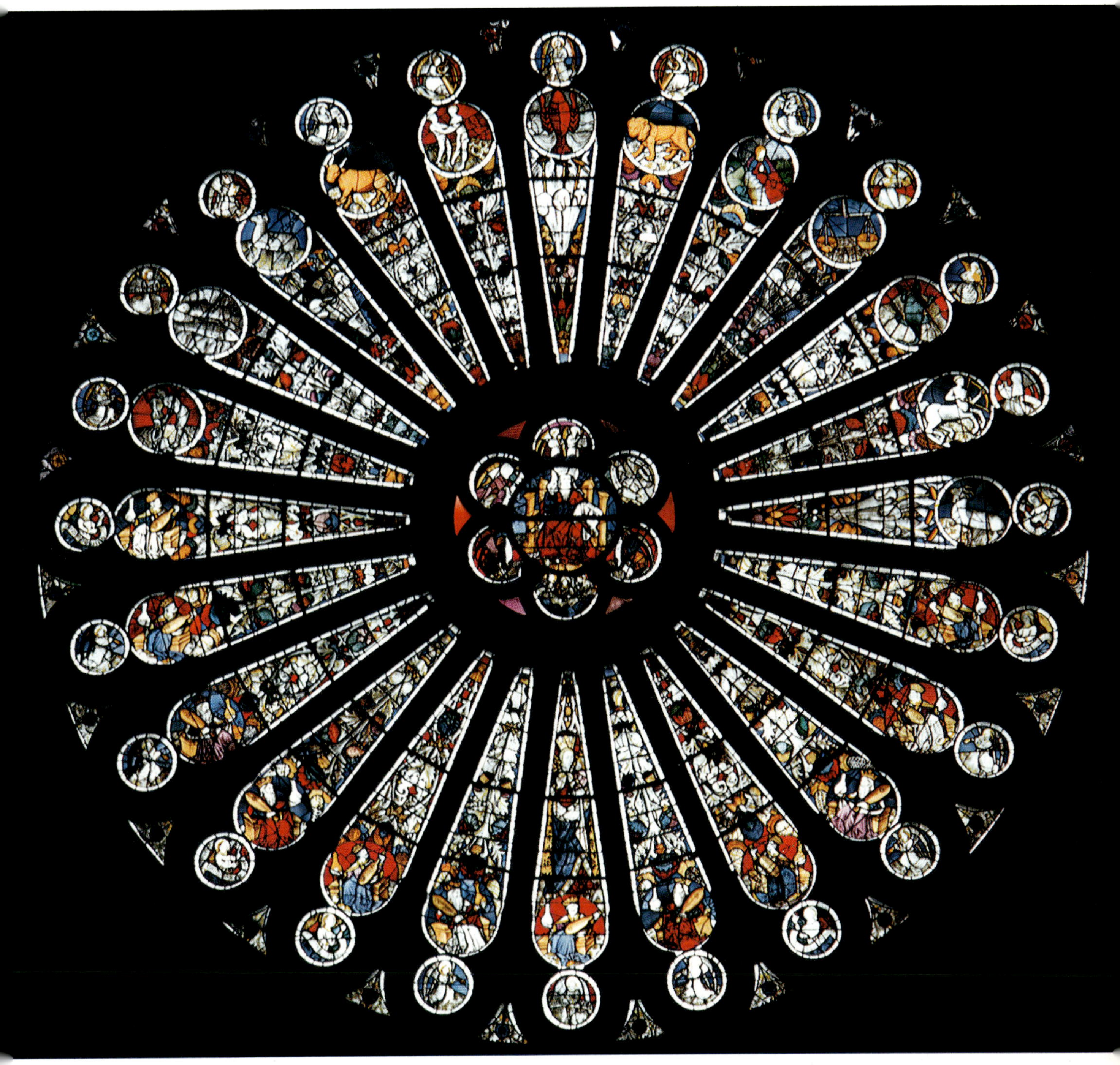

Umseitig:
71 Als Gestalten und Formen in Farbe und Lichtmustern scheinen die Mitglieder des himmlischen Chors in den Mouchettes der Flamboyant-Rose von Sens durch den Raum zu schwimmen. – Sens, Kathedrale, Nordrose, frühes 16. Jh., siehe Abb. 82

72 Wie ein Sturm gehen vom Zentrum des Südfensters in Sens Szenen des Jüngsten Gerichts über den Kosmos. Sie zeigen den lebhaften Stil des späten 15. Jh. – untermischt mit den Wappen von Tristan de Salazar, dem Stifter des Fensters. – Sens, Kathedrale, Südrose, um 1494

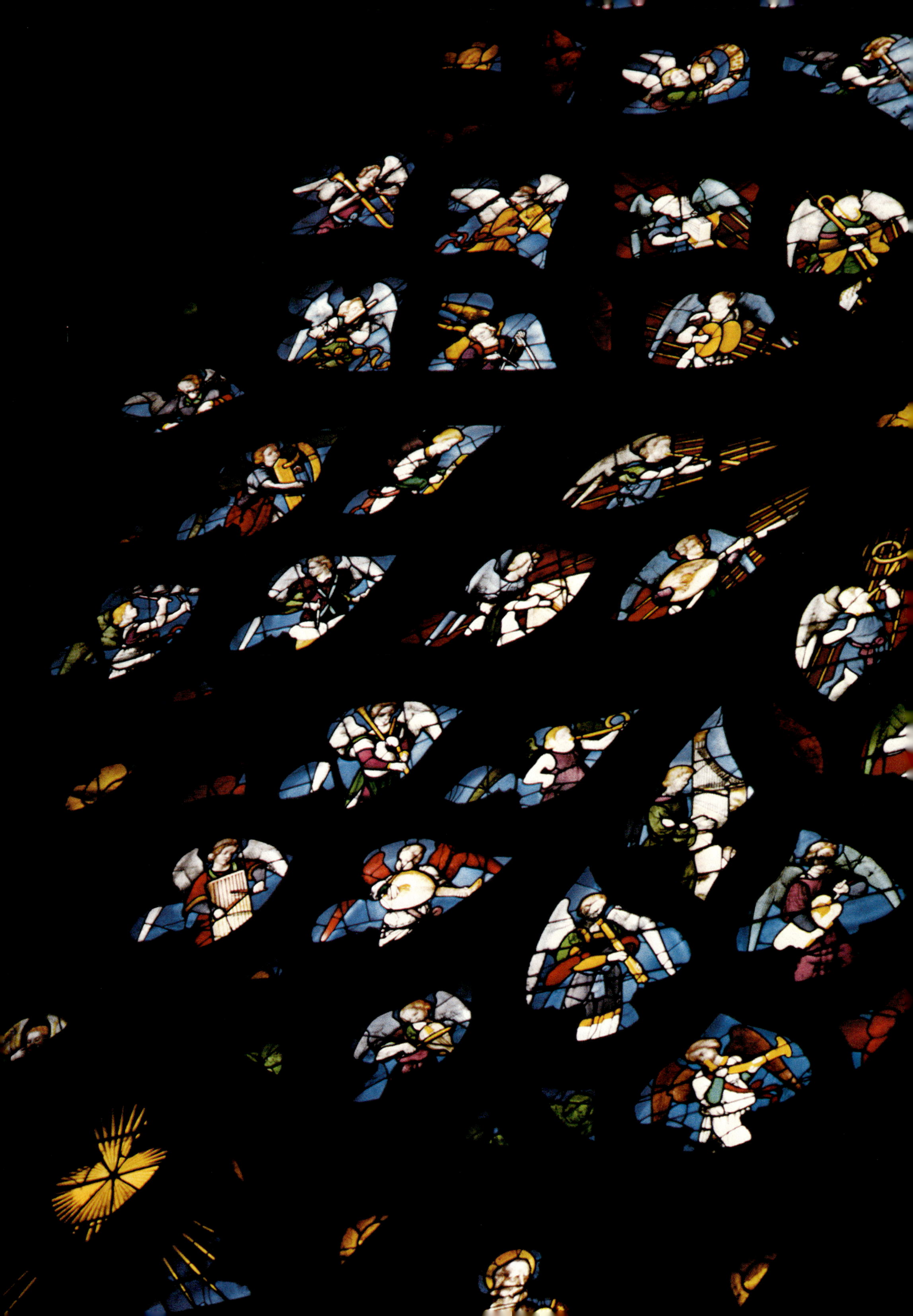

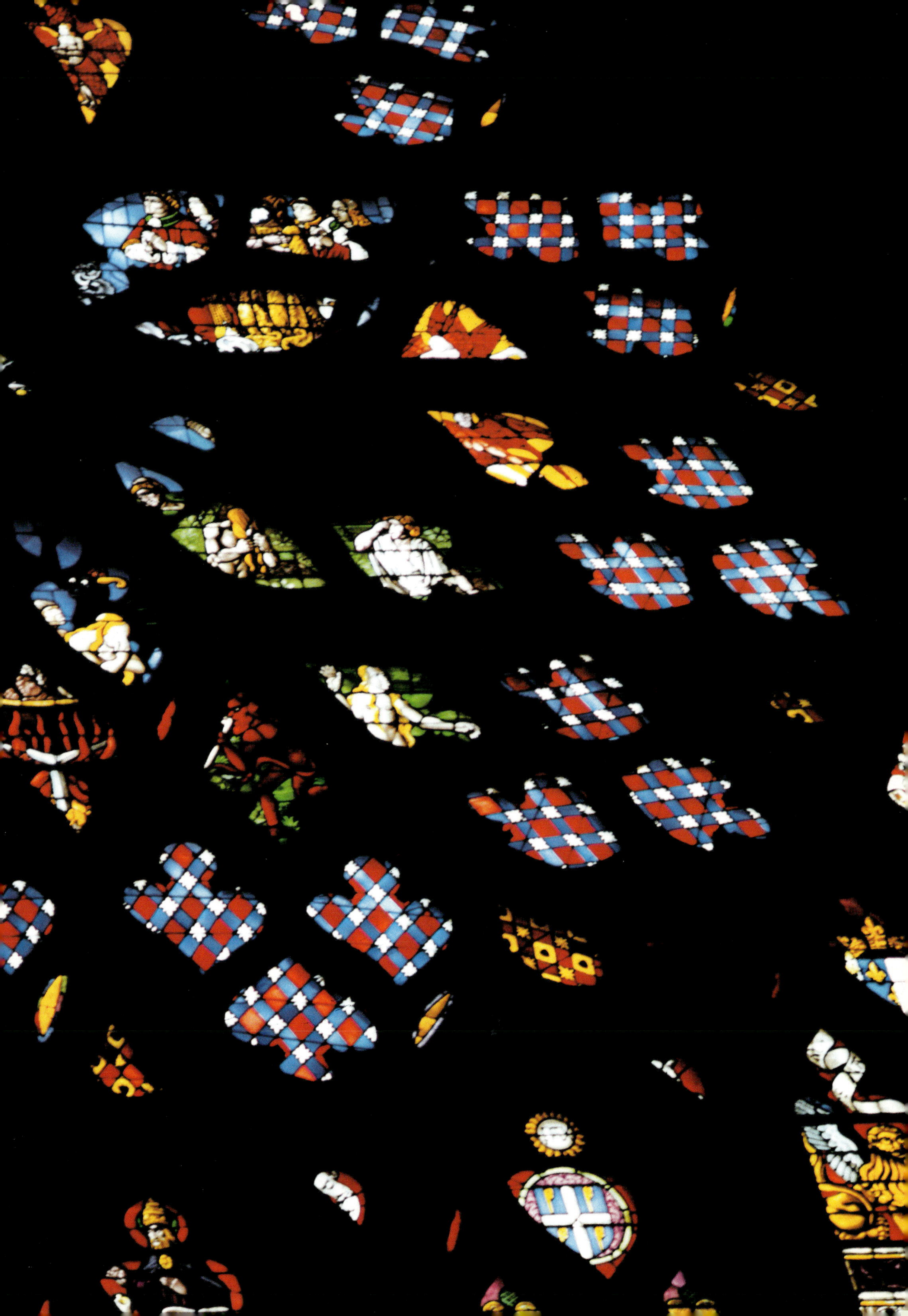

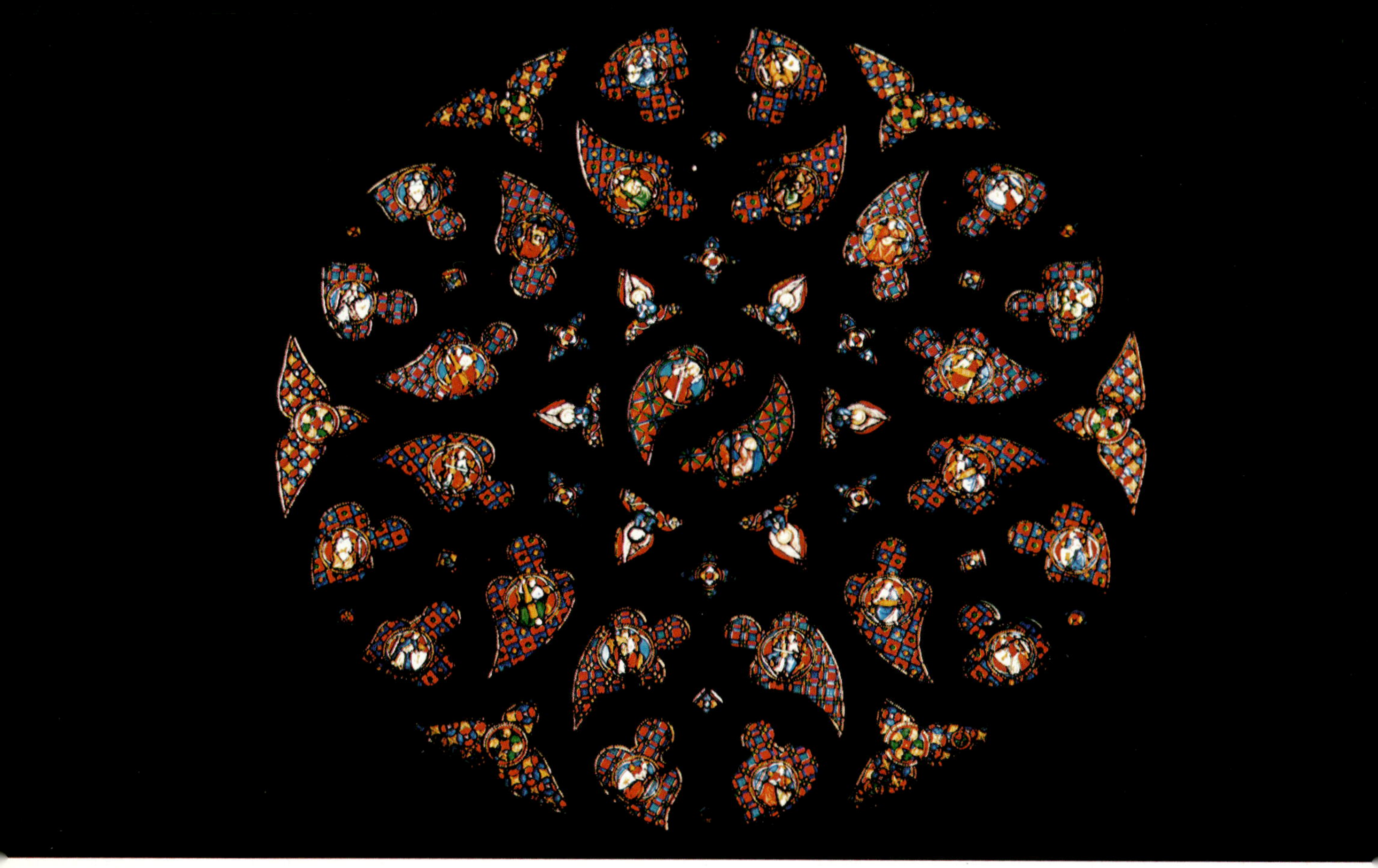

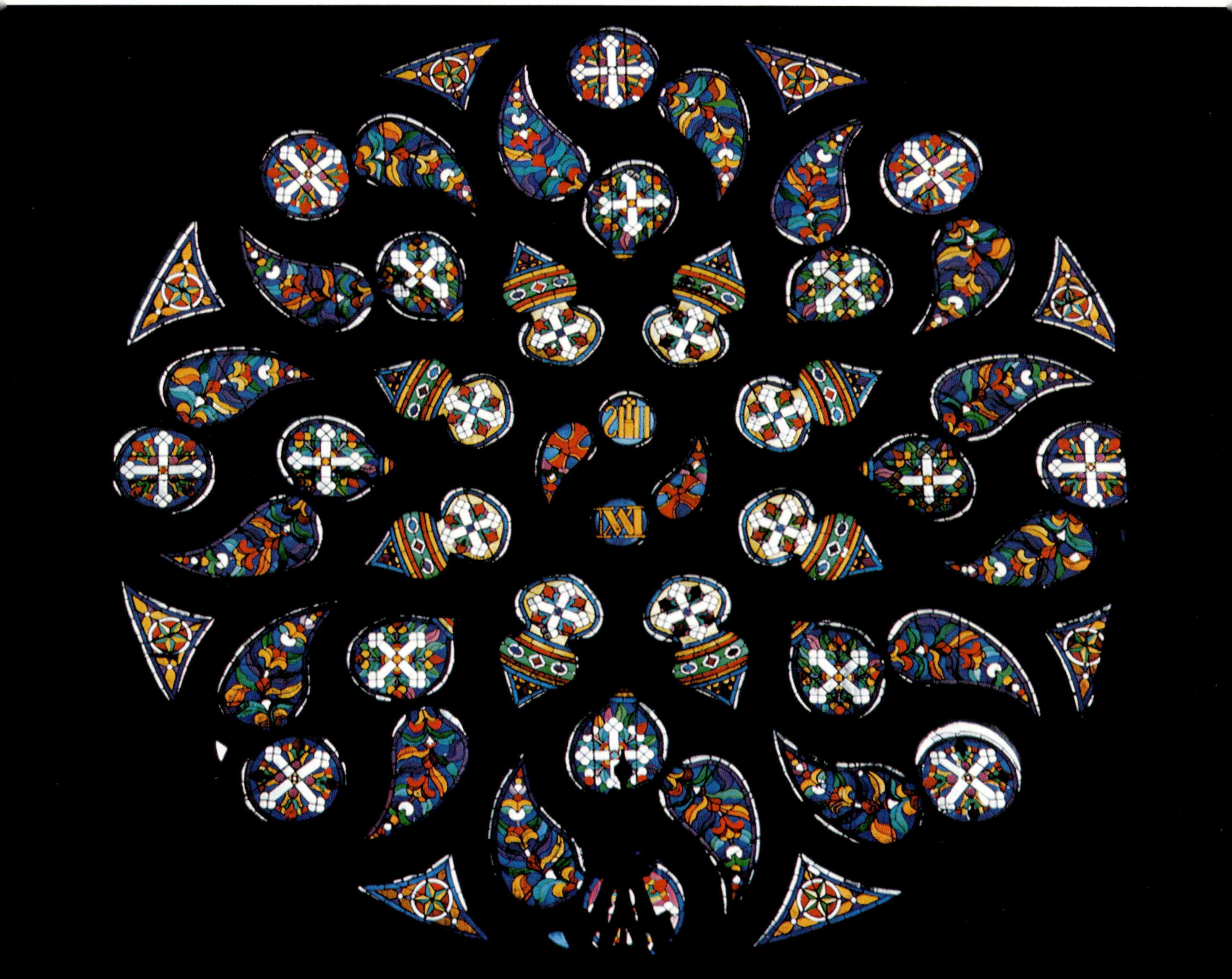

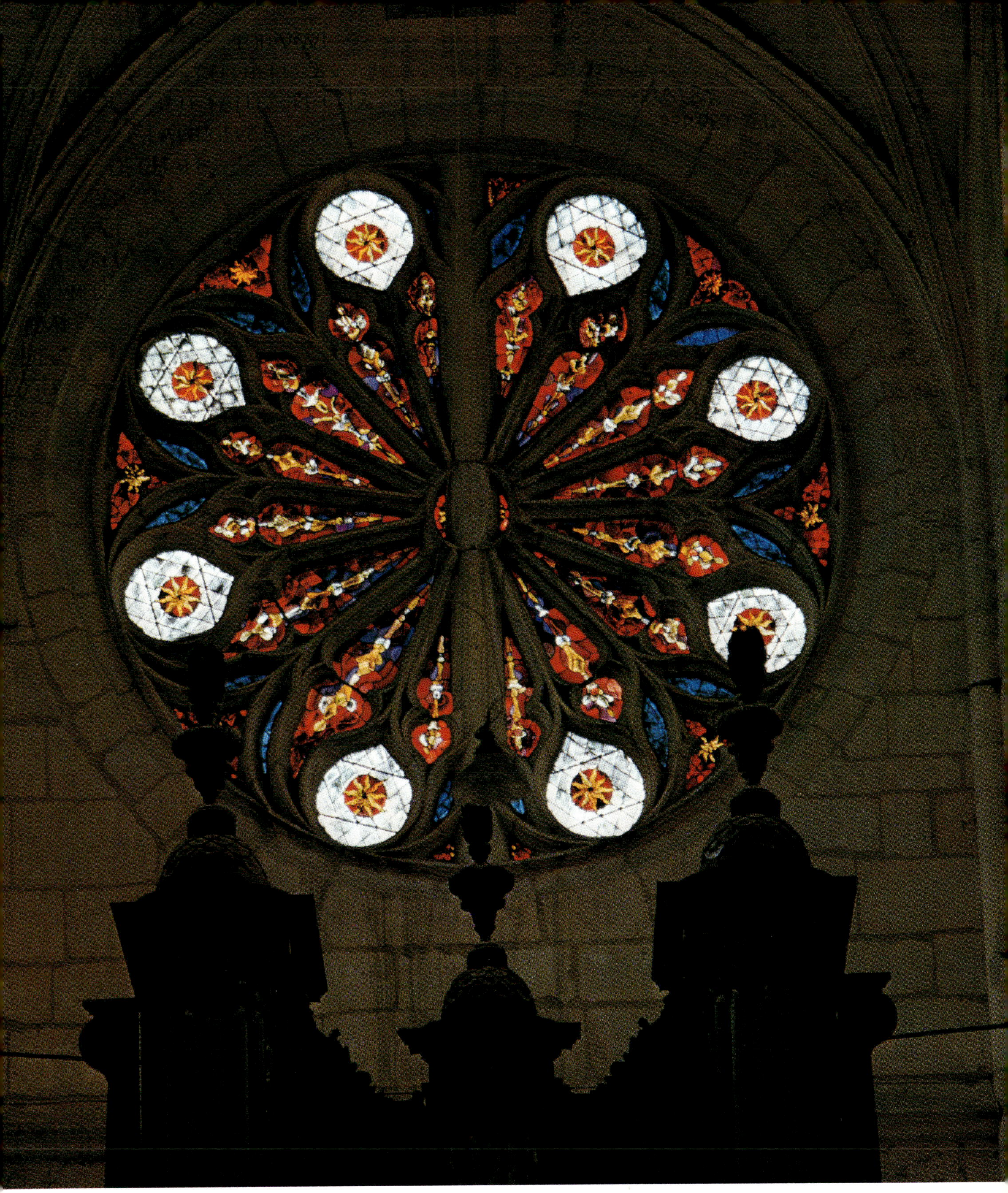

73 Rosenfenster scheinen rund um ihr Zentrum eine sich unaufhörlich fortsetzende Bewegung hervorzurufen. In Saint-Bonaventure scheint sie auf eine Yin/Yang-artige Gliederung im Zentrum reduziert zu sein, welches das Atmen des Kosmos in der östlichen Philosophie in Erinnerung ruft: Der Ausgleich zwischen aktiven und passiven Existenzformen. Das Thema des Fensters ist das Jüngste Gericht, mit vierundzwanzig Ältesten der Apokalypse in sechs Vierergruppen. – Lyon, Saint-Bonaventure, 15.–16. Jahrhundert

74 Das Fenster in Toulouse ist inspiriert von der Rose in Saint-Bonaventure und stammt aus derselben Epoche. – Toulouse, Notre-Dame-de-la-Dalbade, 15.–16. Jh., Glas modern

75 Flammenzungen des hl. Geistes, die Sonne und das Jüngste Gericht sind Thema der Rose in der kleinen Kirche von Houdan bei Paris, 15. Jahrhundert

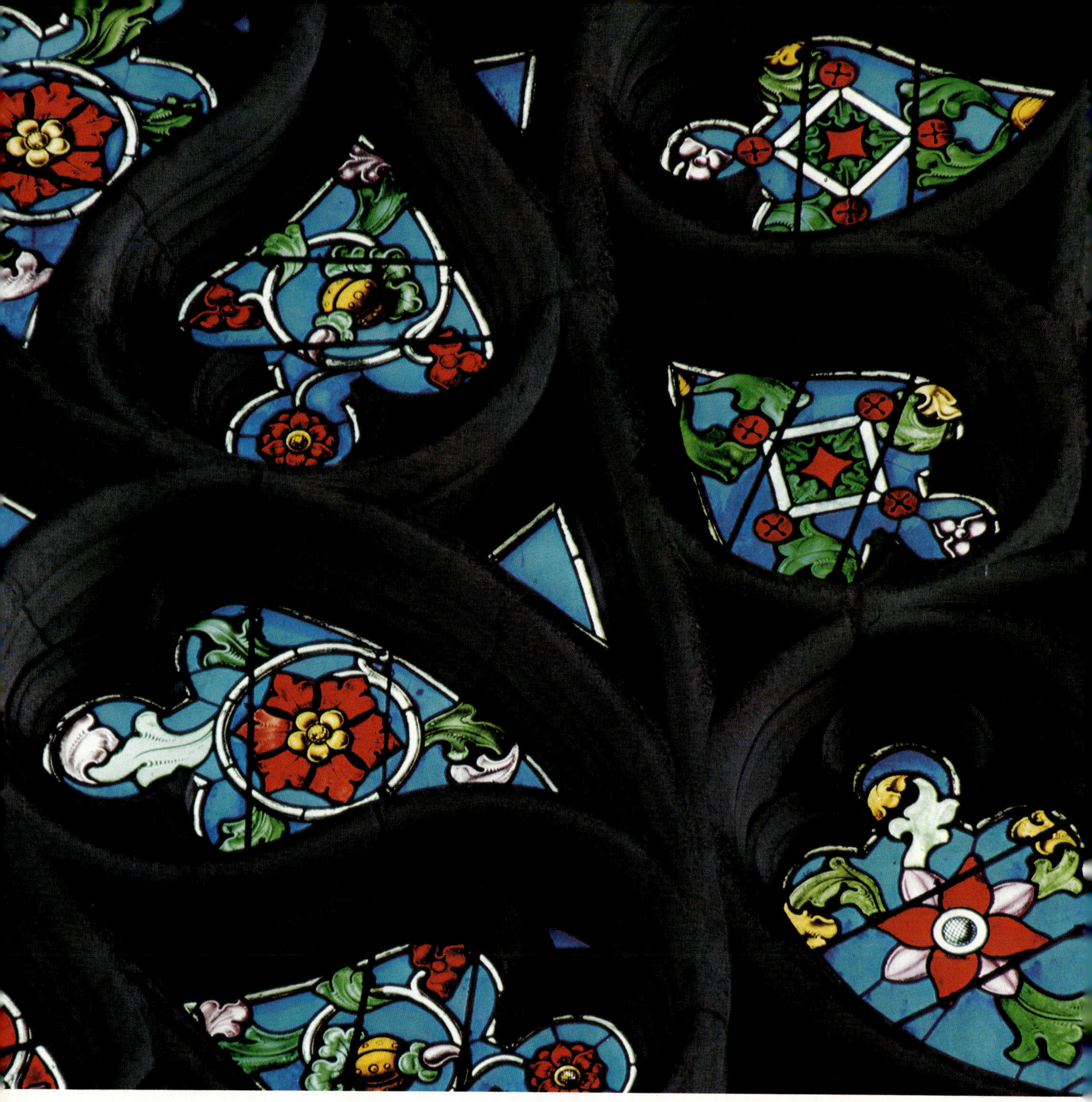

76 Der Geist des Lebens, der alle Schöpfung durchdringt, läßt das Maßwerk bruchlos in farbiges Glas übergehen in den obigen Rosenfenstern. – Saint-Omer, spätes 14. Jahrhundert

77 Durch die Kreisform in diesem späten Rosenfenster in der Kathedrale Saint-Pierre in Beauvais ist vorzüglich gezeigt, wie die Schöpfung in eine ewige Gegenwart gebracht wird. – Beauvais, Kathedrale, Südrose, um 1548, siehe den Schlüssel S. 132–33

Umseitig:
78 Jeder geschichtliche Augenblick ist symbolisch enthalten in einem Rosenfenster, und das Rosenfenster schmilzt die ganze Vergangenheit, Gegenwart und Zukunft in die ewige Gegenwart. Als Alpha und Omega, der Anfang und das Ende aus der Offenbarung des Johannes, thront Christus im Zentrum dieses Südfensters in Sées, umgeben von den zwölf Aposteln, den vier Evangelisten und den vierundzwanzig Ältesten. – Sées, Kathedrale, Südrose, um 1270, Glas erneuert

79 Durch Licht und Farbe in konzentrischen Bändern deutet die große Westrose in Straßburg die verschiedenen Energiebänder des Mandala an; die Aufmerksamkeit wird so auf einen Punkt im Zentrum konzentriert. – Straßburg, Westrose, um 1318, Glas stark restauriert, siehe auch Abb. 33

80 Eine Myriade von Formen. – La Rochefoucauld, 16. Jahrhundert

81 Als ein „Wegweiser der Bedeutung" stellt das Kreuz- und Kreismuster des Mandala Ordnung und Heilung im Makrokosmos und ebenso im Mikrokosmos dar. – Saint-Maixent-l'École, 15. Jh., wiedererbaut im 17. Jahrhundert

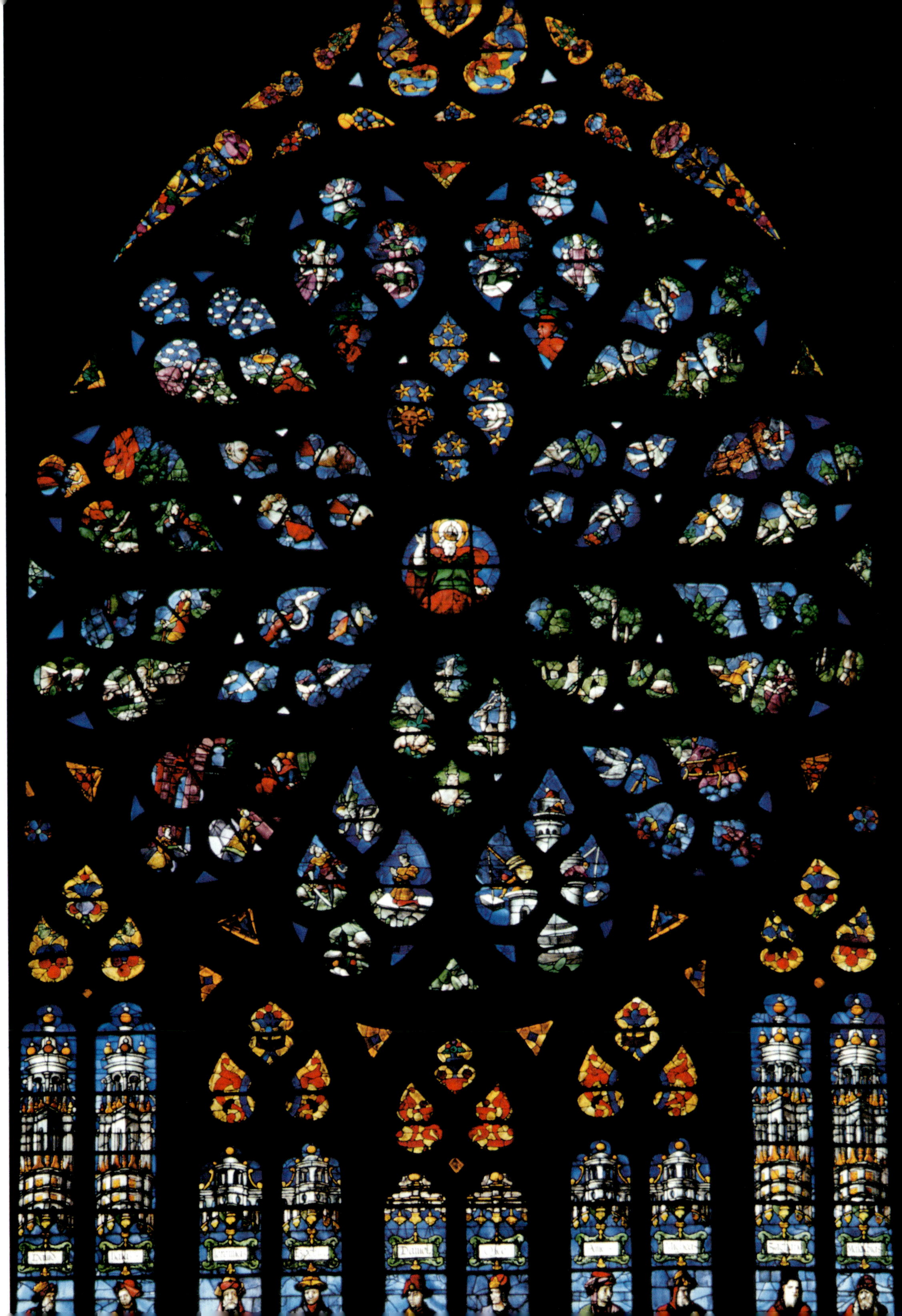
Daniel

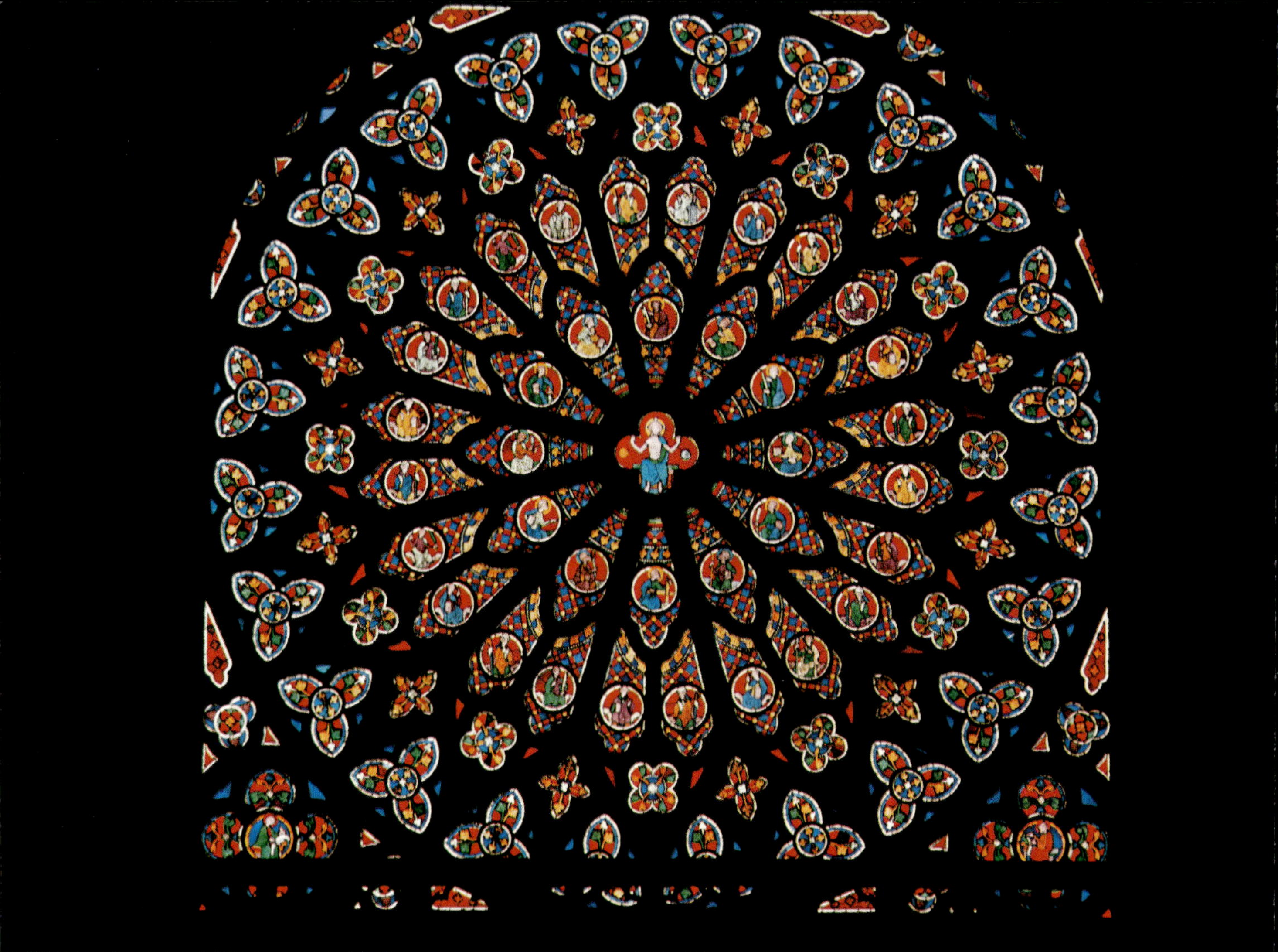

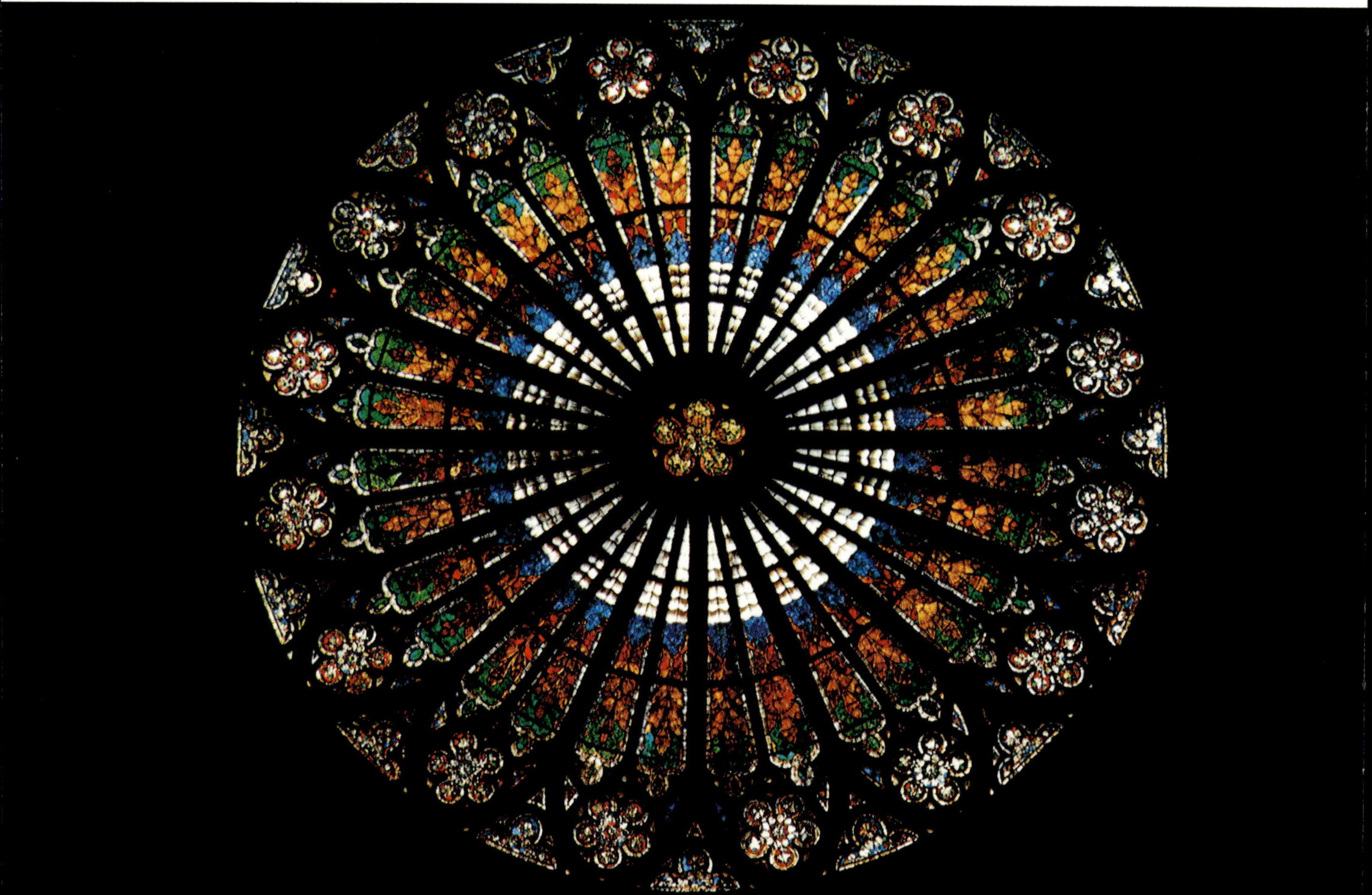

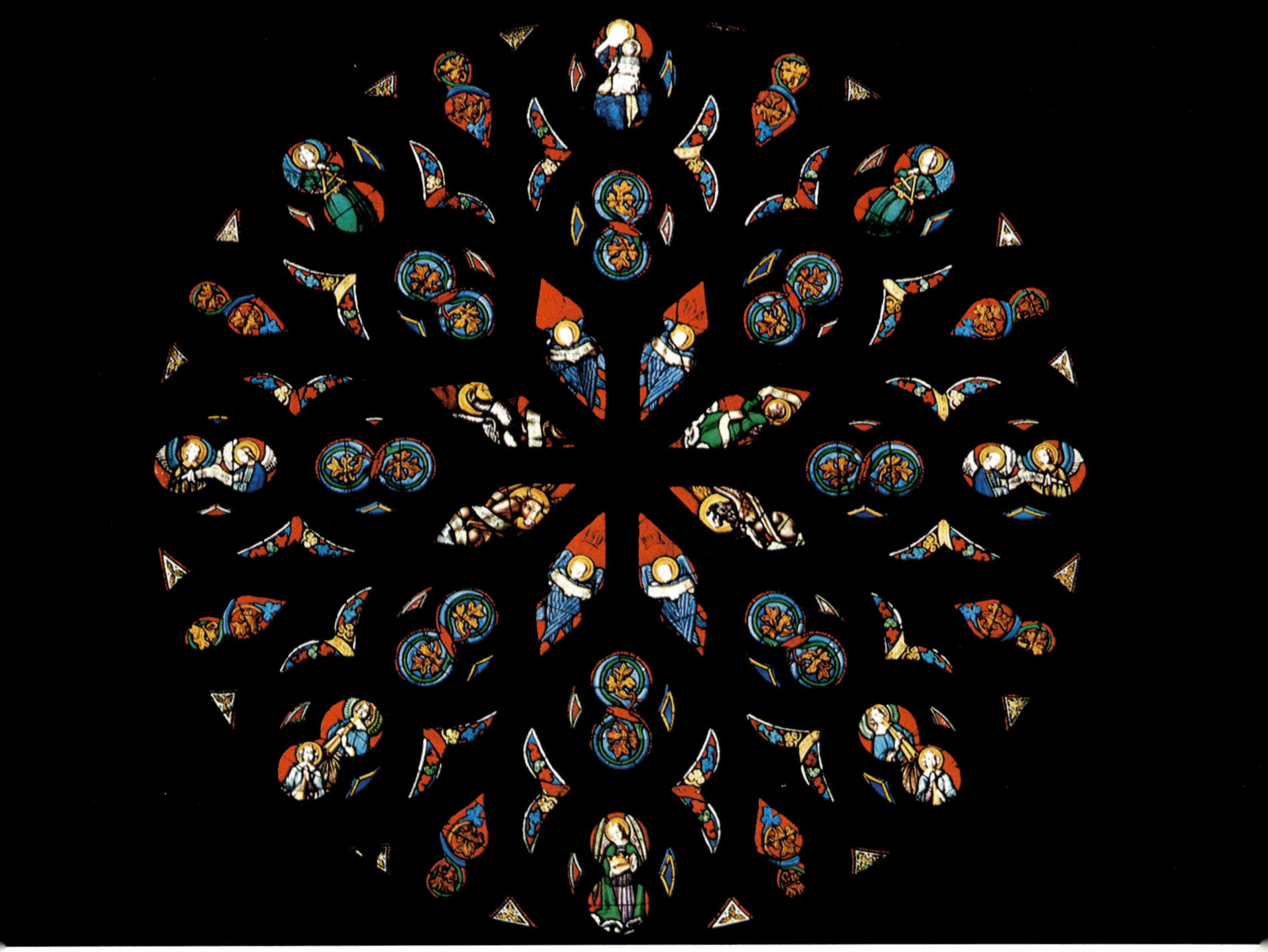

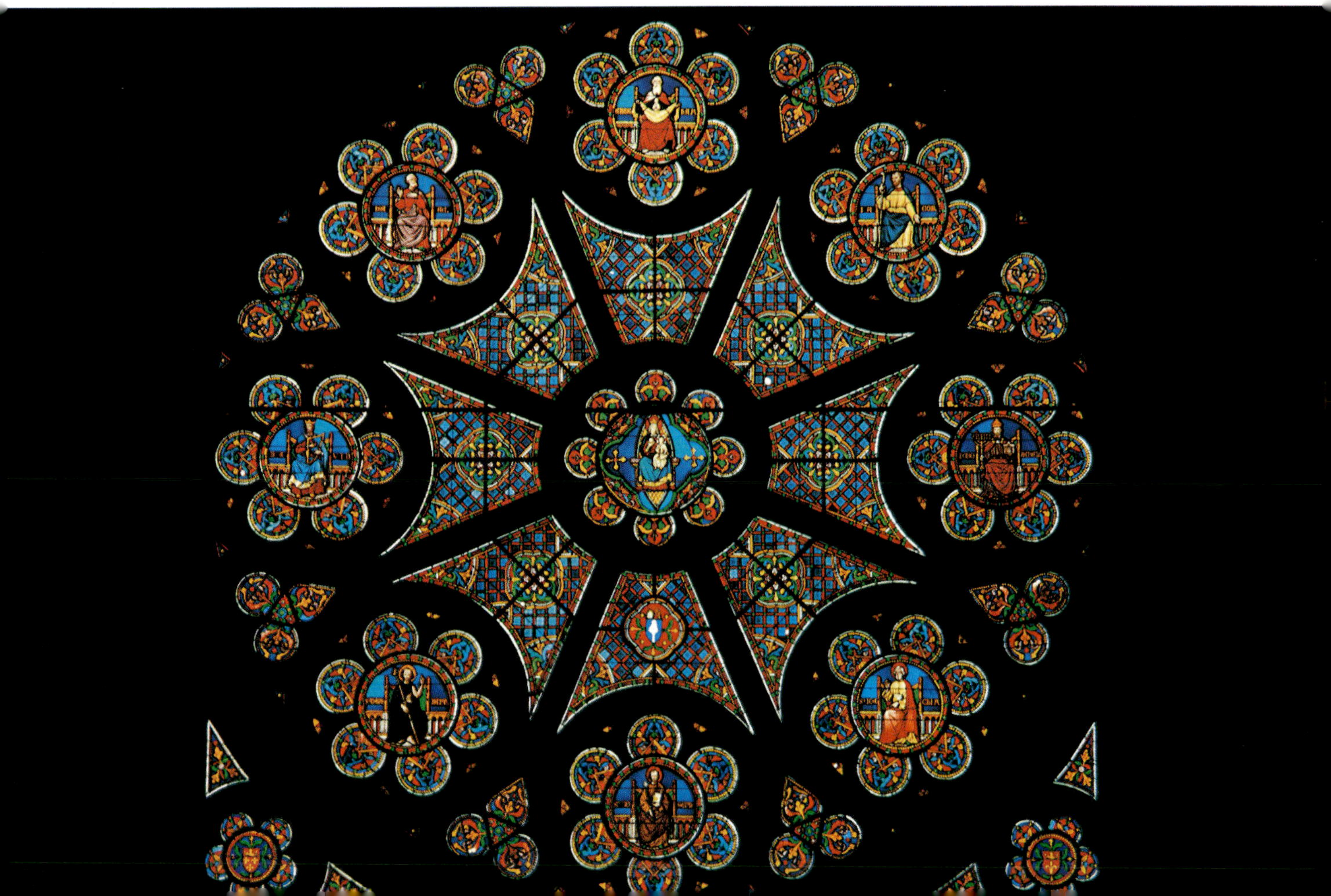

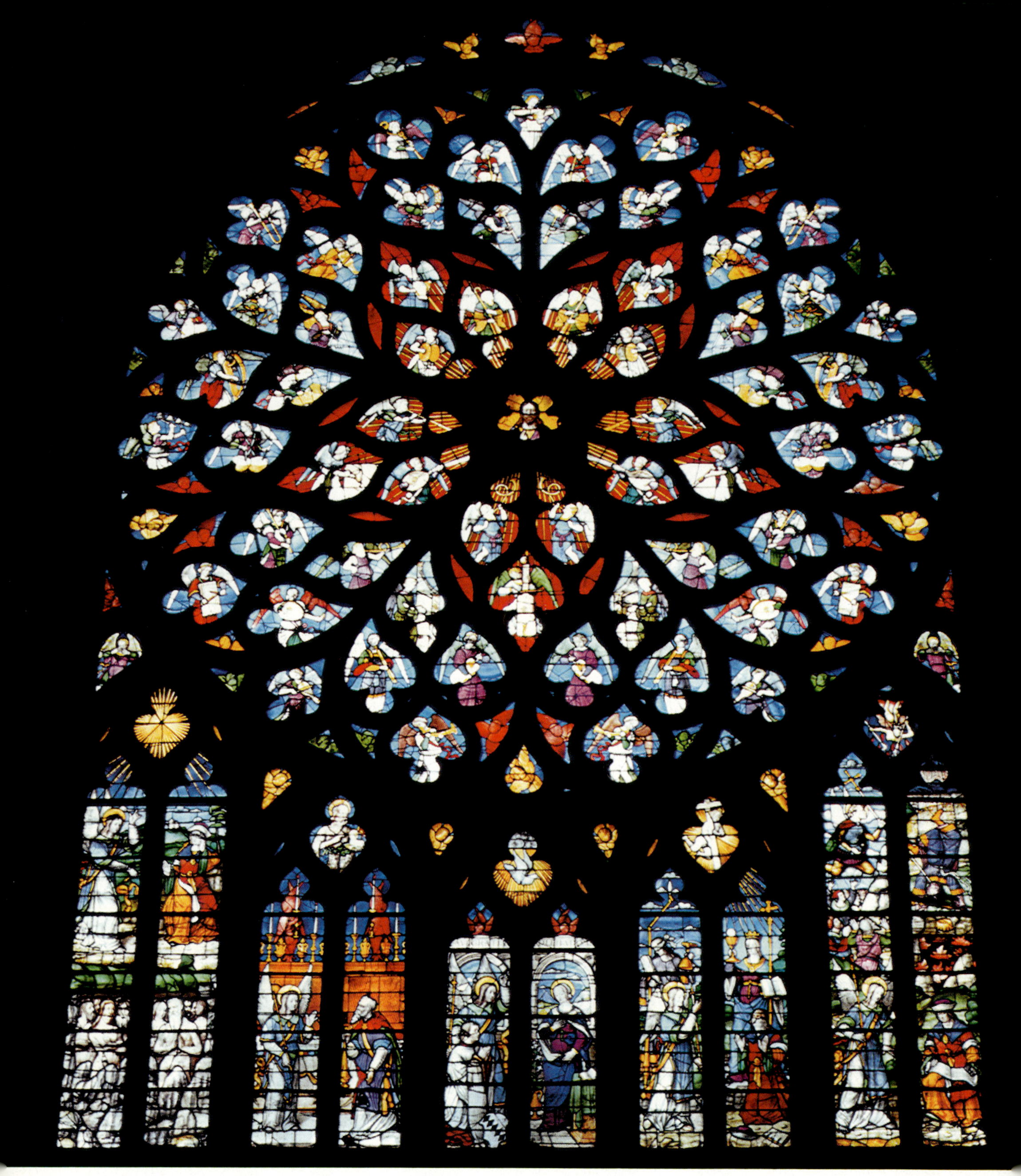

82 Als Lichtwirbel ist die fünfblättrige Rose von Sens ein Preisleid Gottes. Die ganzen Instrumente von Psalm 150 sind aufgewendet, um Gott in seinem Heiligtum zu preisen. 62 Engel spielen Trompete, Psalter, Harfe, Zimbel, Saiteninstrumente, Orgeln, vollautende und hohe Zimbeln: alle vereinen sich im Tanz des Kosmos. – Sens, Kathedrale, Nordrose, frühes 16. Jh., siehe Abb. 72

83 Diese kleine Rose in der Chapelle des Bourbon in Lyon ist in Spiralen zum Zentrum hin konzentriert. – Lyon, Kathedrale, 16. Jahrhundert

84 Jedes Rosenfenster vermittelt dem Menschen Schönheit in Form von Licht – „genug, um den Geist mit Staunen zu erfüllen" in den Worten von Henry Lincoln.

Diese köstliche Rose von Henri de Nivelle stellt Szenen aus dem Leben des hl. Johannes des Täufers und des hl. Stephanus dar. – Lyon, Kathedrale, Westrose, um 1392

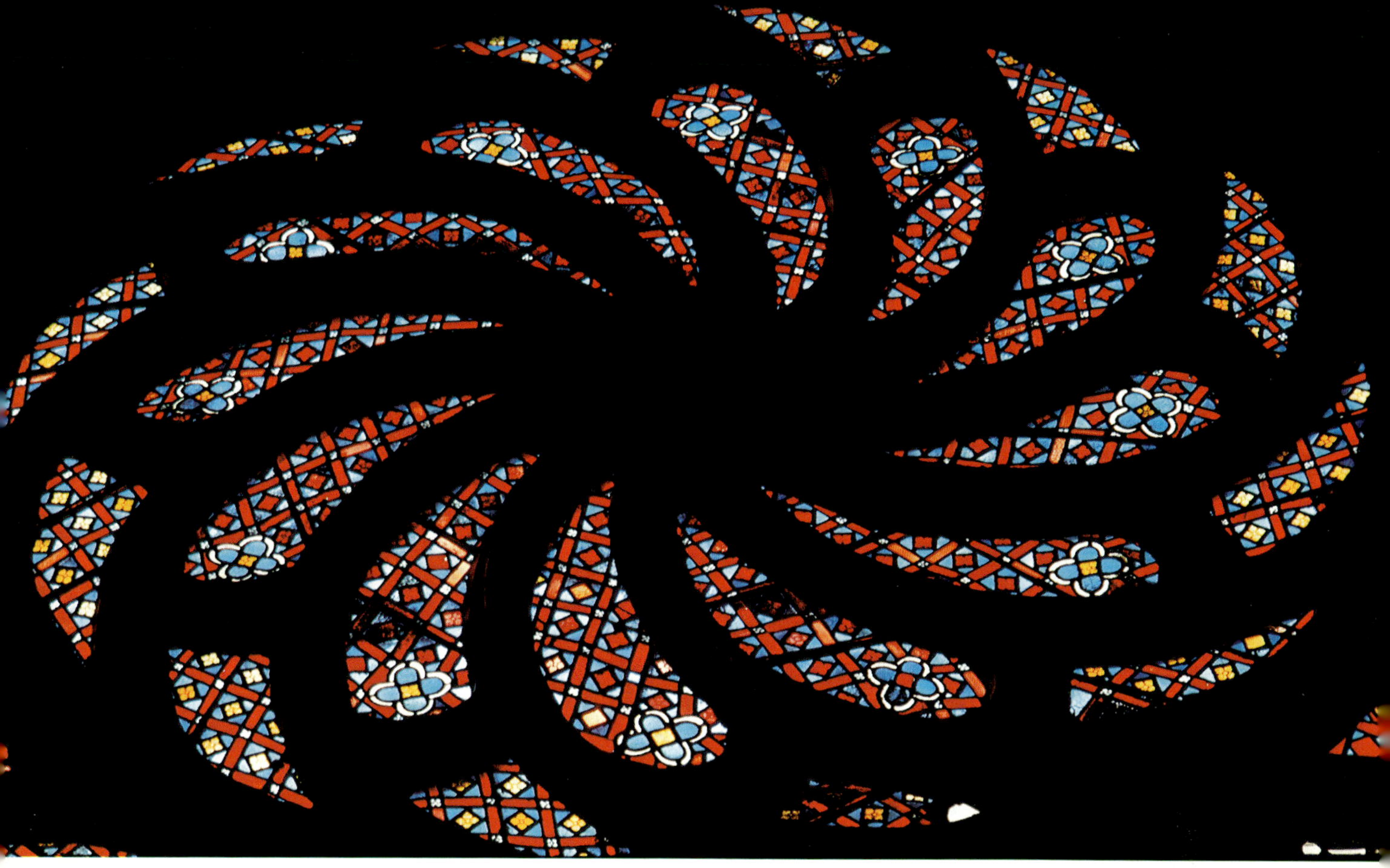

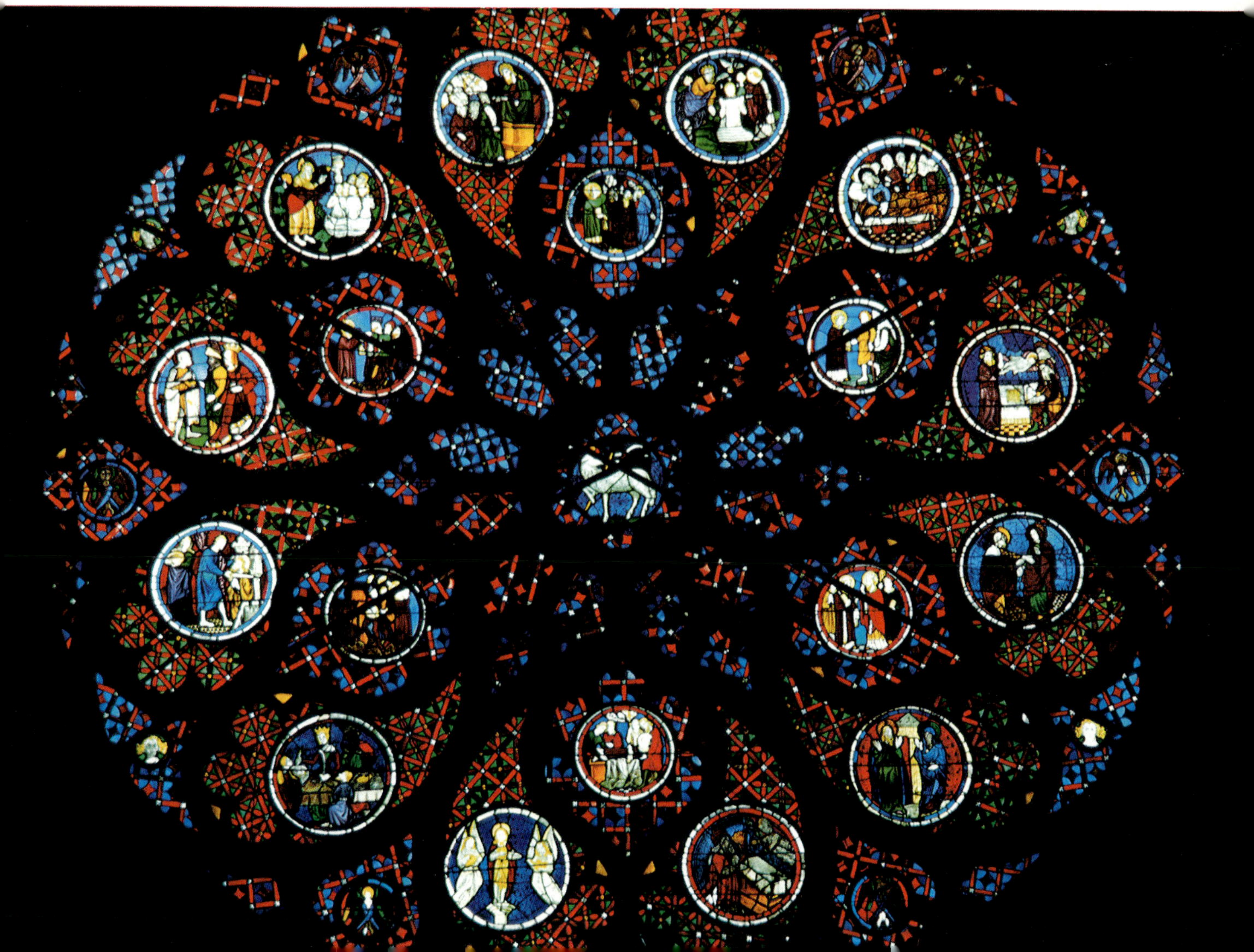

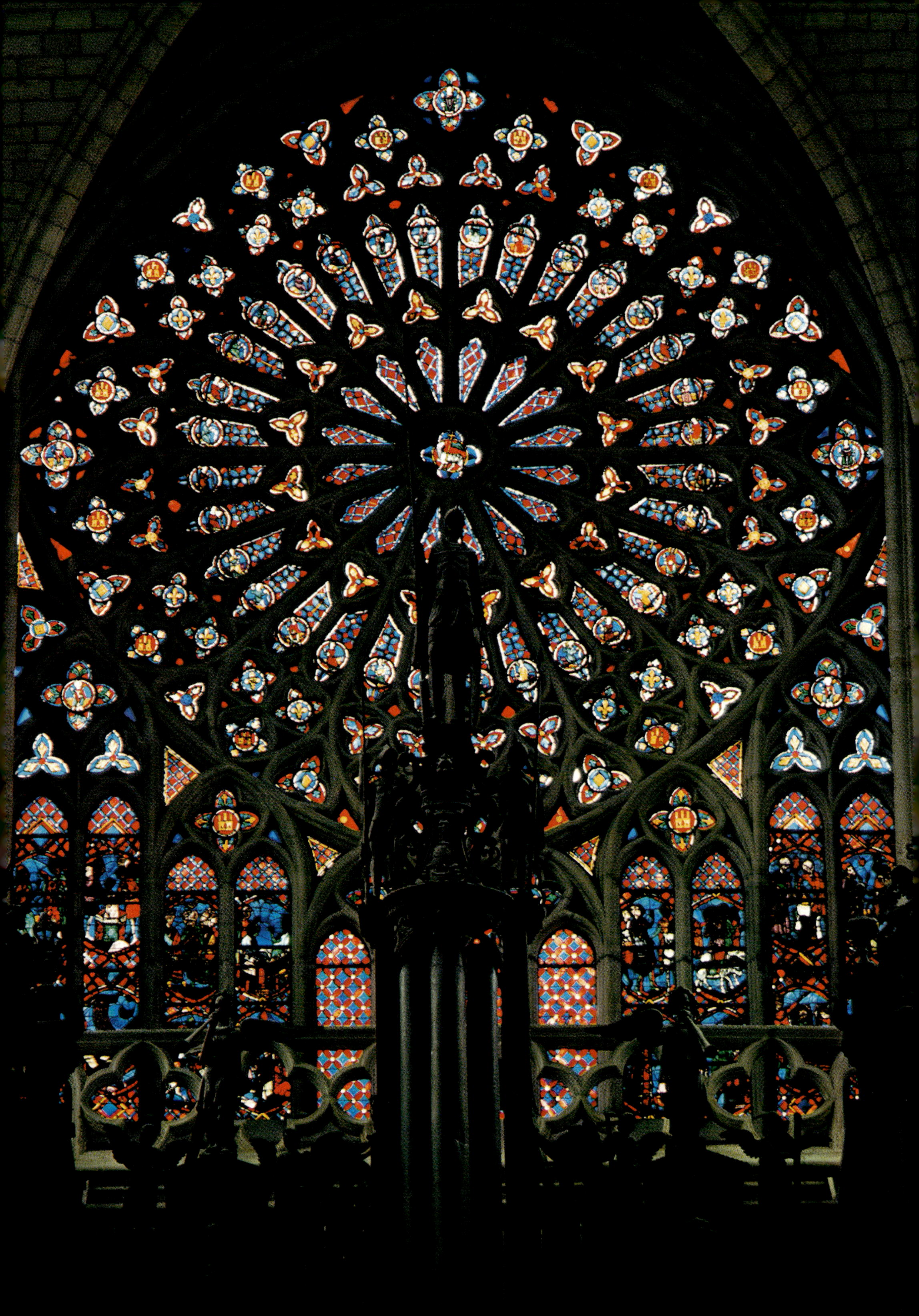

Göttliche Geometrie

Dem Geometer glich ich, der die Weise
Des Zirkelmaßes sucht – er sucht und findet
Den Grundsatz nicht und sieht nicht Gang und Gleise –,

Wie ich das Bildnis, das der Kreis umwindet,
Betrachtend stand und forschte, wies's den Ringen,
dem Raum des Binnenringes sich verbindet,

Denn dazu reichten nicht die eigenen Schwingen –
dann aber fuhr, daß nichts verhüllt mir bliebe,
Durch mich ein Blitz – und ließ auch das gelingen. –

Die Schau verlosch, – Jedoch im Allgetriebe
Riß mich mein Aufwärtsdrang – wie folgt' ich gerne! –
ins gleichgeschwungene Rad der großen Liebe,
Die da die Sonne rollt und Stern bei Sterne.

Dante, „Paradiso", XXXIII.[56]

85 Die schöpferische Kraft des Kosmos, die in Lichtströmen von seinem Zentrum ausgeht, erleuchtet die Ältesten, die Engel und Propheten, Märtyrer und Patriarchen – die „große Wolke der Weisheit" des christlichen Glaubens. In der Nordrose der Kathedrale Saint-Gaton in Tours glühen sie in Farbe, von Heiligenscheinen aus weißem Licht umgeben. – Tours, Kathedrale, Nordrose, frühes 14. Jahrhundert

Geometrische Grundformen

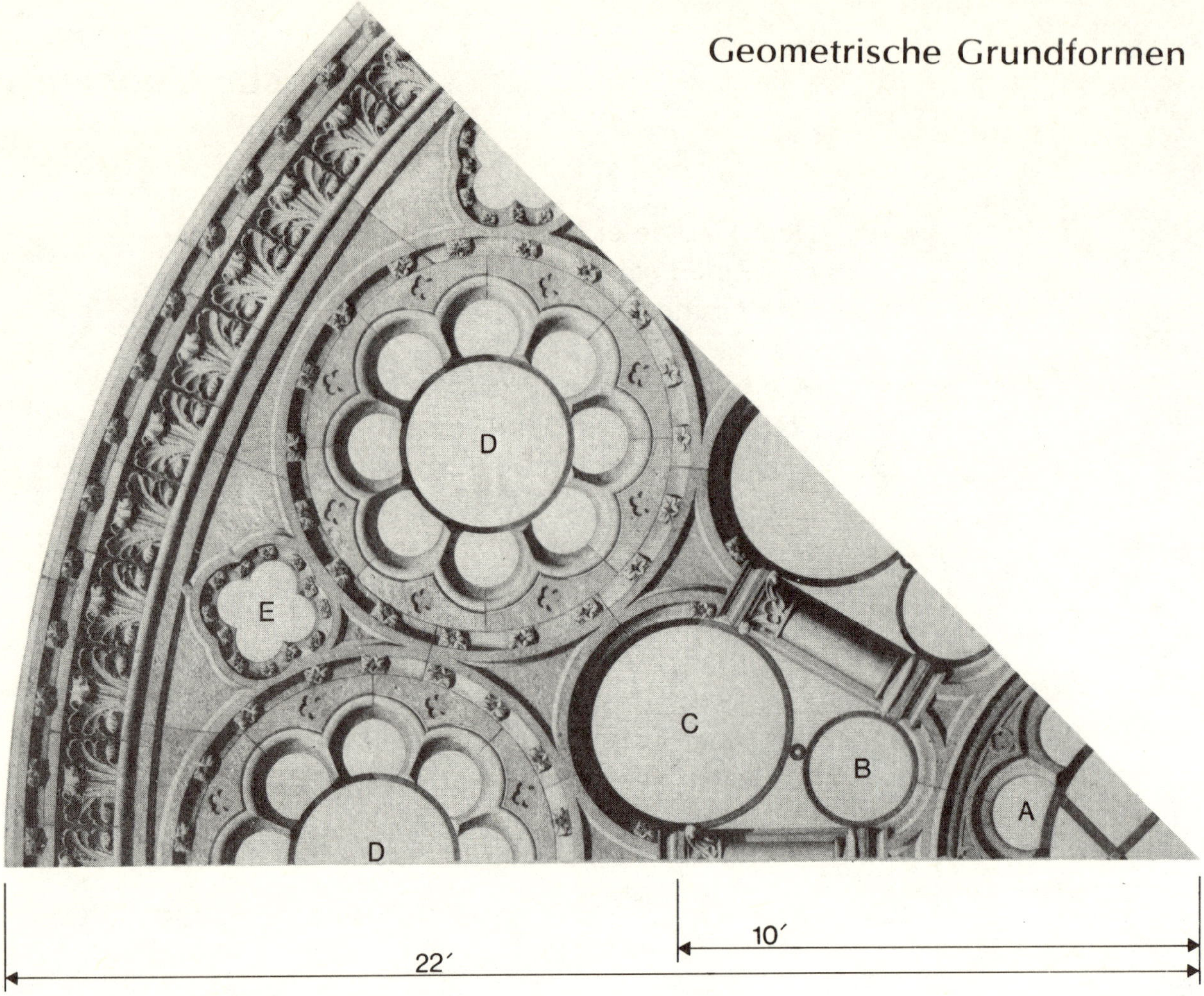

1

Das fast besessene Interesse, das mittelalterliche Architekten und Theologen an der Geometrie zeigten, geht zumindest schon auf den hl. Augustinus zurück und dessen Beschäftigung mit Pythagoras und der neuplatonischen Zahlenmystik, die als Ausdruck göttlicher Harmonie angesehen wurde. Er spricht von der emporführenden Aufgabe der Musik und der Geometrie, von Schönheit, verwirklicht durch Zahlen und deren Verhältnis. In Chartres zeigt sich die Vorliebe des Kanzlers Thierry in seiner geometrischen Darstellung der Dreifaltigkeit. Dies führte zu einer Tendenz, die Theologie fast auf Geometrie zu reduzieren, was einen späteren Kanzler, John von Salisbury, beunruhigte. Nichtsdestoweniger liegt den gotischen Kathedralen Geometrie zugrunde, da jeder Teil aus bestimmten Grundmaßen entwickelt wurde. Das Mittel, Aufrisse von Plänen zu proportionieren, indem man regelmäßige Vielecke benützte, hauptsächlich Quadrate, war ein sorgfältig gehütetes Geheimnis bis ins 15. Jahrhundert. Dann wurde das Wissen durch Matthias Koritzer, den Meister des Doms von Regensburg, veröffentlicht.

Die Geometrie und die Anwendung von Vielecken, um die rechten Proportionen zu finden, gehört grundsätzlich zu allen Rosenfenstern. Jedes von ihnen fordert äußerst sorgfältige Berechnungen und genaue Konstruktionen. Dies wirkt sich bei verschiedenen Fenstern verschieden aus. Bei den größten ist die Befriedigung, die sich einstellt, mehr als nur visuell.

Sie ist geistiger Natur, sogar kosmisch in dem, was sie einschließt. Vier der größten Fenster werden hier untersucht, um eine Einsicht zu geben, sowohl in die Art, wie die Fenster entworfen wurden, als auch in die nur zweitrangigen geometrischen Verhältnisse, die in jedem vollkommen durchkonstruierten Fenster zu erkennen sind.

CHARTRES WEST (Abb. 27, 29)

Die klassische Rose an der Westfassade von Chartres ist mehr als ein Sieg der Planung, „sie ist ein Meisterstück, in dem fünf verschiedene Verhältnissysteme rhythmisch durch das Rad pulsieren, wobei sie die äußeren Rosetten vom Mittelkreis trennen".[57]

Das Zitat stammt aus J. James' Artikel über die Geometrie dieses Fensters, eine großartige Analyse, die als Grundlage dieses Berichtes dient. James arbeitete nach den besten Zeichnungen und Messungen, die ihm verfügbar waren, und er ließ selten einen Fehler von mehr als plus oder minus 2 cm zu, als er die Beziehungen innerhalb dieser riesigen Rose erarbeitete. Er erkannte, daß die Rose aus zwei Grundmaßen konstruiert ist. Maßeinheit ist, wie oben dargestellt, der römische Fuß von 29,6 cm; das eine Grundmaß ist 3 Fuß, das andere 10 Fuß. Dies zerlegt sich in 2/3 und 1/3 und gibt 6 2/3 und 3 1/3 Fuß, eine Erweiterung der Zahl 3 und eine Teilung durch 3 – ein Zeichen für Thierrys Vorliebe für die geometrische Darstellung der Dreifaltigkeit. Hier sind die Hauptmerkmale dieser außerordentlichen Konstruktion.

Figur 1
Ein Segment der Rose – nach Lassus' Zeichnung aus dem Jahre 1842 – zeigt, daß die 10-Fuß-Einheit die Mittelpunkte der mittleren Reihe von Öffnungen bestimmt. Die 62/3-Fuß-Einheit bestimmt die Mittelpunkte der inneren Medaillons (B). Die zwölf Blumenblätter der Mittelrose (A) liegen auf dem 31/3-Fuß-Kreis. Die zwei äußeren Kreise bestimmen auch die Basis und die Deckplatte von jedem Pfeiler.

Figur 2
Die zwölf großen Rosetten (D) werden bestimmt vom 3-Fuß-Maß, wobei sechs Vierecke von 12 Fuß Seitenlänge um die Mittelrosette gezogen und deren Linien zu einem 24zackigen Stern erweitert wurden, der dann die Mittelpunkte der Außenrosetten und die Berührungspunkte der Rosetten bestimmt.

Figur 3
Indem man die Mittelpunkte B miteinander verbindet, um so drei Vierecke zu bilden, wird die innere Randleiste bestimmt, und wenn die Vierecke erweitert werden zu einem zwölfseitigen Stern, treffen sie sich in den Mittelpunkten der kleinen äußersten Öffnungen (E). Dieser Stern ist Tangente zu den Rosetten D und den Medaillons C. Schließlich bestimmt das Sechseck um den Mittelkreis die Peripherie der gemeißelten zwölf Blumenblätter (A) und wie James sagt: „Mit eleganter Genauigkeit setzte der Meister das Blatt, das das Zentrum jedes Kapitells schmückt, an den Punkt, wo sich die Arme jedes Sterns überschneiden. So bestimmt in großartiger Folgerichtigkeit die Dreizahl sowohl die Blattformen wie die drei konzentrischen Ringe der Kreise, die wie Sonnenblumen ausschauen".

Figur 4
Es gibt hier eine endgültige Konstruktion auf der Grundlage der 3-Fuß-Einheit, die den äußeren Kreis festlegt. Um das 3-Fuß-Zentrum sind vier gleichschenkelige Dreiecke gezeichnet, und die drei Quadrate, die sie einschließen, sind in einen zwölfzackigen Stern erweitert, der den Außenkreis auf den Achsen der kleinen Lichtöffnungen (E) erreicht.

John James führt die Analyse noch weiter. Er findet, daß eine Reihe sich ausweitender Fünfecke von der zentralen 3-Fuß-Einheit bestimmte Punkte in der Struktur festigen, obwohl ich das weniger überzeugend finde. James findet viel mehr feine Zwischenbeziehungen und den Gebrauch einer zweiten Einheit, des pes manualis, 6/5 römische Fuß; zwischen den beiden

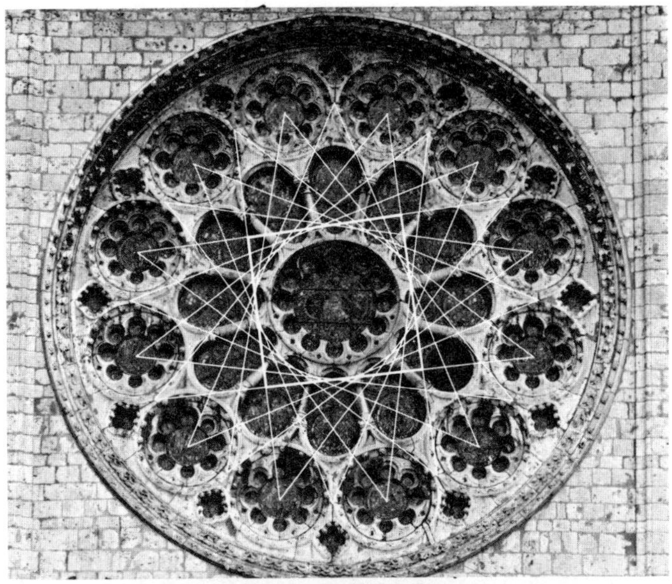
2

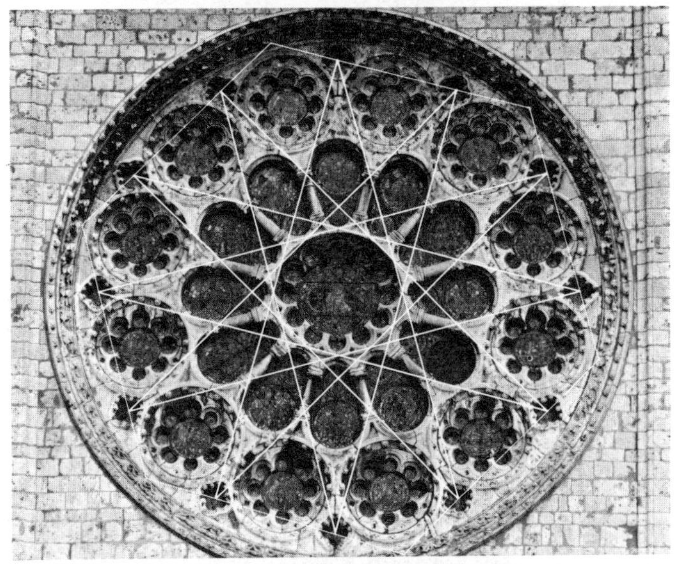
3

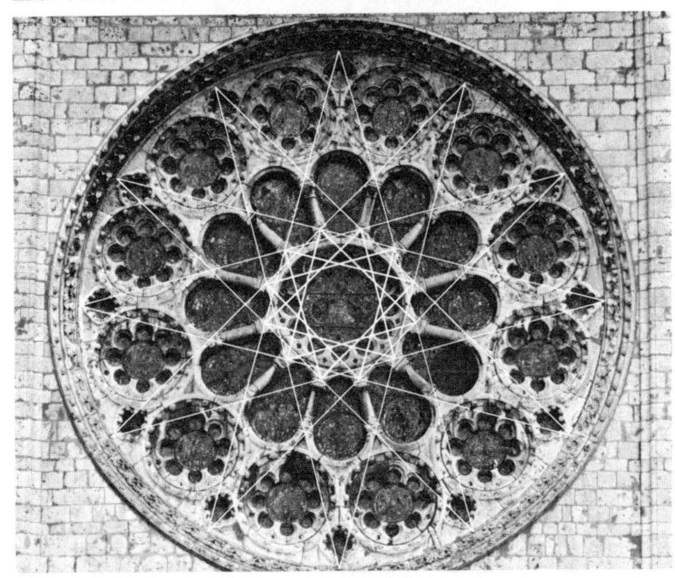
4

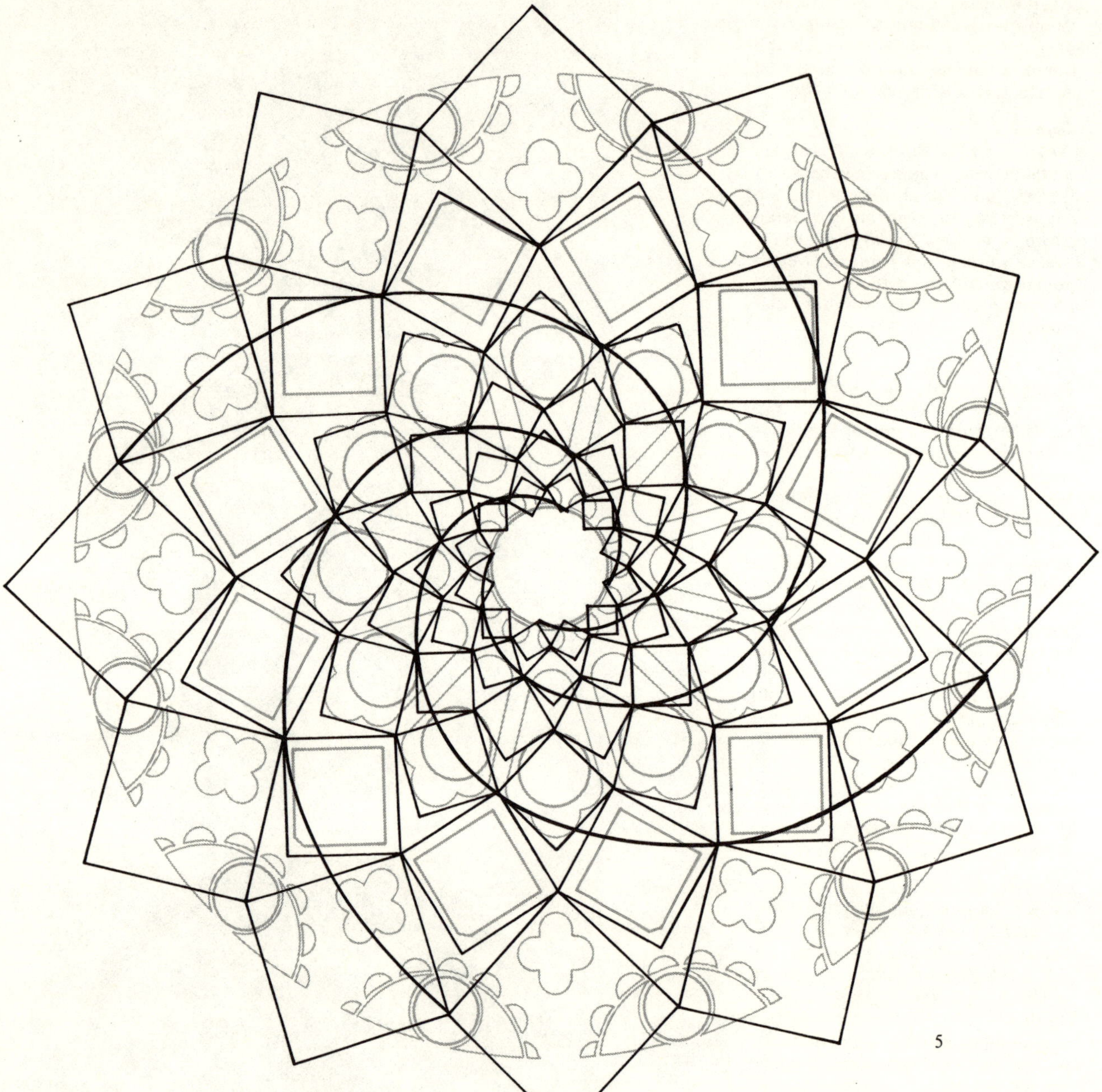

5

Einheiten gibt jedes kleinere Element und jede Zierleiste das eine oder das andere der Grundmaße wieder. In sorgfältiger Geometrie ist alles als ein Teil von etwas anderem gemacht; nichts steht alleine. So war es mit Gottes Universum, so sollte es in den Bemühungen der Menschen zu seinem Lobpreis sein.[58]

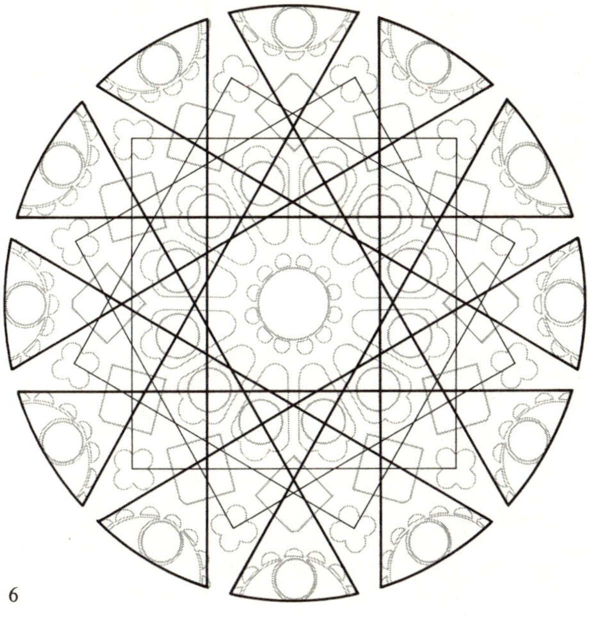

6

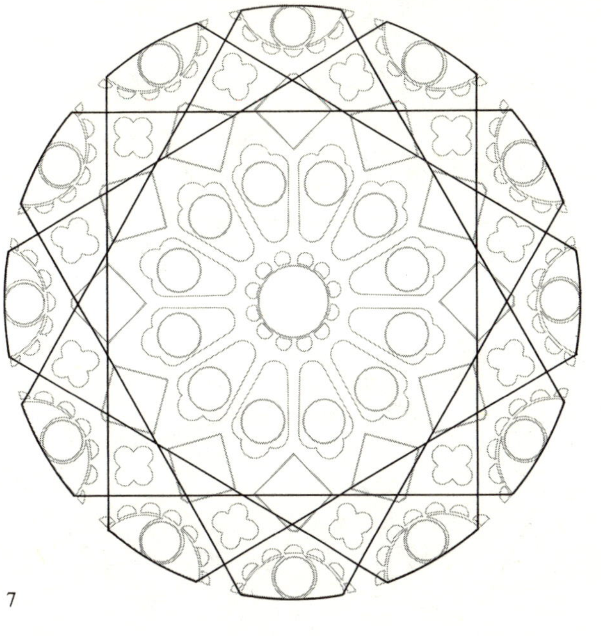

7

CHARTRES NORD (Abb. 6, 7)

Die herrliche „Rose de France" im nördlichen Seitenschiff von Chartres diente in diesem Buch dazu, viele verschiedene Ansichten von Rosenfenstern zu veranschaulichen; ihre göttliche Geometrie gehört zu ihren größten Vorzügen. Alles in dem Fenster ist von den Eigenschaften des Quadrats innerhalb des Kreises abgeleitet. Die zwölf Quadrate, die im Winkel zu den Säulen um die Mittelrosette sitzen, sind die eindrucksvollsten Züge dieses Fensters. Sie können leicht mit drei sich durchdringenden Quadraten in Bezug gebracht werden, welche die kleineren enthalten (vgl. Fig. 6); das Auge kann diese ohne fremde Hilfe aufnehmen. Diese Quadrate legen den Gedanken nahe, daß dem eine sehr feine Geometrie zugrunde liegt, die auf der Spirale basiert. Das Auge scheint die Sonnenblumenform des Fensters zu fühlen, die sich spiralförmig aus dem Zentrum heraus – oder in es hinein – bewegt. Tatsächlich ist diese Folge von Quadraten, die die wahre Spiralgeometrie schafft, dem äußeren Mauerwerk enger verbunden. Die Zentren der kleinen äußeren runden Lichtöffnungen schaffen eine Geometrie von sich ausweitenden und verkleinernden Quadraten, die sich in den quadratischen Lichtöffnungen treffen. Indem man jedes zweite und jedes dritte aus dieser Folge verbindet, kann eine Reihe von Rechtecken gezeichnet werden, die genau auf die zentrale Rosette mit ihren zwölf kleinen Blütenblättern trifft (siehe Fig. 5).

Diese Serien von Quadratreihen können auch auf den goldenen Schnitt bezogen sein, denn die Schnittpunkte der beiden Quadratfolgen liegen auf einer Spirale, deren Punkte von den Fibonacci-Reihen beherrscht werden (Reihen, in denen jedes Glied die Summe der beiden vorausgehenden ist). Die zugrundeliegende Geometrie und Mathematik dieser Verbindung ist in Peter S. Stephens „Patterns in Nature"[59] erklärt. Kurz, die Punkte, durch welche die Spirale hindurchgeht, sind so ausgelegt, daß der Kreisbogen, der zwischen zwei aufeinanderfolgenden Punkten liegt, 137,5° beträgt, was soviel ist wie $360° \times (3-\sqrt{5}) \div 2$, oder $360° \times \phi^2$, wobei ϕ der Goldene Schnitt 0,618 ist. „In den Ausdruckswerten der Fibonacci-Reihen nähert er sich 360° × einem Grenzwert der Reihen (1, 2, 3, 5, 6, 13 etc.), geteilt durch den Grenzwert direkt nach dem nächstfolgenden."

Dieses System beherrscht das System des Wachstums in einer Anzahl von Blumen – vor allem in der Sonnenblume, der Gänseblume und in einem verwandten, mehr komplexen Sinn in der Rose. Gewiß muß der Goldene Schnitt der Schule von Chartres durch ihre Euklid-Studien bekannt gewesen sein. Fibonacci (Filius Bonacci – „der Sohn guter Natur") veröffentlichte seine Arbeit im Liber abaci 1202 – etwa 30 Jahre vor Entstehung dieses Fensters; es war nach H. E. Huntley weit bekannt, und auch die Mathematiker von Chartres dürften es gekannt haben.[60]

In diesem Fenster in Chartres gibt es zwölf Gruppen von Spiralen, die diesem Gesetz folgen; vier davon sind in *Figur 5* eingezeichnet. Auf diese Weise gehen die Fenster, in denen die Propheten in den äußeren Kreisen dargestellt sind, in die Schlüsselpunkte der Struktur hinein, gehen durch die zwölf Könige, Engel und Tauben, um den Logos im Zentrum zu gebären. Der Mensch folgt dem schöpferischen Logos des Universums, der als das Naturgesetz gesehen wird, um vollendete Schönheit zu schaffen.

Es gibt drei andere strukturelle Verbindungen in diesem Fenster, unabhängig von diesem Sonnenblumenarrangement. Die beiden ersten sind in *Figur 6* dargestellt. Das Fenster zeigt ein Netzwerk von gleichseitigen Dreiekken, die auf den Halbkreisen am Außenrand aufgebaut sind. Sie schaffen drei sich durchdringende Quadrate um das Zentrum, deren Ecken die Zentren der zwölf inneren Kreise bestimmen. Ein anderes System von Quadraten verbindet die zwölf kleinen Quadratöffnungen untereinander mit den zwölf Vierpässen. Dies wird dargestellt durch die dünnen Linien in *Figur 6*.

In *Figur 7* verbindet ein anderes System von Quadraten die äußeren Halbkreise mit den Diagonalen der zwölf kleinen Quadrate – ein weiterer Hinweis auf die subtile Natur dieser bemerkenswerten Rose. Weitere Studien über dieses Fenster könnten verdeutlichen, daß es, wie das Westfenster in derselben Kathedrale, auf Maßeinheiten aufgebaut ist, die ebenso subtil und genial sind.

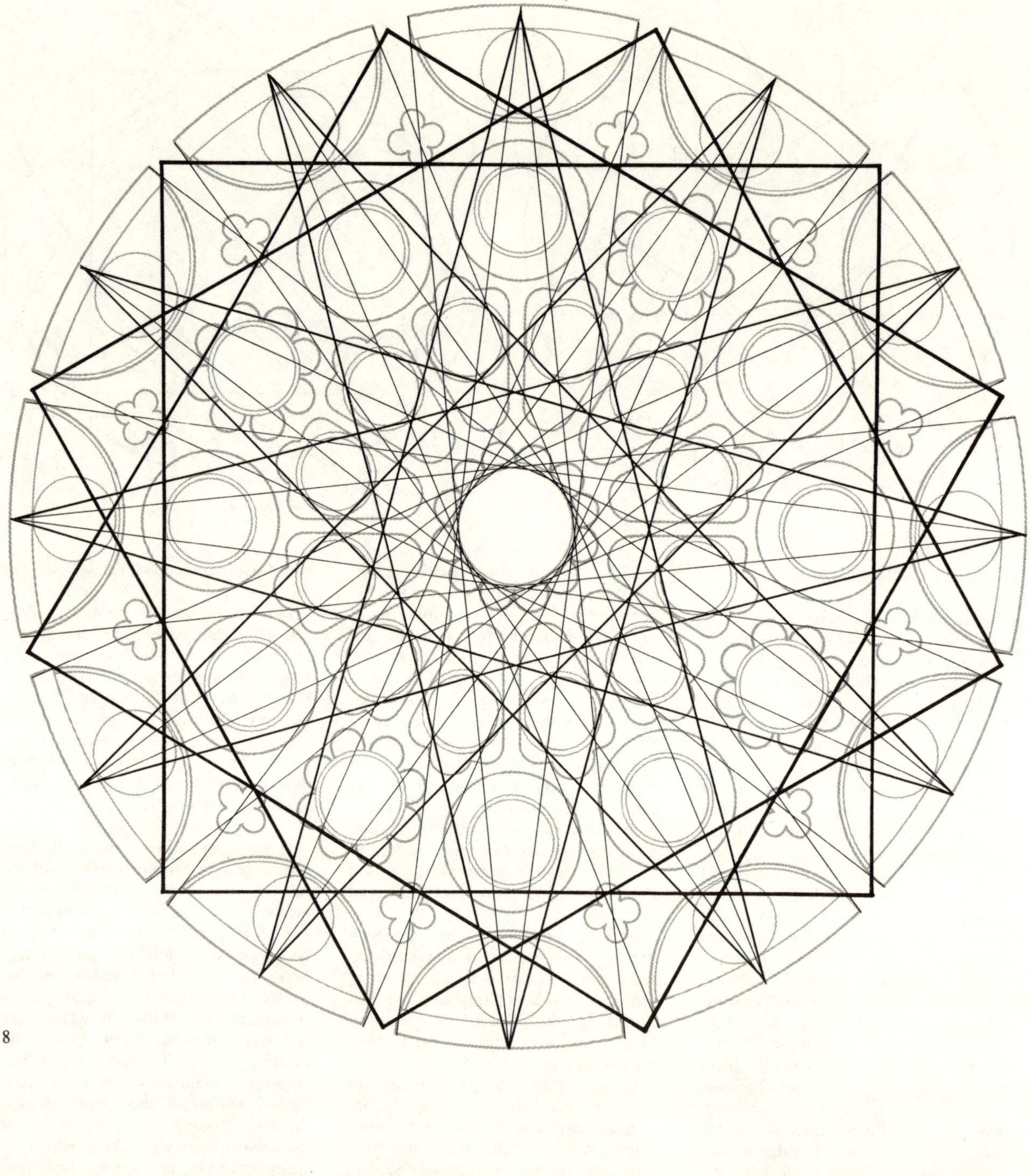

8

CHARTRES SÜD (Abb. 10, 35–37, 41)

Figur 8 zeigt ein Schema für das Südrosenfenster von Chartres. Zweifellos gibt es andere, feinere Schemata als dieses, aber dieses zeigt einige interessante Verbindungen, die das Auge möglicherweise unbewußt aufnimmt. Die Halbkreise am Außenrand wirken wie ein System von „Brennpunkten", die das Auge zum Zentrum führen. Die dünnen Linien in dem Diagramm, die von den Enden jedes äußeren Halbkreises zu einem Punkt im Zentrum des gegenüberliegenden Halbkreises gezogen werden, bestimmen ganz genau das zentrale Medaillon, das Christus einschließt (jede Linie nimmt die kleinen Vierpässe im Vorübergehen auf und bestimmt ihre Mittelpunkte). Jede Linie, die vom Zentrum eines Halbkreises zu dem eines anderen, fünf Fenster entfernt liegenden Halbkreises gezogen wird, berührt als Tangente nicht weniger als vier der zwölf zentralen Medaillons – eine bemerkenswerte Anordnung! Weiterhin berührt eine Folge von drei Quadraten die in die Rose eingezeichnet sind, als Tangente die mittlere Reihe der großen Rosetten. Dieses System von drei Quadraten kann sehr wohl weitere feine Verbindungen hervorbringen, die aus den Eigenschaften von drei Quadraten erstellt sind; aber dies soll Gegenstand einer anderen Studie sein.

PARIS NORD (Abb. 11, 40)

Das nördliche Rosenfenster von Notre Dame von Paris, das manchmal Alchemistenrose genannt wird, ist möglicherweise das schönste Beispiel eines Rosenfensters, das aus einem Gitterwerk von unsichtbarer Geometrie besteht.

Figur 9 zeigt, wie Geometrie jede der konzentrischen Schichten schafft und in logischer Folge aufbaut. Der Ausgangspunkt ist das Zentrum irgendeiner der 32 äußersten Lichtöffnungen. Indem man es mit einem anderen verbindet, das acht Fenster weiter liegt und diesen Prozeß fortsetzt, wird eine endlose Reihe gebildet, die all diese äußeren Fenster einschließt. Gleichzeitig entsteht mit dieser Reihe eine Reihe von Tangenten zu einem Kreis, der die Zentren der nächsten Schicht von 32 Medaillons enthält. Ein ähnlicher Vorgang wiederholt sich in dieser neuen Schicht aber diesmal, indem jedes elfte Fenster verbunden wird, wodurch zwei sich durchdringende 16zackige Sterne entstehen. Diese hinwiederum bestimmen die Zentren jedes der 16 zentralen Fenster, die die Propheten enthalten. Von diesen Zentren können vier sich durchdringende Quadrate gezogen werden, die wiederum tangential den schweren rotgoldenen Heiligenschein um die Jungfrau und das Kind im Zentrum erzeugen. Schließlich schafft ein 16strahliger Stern von diesem Kreis aus die Öffnung für die zentrale Rosette und die Größe der acht Öffnungen, die die Grenze dieser zentralen Rosette bilden.

So verbindet die Geometrie jeden Teil mit dem anderen und das Ganze mit dem Mittelpunkt. Das Fenster zeigt mehrere fein ausgedachte Beziehungen, die der Leser selbst mit einem Lineal nachprüfen kann: ein unterschiedliches Schema kann z. B. dadurch geschaffen werden, daß jedes siebte der äußeren Fenster – oder jedes zehnte Fenster in der Mittelschicht verbunden wird.

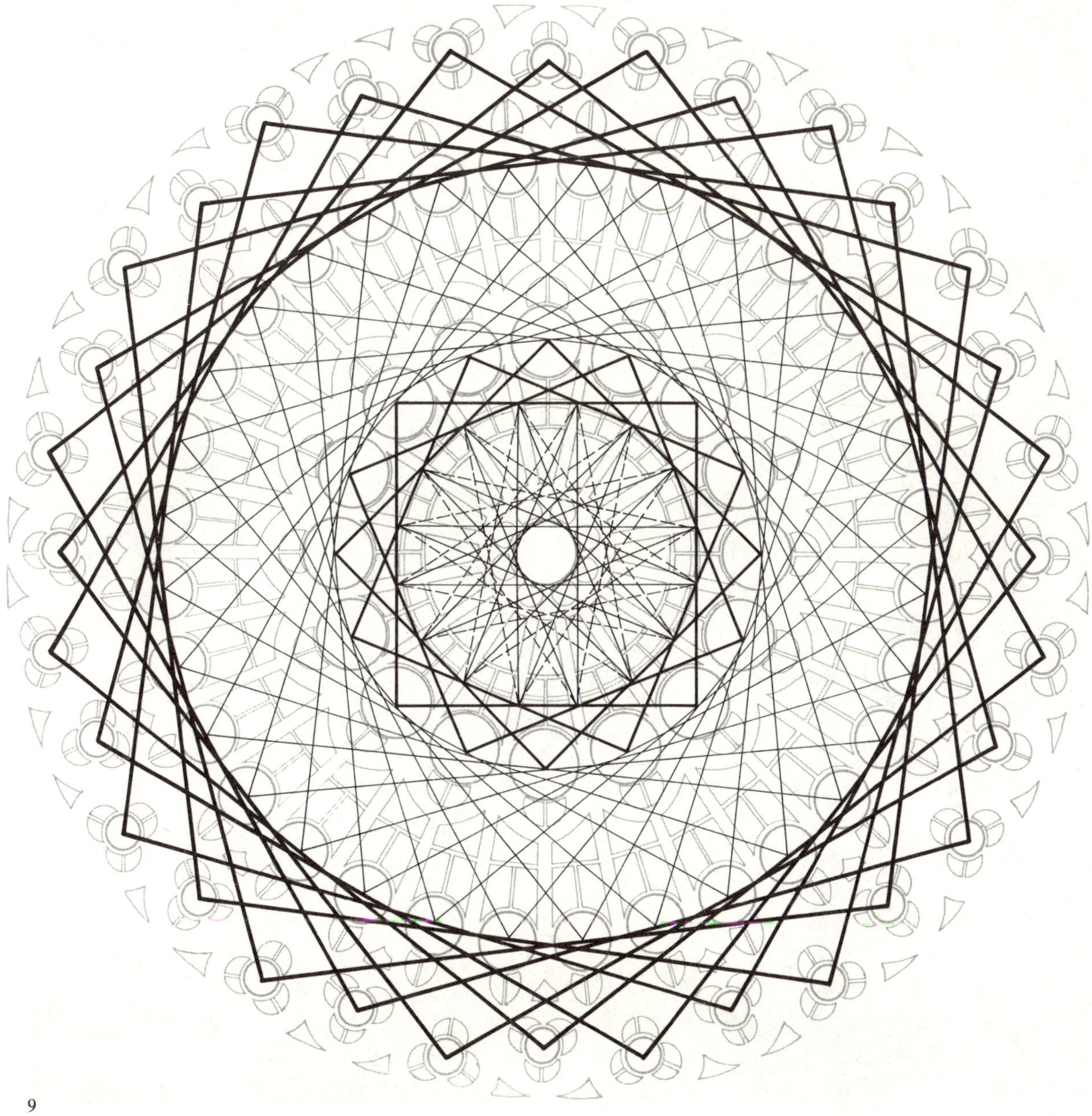

9

Schöpfung

LAUSANNE (Abb. 38, 39, 68, 69)

„Das Glas in den Fenstern, durch das die Lichtstrahlen dringen, ist der Geist der Gelehrten, welche himmlische Dinge dunkel wie in einem Spiegel sehen" (Honorius von Autun). Diese mittelalterliche imago mundi, oder das Schema der Schöpfung und des Geschaffenen, das in der Rose von Lausanne gezeigt wird, entstand etwa 1225–35. Seine Bilderwelt stellt den Höhepunkt der kosmischen Spekulationen dar, die auf die Griechen und Römer zurückgehen. Seine Inspirationsquellen können zurückgeführt werden auf Plinius, Aristoteles, Solinus, Isidor von Sevilla, Beda Venerabilis und vielleicht sogar auf die Legende des Priesters Johannes. Ihre unmittelbare Quelle ist möglicherweise Honorius von Autun, der mittelalterliche Enzyklopädist, und seine Auffassungen und Konstruktionen stehen klar im Zusammenhang mit der Schule und Kathedrale von Chartres. Der Stil der Glasarbeiten ist jedoch der Stil der Picardie.

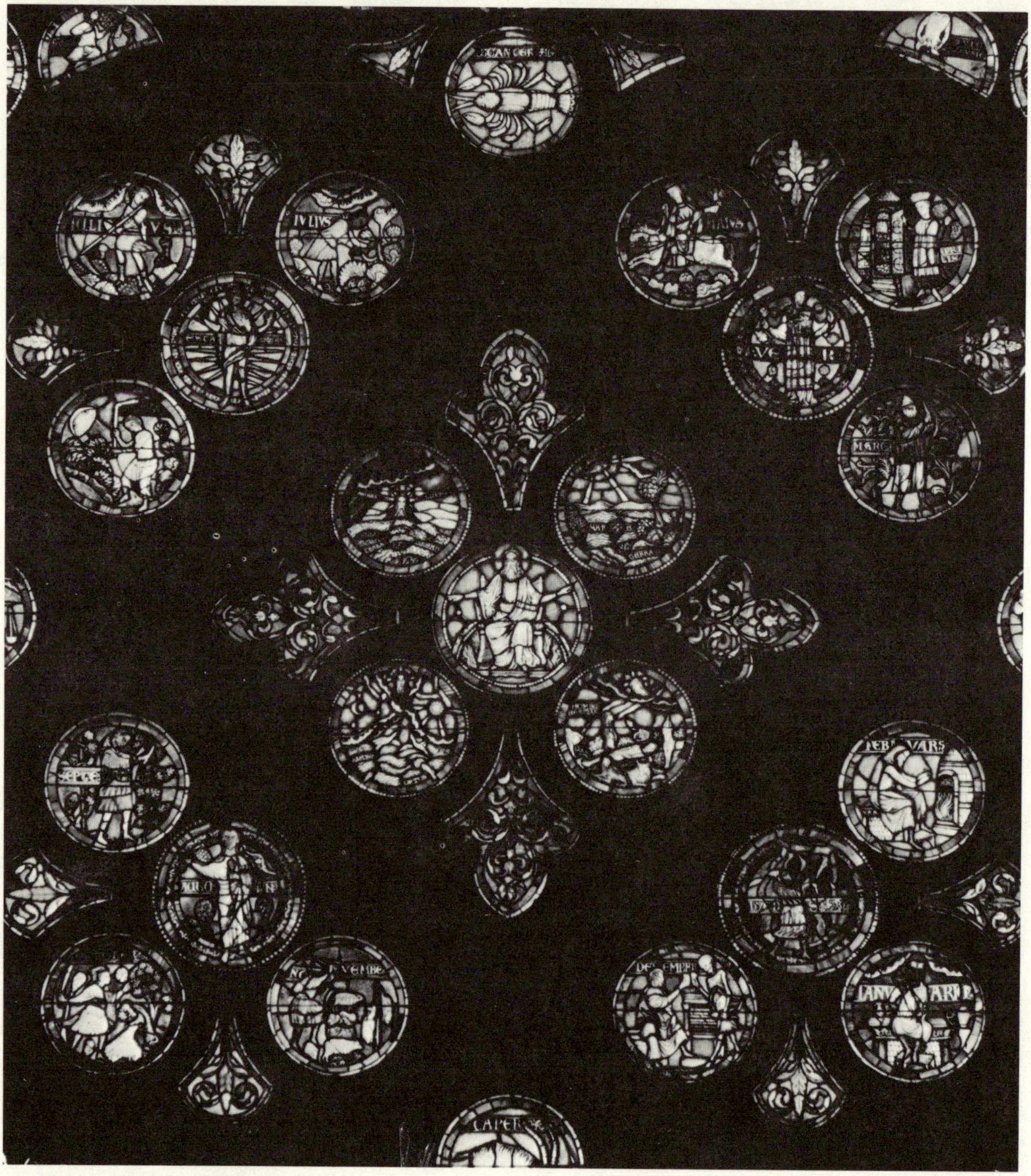

Die heutige Rose enthält 105 Teile, wovon 61 figürliche Darstellungen tragen; von diesen sind 17 ersetzt worden, als Edouard Hosch 1894–99 die in Verfall geratene Rose restaurierte. Es gibt verschiedene Meinungen über die Art der originalen Ikonographie: einige Beobachter vermuteten, daß Gott im Zentrum war, umgeben von den vier Evangelisten, statt der Schöpfung. Aber das wahrscheinlichere Schema ist das von Ellen Beer, die das Jahr im Zentrum annimmt (1), umgeben von Licht und Dunkelheit, Sonne und Mond (2–5). Das würde dann bedeuten, daß Geomantik und Hydromantik (Wahrsagung durch Erde und Wasser) die Plätze in dem Schema hätten (38, 39), die logischer und folgerichtiger wären. Es würde auch bedeuten, daß zeitliche und irdische Dinge auch innerhalb dieses Quadrats gezeigt und die himmlischen in einem Kreis oder einem Teil eines Kreises (siehe auch S. 84) dargestellt würden.

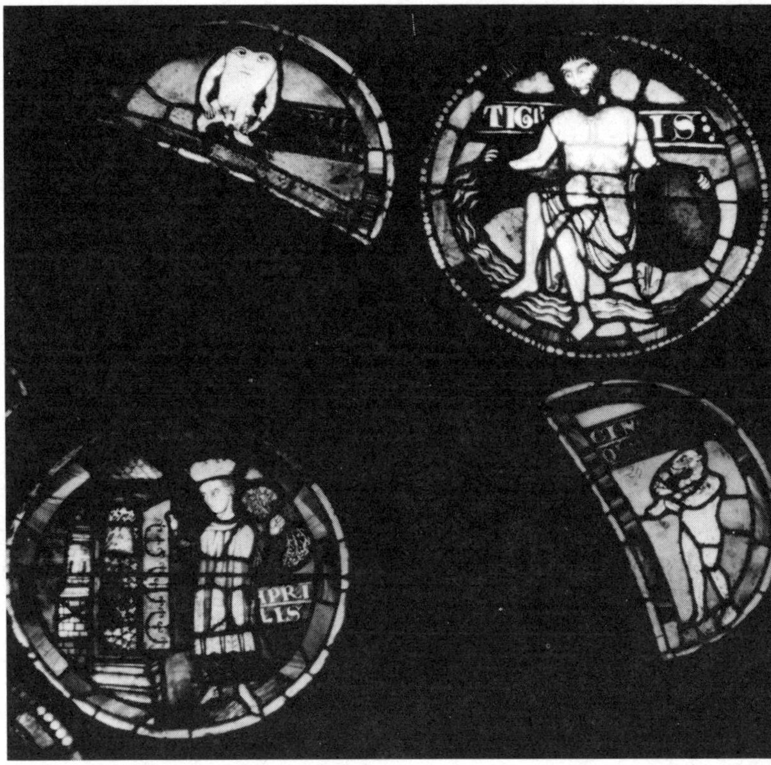

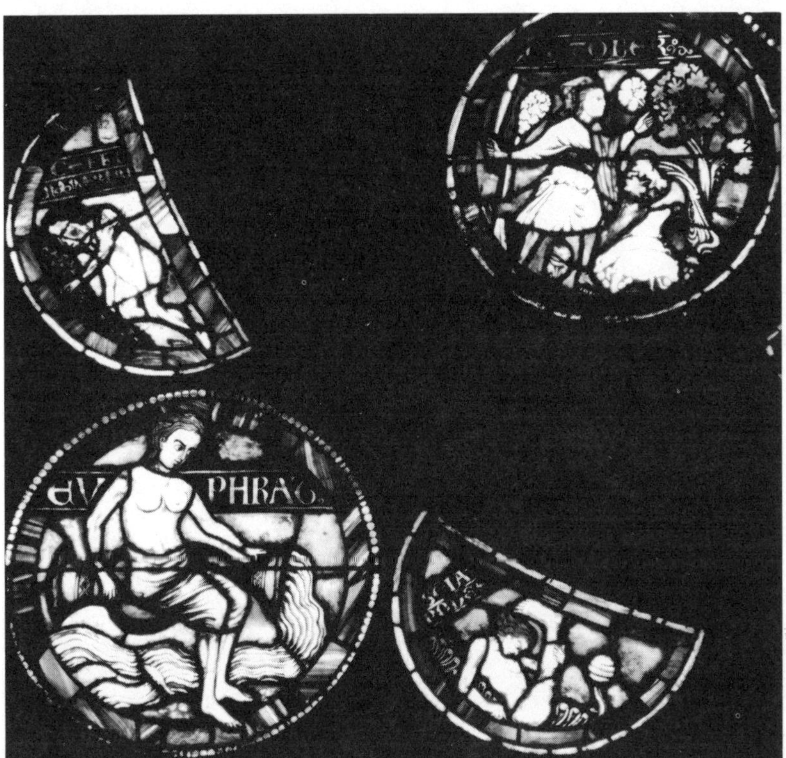

Mittelteil der Rose von Lausanne mit Darstellungen der Schöpfung, der Jahreszeiten und der Monate

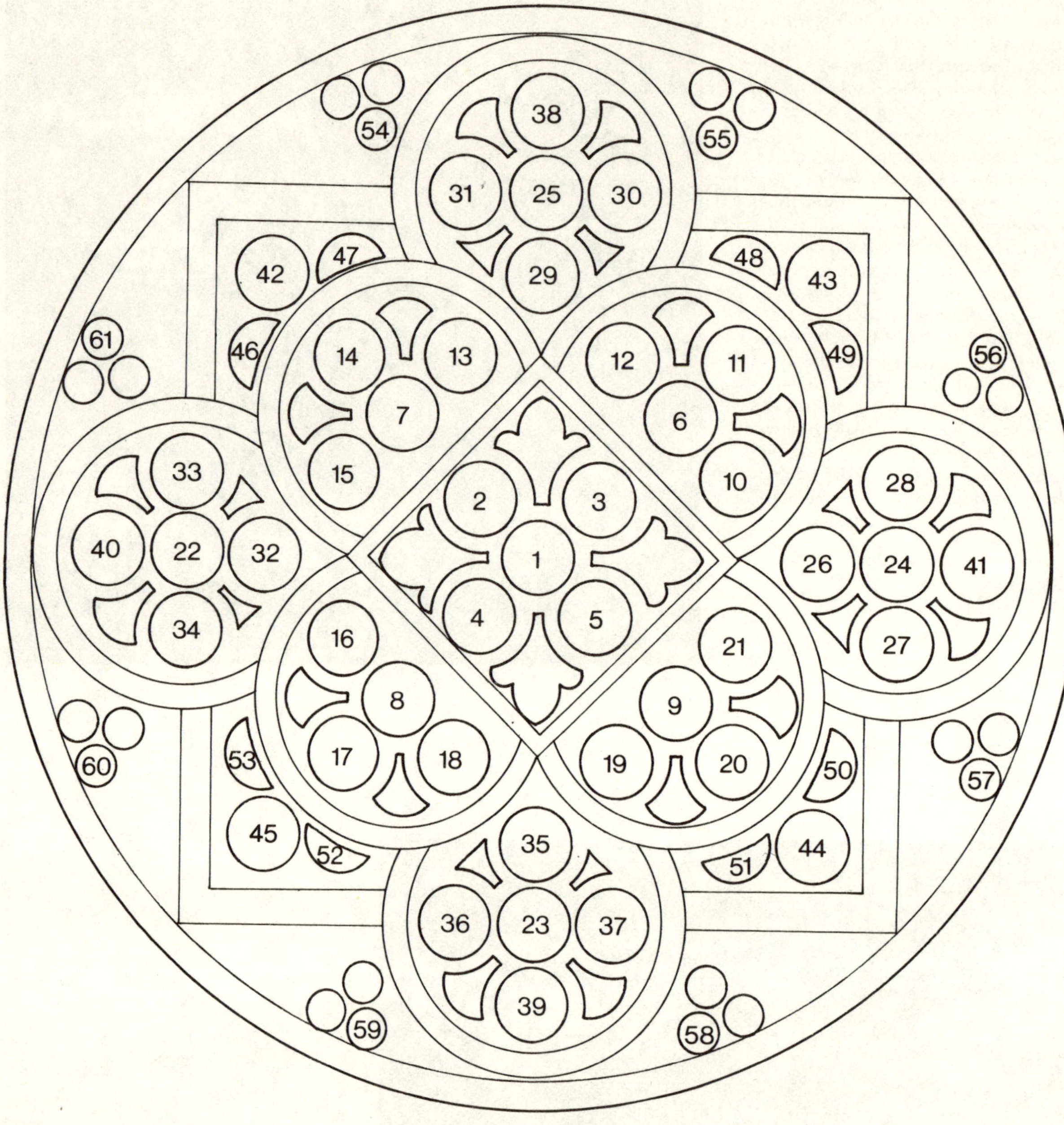
38
54
55
31
25
30
47
48
42
29
43
61
14
13
12
11
49
46
56
7
6
33
15
2
3
10
28
40
22
32
1
26
24
41
4
5
34
16
21
27
8
9
60
17
18
19
20
57
53
50
45
35
44
52
51
36
23
37
39
59
58

Hier ist die gegenwärtige Einteilung der Rose von Lausanne. Mit Sternchen versehene Fensterscheiben sind Ersatzteile des 19. Jahrhunderts.

1 Gottvater*

Die Schöpfung: im Mittelquadrat

2 Licht und Dunkelheit*
3 Land und Meer*
4 Fische und Vögel*
5 Tiere und Menschen*

Die Zeit: in den 4 Halbkreisen

6 Frühling, ein Mann von Blumen und Blättern umgeben, der eine Blume hält
7 Sommer, Rote Strahlen, die den blauen Himmel erwärmen
8 Herbst, inmitten roter und weißer Trauben
9 Winter, in Weiß gekleidet und mit einer Kappe versehen, bringt einen Hagelsturm
10 März, der einen turbanartigen Baumwollhut trägt und Weinstöcke ausschneidet
11 April, der einen runden Hut und Blumen in den Händen trägt, öffnet die Tür zu seinem Garten
12 Mai, auf einem weißen Pferd, trägt seinen Falken zur Jagd
13 Juni, unordentlich buchstabiert „iulius", schneidet Heu
14 Juli, bringt mit einer Sichel die Ernte ein
15 August, bis zur Taille entblößt, drischt die Ernte unter brütender Sonne
16 September, erntet die Trauben
17 Oktober, pflegt Schweine, die Eicheln fressen (und nach Trüffeln jagen?)
18 November, der Monat des Viehs und des Schweineschlachtens
19 Dezember, der sein Glas auf den Tod erhebt, symbolisiert das Jahr, das vorübergegangen ist
20 Januar, eine doppelköpfige Janusfigur, deren eine Hälfte dem kommenden freigebigen Jahr einen Kelch entgegenhält, während die andere auf das vergangene Jahr blickt
21 Februar, der seine Hände wärmt

Die Elemente und der Zodiakus zeitlich und überzeitlich

22 Erde, eine Frau, umgeben mit Kornähren
23 Wasser, das einen Fisch säugt
24 Luft, die dasselbe mit einem Drachen tut
25 Feuer, das einen Salamander füttert
26–37 Die Zeichen des Zodiakus im üblichen mittelalterlichen Stil dargestellt; 27, 29, 34 und 36 sind Ersatzstücke
38 Die Sonne, die mit einem feurigen Strahlenkranz über den Himmel gezogen wird
39 Der Mond, der ebenso, aber von zwei Pferden gezogen wird
40 Aeromantia, umgeben von sieben Tauben, durch welche sie die Zukunft weissagt
41 Pyromantia, die Zukunft aus den Flammen des Feuers voraussagend

Das Paradies und das Land des Mythos

Die vier Paradiesesflüsse dargestellt als bärtige Männer, die ihre Wasser über die vier Enden der Erde ausgießen:

42 der Nil
43 der Tigris
44 der Ganges
45 der Euphrat
46 Äthiopier, mit vier Augen, um der Genauigkeit ihrer Bogenkunst nachzuhelfen
47 Gangaridae, Bewohner des Ganges, die vermutlich vom süßen Duft einer Frucht lebten – und in der Gegenwart eines faulen Geruchs starben
48 Acephali, Kreaturen ohne Köpfe und mit Augen auf ihrem Körper
49 Cynocephali, hundsköpfige Männer, von denen man annahm, daß sie in Indien lebten
50 Pygmäen, von denen man ebenfalls glaubte, daß sie in Indien lebten, hier mit einem Kranich kämpfend
51 Ein Satyr, eine kleine Kreatur mit Hakennase, mit Hörnern und ziegenähnlichen Füßen
52 Sciapodes, Geschöpfe, die in der Wüste lebten und nur einen Fuß hatten, den sie als Sonnenschirm nutzten*
53 Caphi, eine schwer feststellbare Kreatur, ermittelbar nur durch ihre menschenähnlichen Fußspuren

Die acht Winde des Kosmos

54 Auster, der Südwind
55 Euroauster, der Süd-süd-ost-Wind
56 Subsolanus, der östliche Wind der Levante
57 Vulturnus, der Südostwind
58 Septentrion, der Nordwind
59 Der Nordwest Sommerwind
60 Zephir, der Westwind
61 Austerozephir, der Südwestwind.

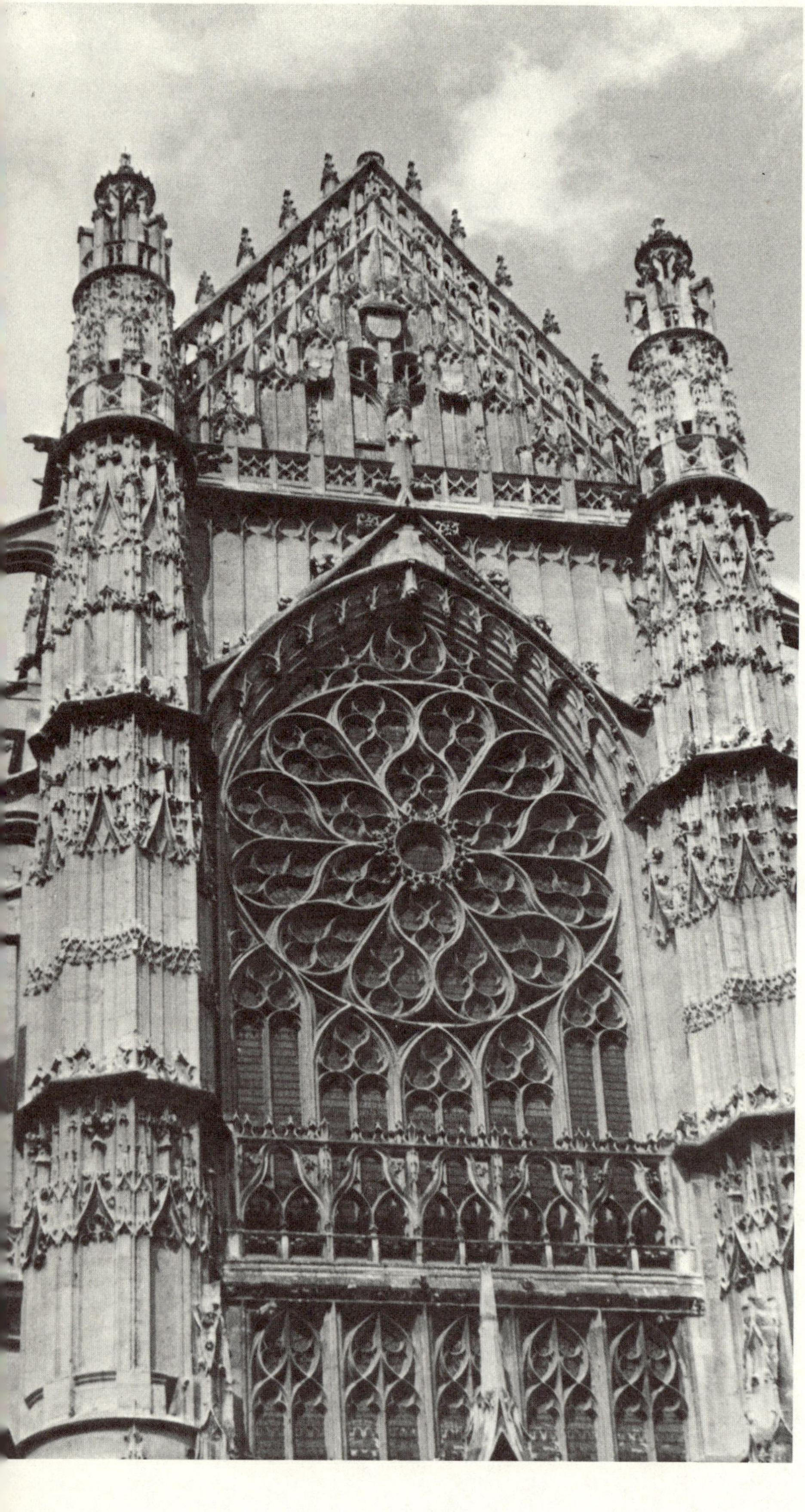

BEAUVAIS SÜD (Abb. 77)

Eine viel spätere, mehr traditionsgebundene Darstellung der Schöpfung wurde für diese Kathedrale gewählt. Sie steckt trotzdem voller Feinheiten und verborgener Bedeutung und nutzt voll die Möglichkeiten, die sich durch die konzentrische Struktur dieser Flamboyantrose anbieten. Die Rose stellt die Schöpfung entsprechend der Genesis in den innersten sechs Blütenblättern dar und dann eine Folge von Geschichten, die mit der Versuchung im Garten Eden beginnen und weiterführen bis zum Beginn des Exodus, wo die wandernden Israeliten Manna vom Himmel empfangen. Hier ist eine kurze Beschreibung:

1 im Zentrum Gottvater, dargestellt als ein alter Mann mit einem langen weißen Bart, weißem Heiligenschein und gelbem Nimbus
2 Die Sonne, Mond und Sterne im klassischen Stil des 15. und 16. Jh., Sonne und Mond mit Gesichtern und die Sterne fünfstrahlig
3 Die Erschaffung der Vögel
4 Die Erschaffung von Bäumen und Pflanzen, dargestellt als ursprünglicher Wald
5 Die Erschaffung der Tiere; Schaf, Ochse und ein Wild können identifiziert werden
6 Die Erschaffung der Fische; ein Aal und eine Meeräsche treffen auf die anderen, zum Zentrum schwimmenden Fische
7 Die vier Winde des Himmels
8, 19 Das himmlische Paradies: im Engelreich, zwei rote und grüne, elegante junge Männer (Seraphim), die nahe den Sternen gesehen werden können
9 Das irdische Paradies; Adam, der sich unter einem Baum entspannt, während ihm Eva, beobachtet von der Schlange, die verbotene Frucht anbietet
10 Adam und Eva, die von einem Engel mit einem Schwert aus dem Paradies vertrieben werden

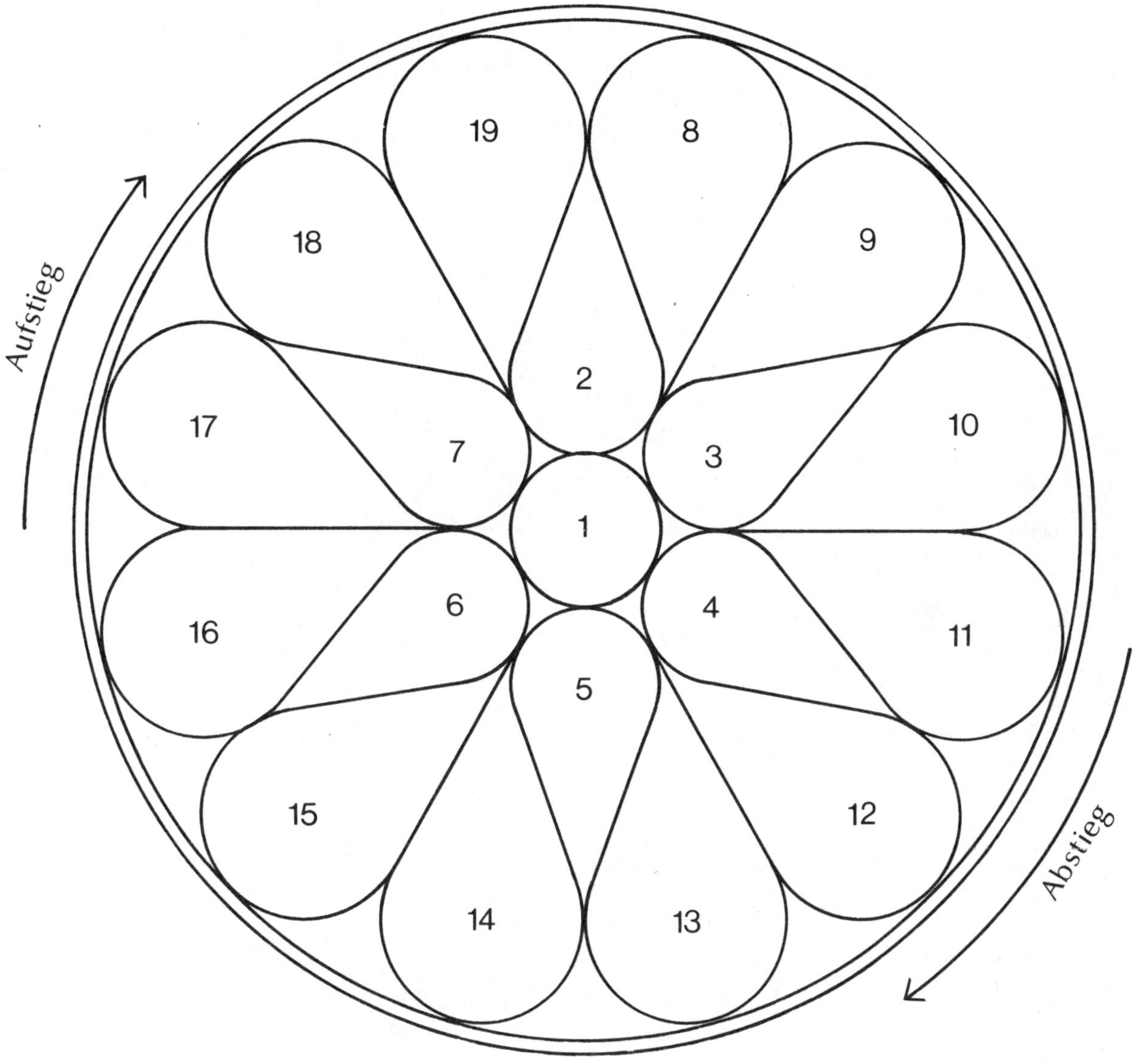

11 Adam bebaut den Boden, während Eva spinnt
12 Die Sintflut mit einer Taube, die drei Kornähren zur Arche bringt
13 Der Turm zu Babel
14 Abraham im Begriff, Isaak zu opfern; ein Engel greift ein
15 Die Segnung des Isaak; Rebecca, die im Hintergrund wartet
16 Joseph, der von seinem ältesten Bruder Ruben in die Grube geworfen wird
17 Der brennende Busch; Moses erfährt, daß er die Israeliten in das Land Kanaan führen soll
18 Manna, in Flocken, weiß wie Schnee und groß wie Untertassen, fällt vom Himmel zu den Israeliten in die Wüste
19 Siehe 8.

Das Fenster erzählt die Schöpfung, aber es symbolisiert dabei des Menschen enge Verbindung mit der Natur. Die rechte Seite der Rose stellt den Abstieg der Menschheit vom Reich der Engel und vom geistigen Reich dar, vom Paradies durch Gehorsamsverweigerung bis auf seinen tiefsten Punkt in der Geschichte, wo alles zerstört wird bis auf den frommen Noah und seine Söhne. Der Versuch, den Turm zu Babel zu bauen, symbolisiert die Vergeblichkeit, den Himmel ohne Glauben zu erreichen. Die Umkehr wird jedoch eingeleitet durch Abrahams Glaubensakt; später bewegt sich seine Nachkommenschaft aufwärts in der linken Seite der Rose durch Prüfungen und Drangsal, bis Manna vom Himmel fällt in die Wüste, um so daran zu erinnern, unter welchen Bedingungen der Mensch einst Nahrung im Paradies erhielt.

Durch das ganze Fenster ist das Motiv der Natur – der ständigen Schöpfung – gegenwärtig: die Engel über dem Firmament steigen zum Paradies herab und senden Manna in die Wüste; die Vögel in Feld 3 schauen auf das Paradies und scheinen von den Bäumen unter ihnen aufzufliegen; der Jagdhund scheint auf den Augenblick zu warten, wann er in den Wald springen kann.

Von den Glasarbeiten wird angenommen, daß sie entweder von Nicholas le Prince oder Nicolas le Pot stammen; Fassade und Steinarbeiten wurden von Martin Chambiges und Michael Layle um 1500 entworfen.

Rosen für die Himmelskönigin

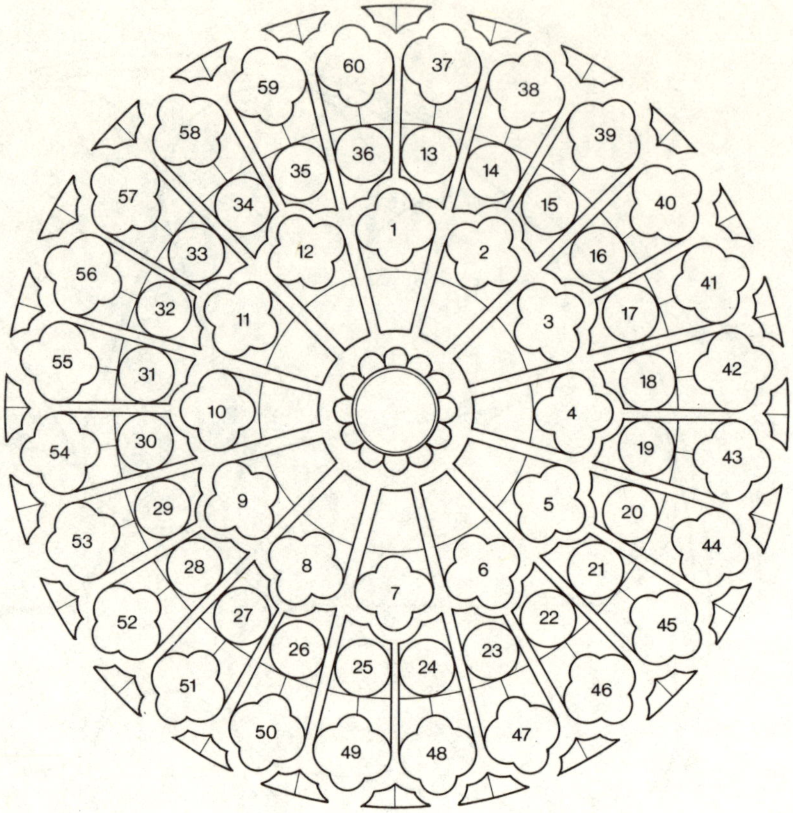

PARIS WEST (Abb. 9)

Die Westrose in Paris ist Unserer Lieben Frau gewidmet, obwohl es nicht sicher ist, daß das ursprünglich so war. Sie ist zahlreichen Restaurierungen unterzogen worden, vor allem im 16. und 19. Jh., als einige der Scheiben vollständig erneuert wurden. Die mit Sternchen* markierten sind Restaurierungen des 16. Jh., die mit zwei Sternchen** markierten sind Restaurierungen des 19. Jh., und die mit (n) markierten sind modern.

Die obere Hälfte des äußeren Kreises enthält die Tugenden; die entsprechenden Laster sind im nächstinneren Kreis; in der unteren Hälfte des äußeren Kreises sind die Monate, die zu den Zeichen des Zodiakus gehören. Der innerste Kreis enthält zwölf Propheten. Im Zentrum ist die Jungfrau.

1 Prophet (n)
2 Prophet (n)
3 Prophet (n)
4 Prophet (n)
5 Prophet**
6 Prophet*
7 Prophet (n)
8 Prophet*
9 Prophet (n)
10 Prophet*
11 Prophet (n)
12 Prophet (n)
13 Zorn**
14 Verzweiflung**
15 Undankbarkeit**
16 Zwietracht**
17 Auflehnung**
18 Feigheit
19 Steinbock*
20 Schütze**
21 Skorpion**
22 Waage**
23 Jungfrau
24 Löwe**
25 Krebs
26 Zwillinge**
27 Stier*
28 Widder**
29 Fisch**
30 Wassermann
31 Stolz*
32 Verrücktheit (n)
33 Begierde**
34 Geiz
35 Unbeständigkeit (n)
36 Abgötterei**
37 Geduld**
38 Hoffnung (n)
39 Güte
40 Friede**
41 Gehorsam**
42 Stärke
43 Dezember (n)
44 November**
45 Oktober
46 September (n)
47 August*
48 Juli(n)
49 Juni*
50 Mai (n)
51 April (n)
52 März**
53 Februar (n)
54 Januar**
55 Bescheidenheit**
56 Klugheit**
57 Keuschheit**
58 Nächstenliebe
59 Ausdauer
60 Glaube (n)

PARIS NORD (Abb. 11, 40)

Gebaut auf der Geometrie der Nummer 16, ist diese Rose das höchste an reiner Zierlichkeit, ein Meisterwerk aus Glas und steinernem Maßwerk, das hier auf ein absolutes Minimum reduziert ist. Die zugrundeliegende Geometrie ist so eindrucksvoll wie die Rose selbst (siehe S. 127) und zeigt viele fundamentale und geheime Beziehungen.

Die Rose stellt das Alte Testament mit Propheten (P) im innersten Kreis dar, Königen (K) und Richtern (R) im nächsten und Königen und Hohepriestern (Hp) im äußersten. Sie alle umgeben die Jungfrau Maria, die, mit dem Jesuskind auf ihren Knien, den Höhepunkt der Geschichte vor der Ankunft Christi darstellt.

Die 16 vorrangigen und die 32 untergeordneten Einteilungen der Rose sind weiter unterteilt durch Eisenstreben und ergeben fast 700 Felder, die aus schätzungsweise 50.000 Glasstükken gemacht sind. Die mit Sternchen (*) gekennzeichneten Personen in der folgenden Liste haben einige Restaurierungen durchlaufen.

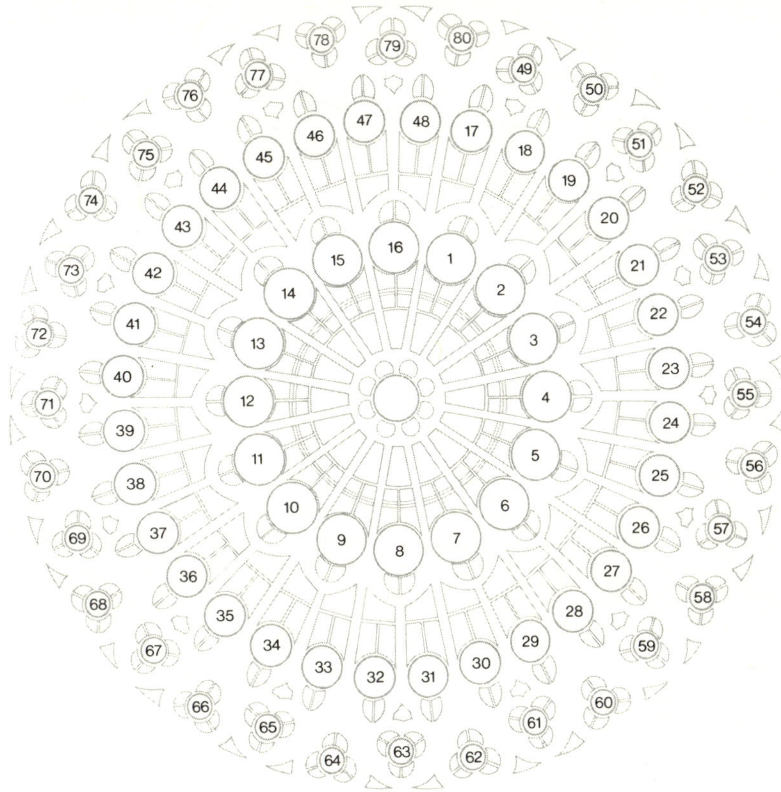

1 Micha (P)
2 Jona (P)*
3 Malachias (P)*
4 Daniel (P)*
5 Zacharias (P)
6 Ezechiel (P)
7 Pharaos Traum*
8 Zefanja (P)*
9 Elia (P)*
10 Habakuk (P)
11 Jeremia (P)
12 Nahum (P)
13 Elia (P)*
14 Afgäus (P)*
15 Isaias (P)
16 Hosea (P)
17 Salomo (K)*
18 Jair (R)*
19 Otniël (R)*
20 Joachaz (K)
21 Hiskija (K)*
22 Samuel (R)
23 Ely (R)*
24 Elon (R)
25 Jeroboam (K)*
26 Asahel (K)
27 Jotam (K)
28 Achasja (K)
29 David (K)*
30 Mose (R)
31 Abraham*
32 Ahihud (R)
33 Nadab (K) moderne Scheibe
34 Amon (R)*
35 Aod (R) moderne Scheibe
36 König*
37 Achaz (K)
38 Josua (R)*
39 Amazja (K)*
40 Abimelech (R)
41 Jiphtach (R)
42 Abdon (R)
43 Joschafat (K)
44 Joas (K)*
45 Richter
46 Saul (K)
47 Usija (K)
48 Deborah (P)*
49 Achias (Hp)
50 Zadok (Hp)*
51 Eliachim (Hp)*
52 Asarja (Hp)
53 Manasses (K)
54 Achitob (Hp)*
55 Meraioth (Hp)
56 Joachaz (K)
57 Scraja (Hp)*
58 Aaron (Hp)
59 Zidkija (K)*
60 Eli (Hp)
61 Amarias (Hp)
62 Achito (Hp)
63 Zadok (Hp)
64 Jehojada (Hp)
65 Abiathar (Hp)
66 Azarias (Hp)
67 Asarja (Hp)
68 Jonatan (Hp)*
69 Jeddoa (Hp)*
70 Bocci (Hp)*
71 Achab (K)
72 Achimelech (Hp)*
73 Jechonia (Hp)
74 Phineas (Hp)
75 Sellum (Hp)
76 Ozi (Hp)
77 Eliacim (Hp)
78 Zaharias (Hp)
79 Helcias (Hp)*
80 Josias (K)*

Auf den außerhalb der Rose links unten befindlichen Feldern ist der Tod des Antichrist dargestellt. Auf den Feldern rechts unten enthauptet der Antichrist Elias und Henoch.

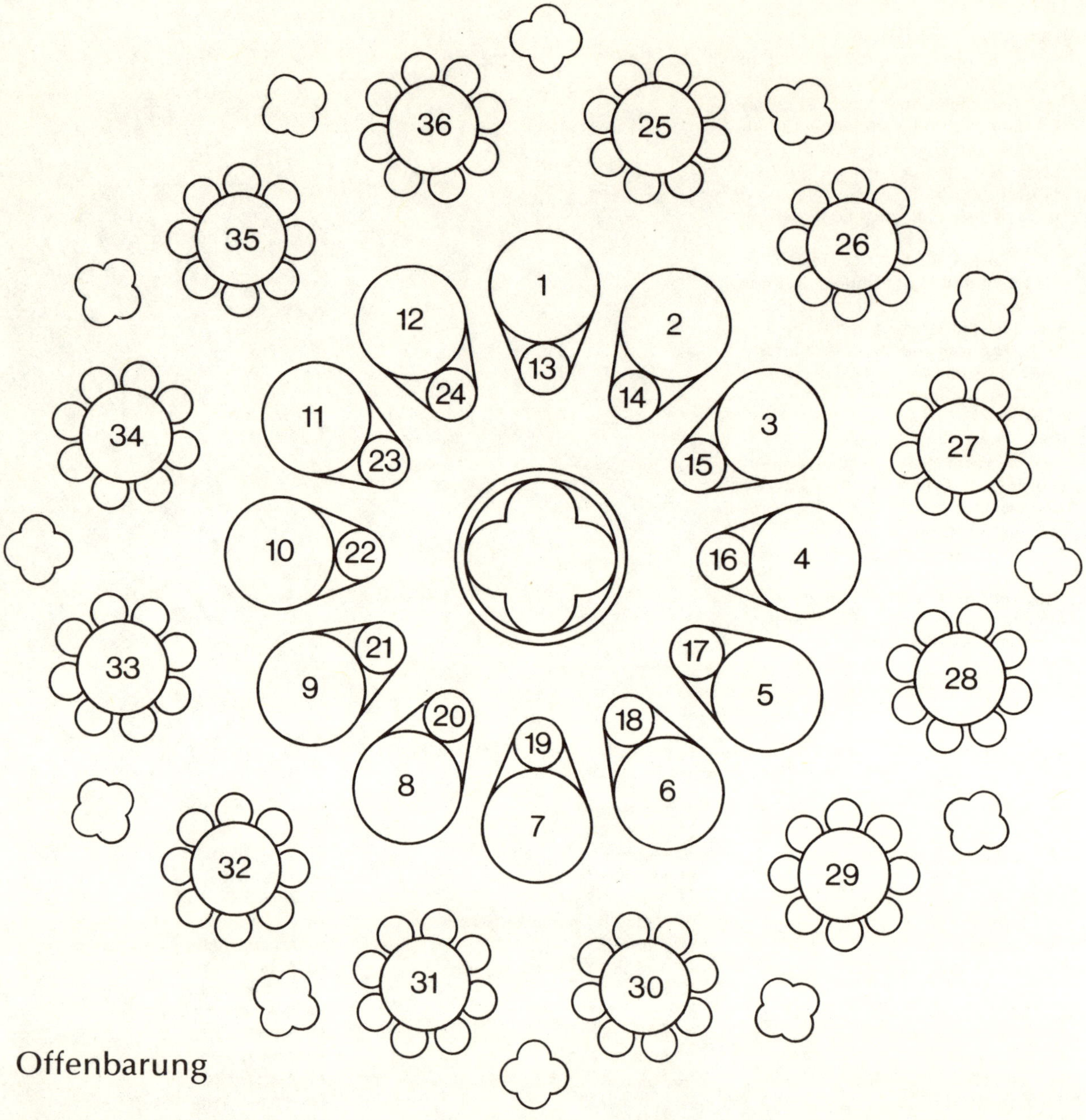

Offenbarung

CHARTRES WEST (Abb. 27, 29)

Die Westrose von Chartres, möglicherweise die größte Rose und das am besten bekannte Rosenfenster von allen, enthält die Darstellung des Jüngsten Gerichtes. Das Ende der Welt, so war es von Hildegard von Bingen vorausgesagt, sollte sich 1200 ereignen. Obgleich es sich nicht ereignete, blieb die Idee in der mittelalterlichen Ikonographie vorherrschend und erscheint in einer ganzen Anzahl von Westrosenfenstern.

Hier in Chartres stellt die Rose von 1216 Christus im Zentrum dar, der die Wunden der Kreuzigung zeigt. Er ist umgeben von zwölf kleinen Fenstern, die acht Engel und Seraphim enthalten und die vier Symbole der Evangelisten: den Löwen des Markus (22), den Stier des Lukas (16), den Adler des Johannes (13) und den Engel des Matthäus (19). Über und unter Christus in den äußeren Fenstern werden vom hl. Michael (7) die Seelen geschieden; die guten steigen zu Abrahams Schoß auf (1), während die schlechten von Teufeln weggeführt werden (6 und 30) zu einem anderen Teufel, der sich ins Fäustchen lacht über drei Seelen, die in den Flammen des Höllenmauls rösten.

Die zwölf Apostel sind paarweise in den Fenstern 3, 4, 5, 9, 10, 11, dargestellt; in 10 kann der hl. Petrus identifiziert werden, der einen riesigen grünen Schlüssel hält. Über Christus tragen sechsflügelige Cherubim die Leidenswerkzeuge, das Kreuz (36) und die Lanze (25). Die Toten stehen aus ihren Gräbern auf, wie es vom hl. Johannes in der Offenbarung prophezeit ist, und schauen auf Christus (28,29,32,33). Zur Linken des hl. Michael sind drei Seelen, die von einem Engel weggeführt werden (8), während ein vor Neid grüngesichtiger Teufel auf andere wartet (6). Um die Szene zu vervollständigen, blasen Engel riesige geschwungene Trompeten (26, 27, 34, 35), und zwei Cherubim, mit Augen in ihren Flügeln und im Besitz alles Wissens, blicken hernieder (36, 25).

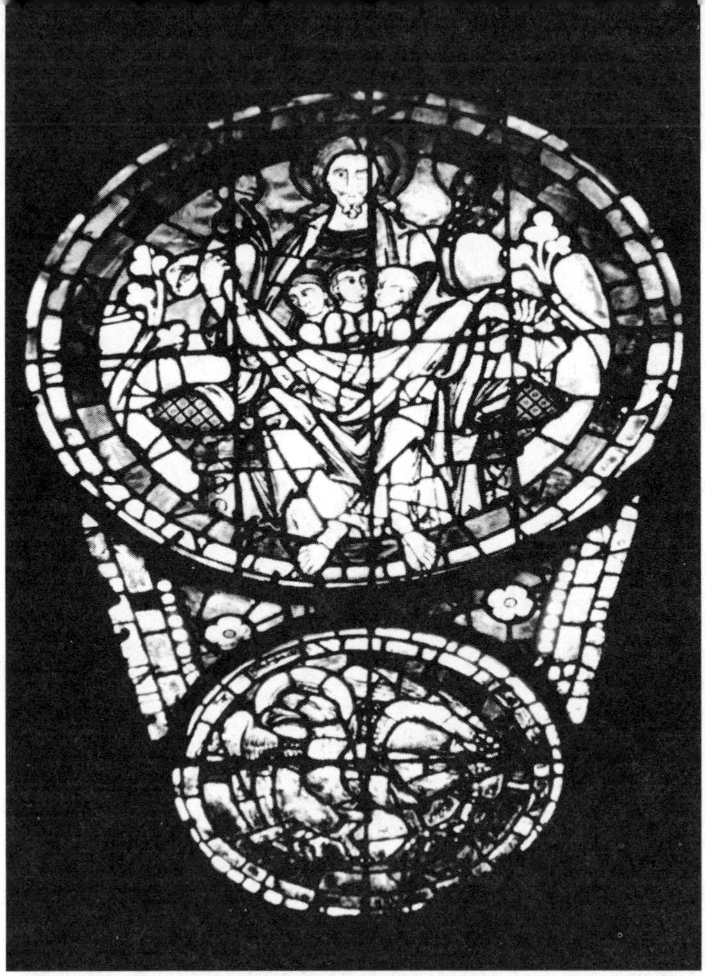

Abrahams Schoß und der „Höllenmund", der, von unten nach oben blickend, ein wirklich teuflisches Gesicht enthüllt. Beide aus dem Jüngsten Gericht der Westrose in Chartres

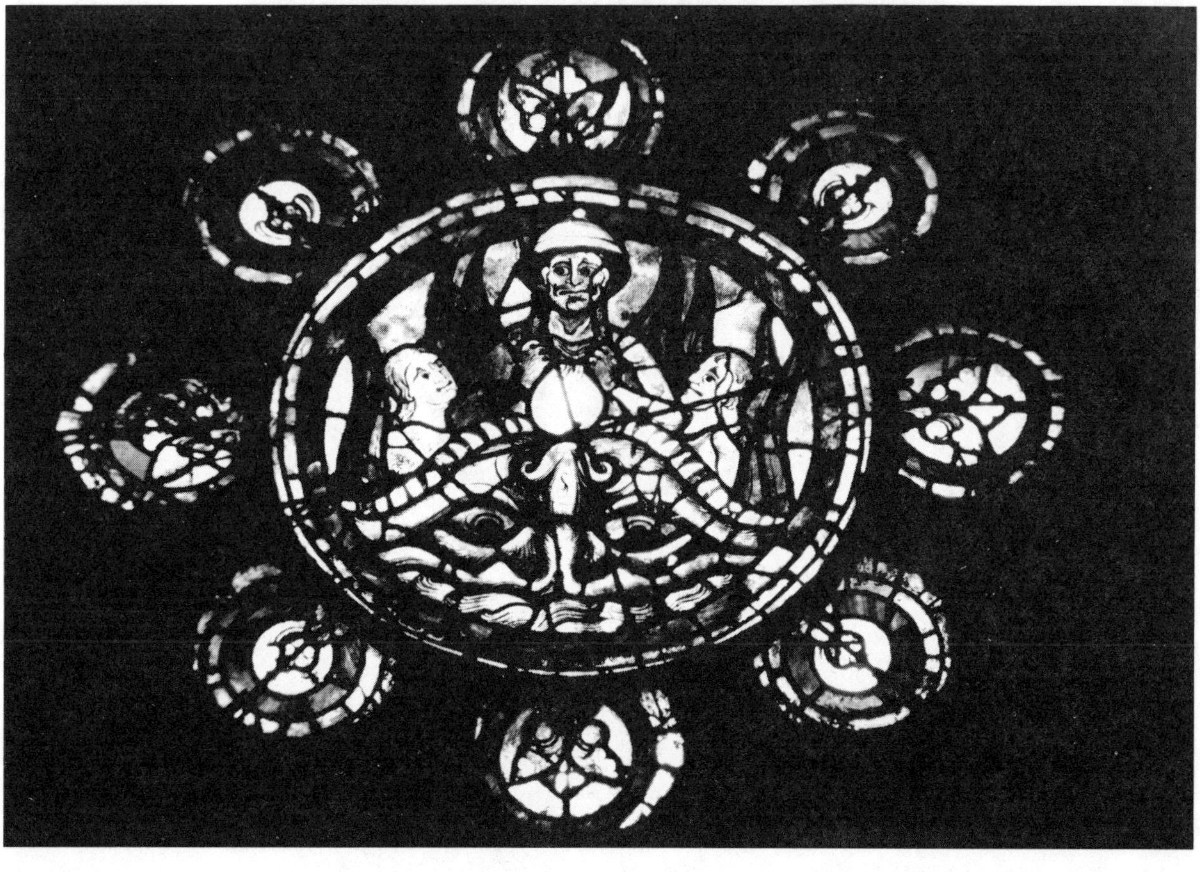

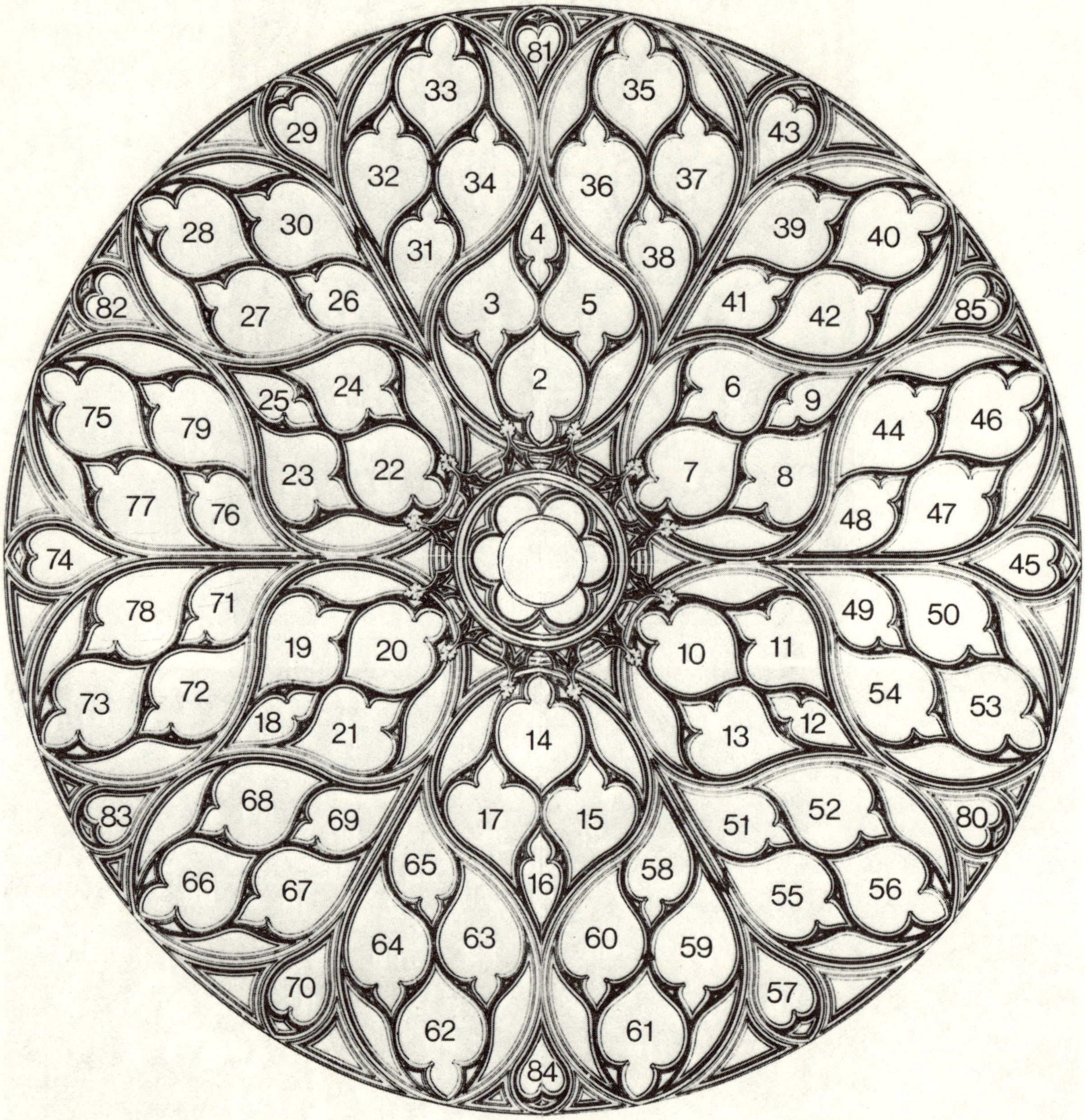
81
33
35
29
43
32
34
36
37
28
30
39
40
4
31
38
82
27
26
3
5
41
42
85
24
2
6
9
25
75
79
44
46
23
22
7
8
77
76
48
47
74
45
78
71
49
50
19
20
10
11
73
72
54
53
18
21
14
13
12
83
68
69
17
15
51
52
80
65
58
66
67
16
55
56
64
63
60
59
70
57
62
61
84

DIE SAINTE-CHAPELLE (Abb. 53, 54)

Das Rosenfenster aus den 15. Jh. der Sainte-Chapelle in Paris ist eines der bemerkenswertesten Fenster mit dem Jüngsten Gericht, das je entworfen wurde. Es ist ein Ersatz für ein früheres Fenster aus dem 13. Jh., das mit dem Gebäude selbst entstand; in den Très Riches Heures des Duc de Berry ist die Sainte-Chapelle mit dieser originalen Rose dargestellt.

Von dem ikonographischen Programm des bestehenden Fensters wird angenommen, daß es dasselbe ist wie im ersten Fenster, obwohl der Stil der Bildwerke ins 15. Jh. gehört. Es ist nicht das allgemein übliche Schema des Jüngsten Gerichts wie im Falle der meisten anderen Fenster (z. B. in Chartres), aber es ist eine Illustration der Hauptzüge der Offenbarung des Johannes – von Kapitel vier bis zum Neuen Jerusalem von Kapitel 21.

Von den 85 größeren Scheiben sind neun ausschließlich Restaurierungen des 19. Jh. (markiert mit einem Stern), und weitere neun sind ziemlich weitgehend restauriert (zwei Sterne). Die Numerierung der Scheiben im Diagramm folgt der Ordnung der Beschreibung in der Offenbarung (Textzählung in Klammer). Das Diagramm zeigt das Fenster von der Innenseite der Kapelle aus. – Bei der Wiedergabe der Tafeln 53 und 54 stehen die Aufnahmen leider seitenverkehrt.

1 Im Zentrum thront Christus auf einem Regenbogen, umgeben von sieben goldenen Kerzenleuchtern und den sieben Kirchen Asiens. In seinem Mund ist das scharfe zweischneidige Schwert. Sein Haar ist weiß wie schneeweiße Wolle, seine Augen flammen wie Feuer und sein Gesicht wie die Sonne in voller Kraft. Über seiner rechten Hand sind sieben Sterne (1,11–16)
2 Einige der Vierundzwanzig Ältesten mit Musikinstrumenten (4,4–10)
3 Älteste zusammen mit dem Engel des hl. Matthäus und dem Löwen des hl. Markus (4,7–8)
4 Gott auf seinem Thron mit dem geschlossenen Buch der sieben Siegel (5,1)
5 Weitere Älteste, der Stier des hl. Lukas und der Adler des hl. Johannes (5,5)
6 Das Buch wird dem Lamm überreicht (5,6)
7 Das Lamm mit sieben Hörnern und sieben Augen öffnet das Buch. Beachte die vier Evangelistensymbole (5, 7)
8 Die Ältesten, mit Harfen und wohlriechenden Salbgefäßen, werfen sich auf den Boden (5, 8–10)
9 Singende Engel (5, 8–12)
10 Öffnen des ersten Siegels mit dem Engel des Matthäus (6,1)
11 Ein Mann auf einem weißen Pferd mit einem Bogen und einer Krone (6,2)
12 Das Öffnen des zweiten Siegels mit dem Löwen des hl. Markus (6,3)
13 Ein Mann auf einem anderen Pferd (nicht rot wie im Text) mit einem Schwert, um Frieden von der Erde zu nehmen (6,4)
14 Öffnen des dritten Siegels mit dem Stier des hl. Lukas (6,5)
15 Ein anderer Reiter (sein Pferd nicht schwarz wie im Text) trägt die Waagschalen zur Messung des Weizens und der Spreu (6,5–6)
16 Öffnen des vierten Siegels, mit dem Adler des hl. Johannes (6,7)
17 Das blasse Pferd mit der grotesken Figur des Todes, bewaffnet mit einem Wurfspieß und Schlangen. Es steigt aus dem riesigen grünen Maul der Hölle mit seinen roten Augen. Unter dem Pferd, in dem Maul, kann man das zweigetönte „venezianische" Glas sehen, das die Flammen darstellt (6,8)
18 Öffnung des fünften Siegels (6,9)
19 Die Seelen der Märtyrer unter Christi Altar (6, 9–10)
20 Die Seelen, die gerade von den Engeln in weiße Kleider gehüllt werden (6,11)
21 Öffnung des sechsten Siegels „Der große Tag seines Zornes." Der Untergang durch Erdbeben, die Sonne mit einer schwarzen Sackleinwand über dem Haar und der Mond in Blut verwandelt (6,12–17)
22 Engel, die die Winde vom Land zurückhalten und die Schiffe auf dem Meer (7,1)**
23 Die Menge vor dem Thron Gottes in weißen Kleidern und Palmen tragend (7,9–12)**
24 Das Lamm vor dem Thron, zwischen den vier Lebewesen (7,9–12)
25 Der hl. Johannes und ein Ältester (7,13)
26 Öffnung des siebten Siegels (8,1)
27 Die sieben Engel vor Gott, denen sieben Trompeten gegeben werden (8,2)
28 Ein Engel, der Räucherwerk zum Altar reicht (was die Gebete der Heiligen symbolisiert (8,3)
29 Die Gebete der Heiligen erreichen Gott (8,4)
30 Ein Engel nimmt das Altarfeuer und wirft es zur Erde (8,5)
31 Das Tönen der ersten Trompete, Hagel und Feuer fallen nieder (8,6–7)
32 Die zweite Trompete; ein brennender Berg gleitet ins Meer (8,8–9)
33 Die dritte Trompete; der Stern Wermut fällt auf das Wasser (8,10–11)
34 Die vierte Trompete; Sonne, Mond und Sterne verdunkeln sich, und der Adler und der Engel schreien „wehe, wehe!" (8,10–13)
35 Die fünfte Trompete; der Stern fällt vom Himmel, der Schlüssel zum Abgrund (9,1); eine riesige Heuschreckenplage (9,3–6)
36 Heuschrecken als Pferde auf die Schlacht vorbereitet, mit Köpfen wie Menschen, Haaren wie Frauen und Schwänzen wie Skorpione (9,7–10)
37 Abadon oder Apolloyon, die Engel des Abgrunds (9,11)
38 Die sechste Trompete (9,13)
39 Die vier Engel des Euphrat werden losgelassen (9,14)
40 Einige der 200000 Krieger, die ein Drittel der Menschheit vernichten (9,16–19)
41 Ein Engel auf einem Regenbogen, der dem hl. Johannes ein offenes Buch gibt (10,1–8)
42 Die Köpfe der sieben Donner in einer blauen Wolke und der hl. Johannes, dem verboten wird zu schreiben (10,3–4)
43 Der hl. Johannes, der den Tempel Gottes mit einem Rohr ausmißt (11,1)
44 Die beiden Zeugen werden getötet, wobei eine mit Turban versehene Gestalt zuschaut (11,3–11)
45 Die Auferstehung der Zeugen und ihre Himmelfahrt (in blaue Wolken), wobei die Zuschauer entzückt sind (11,11–12)
46 Die siebte Trompete; die Ältesten werfen sich nieder vor dem Thron (11,15–16)
47 Die Frau, gekleidet wie die Sonne, den Mond unter ihren Füßen und 12 Sterne in ihrem Nimbus (12,1)
48 Der Drachen mit sieben Köpfen und zehn Hörnern, der mit seinem Schwanz ein Drittel der Sterne vom Himmel fegt (12,3–4)
49 „Krieg im Himmel"; der hl. Michael besiegt den Drachen (12,7–8)
50 Der Drache verfolgt die Mutter des Menschensohnes; aber sie hat Flügel, mit denen sie in die Wildnis fliehen kann (12,13–14)
51 Das siebenköpfige Ungeheuer taucht aus dem Meer auf (13,1)
52 Der Drache gibt dem Ungeheuer Macht und Autorität (13,2–3)
53 Anbetung des Drachen (13,4)
54 Das Ungeheuer führt Krieg gegen die Heiligen (13,7)
55 Anbetung des Ungeheuers (13,8)

56 Ein anderes Ungeheuer mit widderähnlichen Hörnern ruft das Feuer vom Himmel herunter (13,11–14)
57 Das Lamm auf dem Berge Sion mit den 144000 Erlösten (14,1–5)*
58 Der Engel kündigt die Stunde des Gerichts an (14,6–7)
59 Zwei Engel; der eine kündigt an, daß Babylon gefallen ist, der andere trägt den Wein des Zornes Gottes (14,8–11)*
60 Die Zeit der Ernte. Der Menschensohn mit einer Sichel auf einer weißen Wolke (man beachte das venezianische Glas in den roten und weißen Spiralen der Säulen zur Rechten) (14,14–16)*
61 Die Traubenlese mit der Sichel (14,17–18)*
62 Der Auserwählte singt das Lied des Mose (15,3)*
63 Eines der vier Ungeheuer gibt den sieben Engeln die Fläschchen des Zornes Gottes (15,5–7)*
64 Die erste Schale wird über die Erde ausgegossen (16,2)*
65 Die zweite Schale wird über das Meer ausgegossen, das sich in Blut verwandelt (16,3)
66 Die dritte Zornesschale wird über den Fluß ausgegossen (16,4)**
67 Die vierte Schale wird über die Sonne ausgegossen, die die Menschheit versengt (16,8)**
68 Die fünfte Schale wird über den Sitz des Ungeheuers ausgegossen; der Inhalt frißt qualvoll seine Zungen (16,10)
69 Der sechste Engel gießt seine Schale über den Euphrat aus (16,12)*
70 Unreine Geister wie Frösche kommen aus dem Maul des Drachen und gehen anschließend zu dem großen Schlachtfeld von Armageddon (16,13–16)*
71 Die siebte Schale mit einer gelben Flüssigkeit wird in die Luft geleert (16,17)
72 Das große Erdbeben und Hagelkörner so schwer wie Münzen (16,18–21)
73 Das siebenköpfige Ungeheuer trägt die Hure von Babylon mit einem goldenen Gefäß in ihrer Hand (17,3–5)**
74 Ein mächtiger Engel, der einen großen Mühlstein ins Meer wirft (18,21)
75 „Treu und Wahr", der König der Könige auf einem weißen Pferd mit zwei anderen Kriegern dahinter (19,11–16)
76 Die Könige der Erde machen Krieg gegen das Ungeheuer (19,19–20)
77 Das siebenköpfige Ungeheuer und das zweigehörnte Ungeheuer werden in den Feuersee geworfen, in dem Schwefel brennt (19,20)
78 Der Engel mit dem Schlüssel für den Abgrund bindet den Drachen Satan für 1000 Jahre (20,1–2)
79 Das Neue Jerusalem, feingolden gefärbt, ein Engel vor jeder Tür, mit allen Arten von Edelsteinen an den Wänden, in der Mitte das Lamm auf dem Thron (21,10–24)

Gott in seiner Majestät ist in dem Dreipaß rechter Hand außerhalb der Rose dargestellt, und gegenüber ist das Ungeheuer mit den sieben Köpfen. Unglücklicherweise sind diese beiden Scheiben zum großen Teil restauriert. Der Rest des Fensters enthält die königlichen Wappen (80, 81, 83) und die Initialen von Karl VIII. (82, 84, 85).

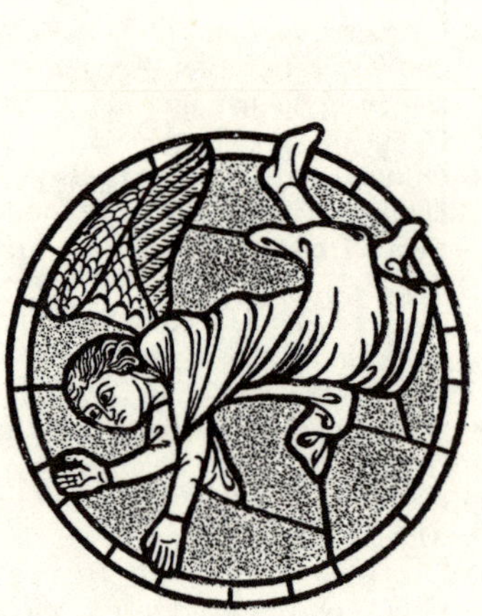

Engel, Lyon Nord

Quellennachweis

[1] Panofsky, E., *Sinn und Deutung in der bildenden Kunst,* Köln 1975, S. 162.
[2] Rodin, A., *Französische Kathedralen,* München 1964, S. 35.
[3] Jung, C. G., *Gesammelte Werke,* Bd. 10, Freiburg 1974, S. 803.
[4] McNamara, W., *Transpersonal Psychology,* London – New York 1975, S. 411.
[5] Adams, H., *Mont Saint-Michel et Chartres,* Paris 1958, S. 100.
[6] Clark, K., *Glorie des Abendlandes,* Hamburg 1977, S. 56.
[7] Macaulay, D., *Sie bauten eine Kathedrale,* München 1977, S. 77.
[8] Poole, R. L., *Illustrations of the History of Medieval Thought and Learning,* Frankfurt 1963, S. 102.
[9] Heer, F., *Mittelalter. Von 1000 bis 1350,* München 1973, S. 112.
[10] Ebd., S. 114.
[11] Haring, N., „Der Schöpfer und die Erschaffung der Welt. Nach Thierry von Chartres und Clarenbaldus von Arras", in *Archives d'histoire doctrinale et littéraire du moyen-âge,* Bd. XXII, Paris 1955, S. 196.
[12] Meulen, J. van der, „A Logos Creator at Chartres and its copy", **in** *Journal of the Warburg and Courtauld Institutes,* Bd. 29, S. 90.
[13] Marcia, M. M., „The Logos as a Basis for a Doctrine of Divine Providence", in *Medieval Studies,* Bd. 10 (1943), S. 75–101; J. M. Parent, *La Doctrine de la Création dans l'école de Chartres,* Toronto 1938.
[14] Meulen, J. van der, a. a. O. (Anm. 12), S. 88.
[15] Rodin, A., a. a. O. (Anm. 2), S. 9.
[16] Adams, H., a. a. O. (Anm. 5), S. 38–39.
[17] Viollet-le-Duc, E., *Dictionnaire raisonné de l'architecture française du XIe au XVe siècle,* 10 Bde, Paris 1854–69.
[18] Rodin, A., a. a. O. (Anm. 5), S. 56.
[19] Mâle, É., *La Cathédrale d'Albi,* Genf 1974, S. 14.
[20] Ebd., S. 24.
[21] Plato, *Timaeus et Critias,* Frankfurt 1963, S. 74.
[22] Wright, J. K., *The Geographical Lore of the Time of the Crusade,* New York 1965, S. 265.
[23] Mâle, É., a. a. O. (Anm. 19), S. 15.
[24] Critchlow, K., „Chartres Maze", in *Architectural Association Quarterly,* Bd. 5, Nr. 2, S. 11–21.
[25] Wilkins, E., *The Rose Garden Games,* London – New York 1969, S. 86.
[26] Mâle, É., a. a. O. (Anm. 19), S. 96.
[27] Jung, C. G., *Briefe,* Freiburg 1975, S. 260.
[28] Whone, H., *Church, Monastery, Cathedral,* London 1977, S. 62.
[29] Neumann, E., *Die große Mutter,* Zürich 1956, S. 2290.
[30] Ruskin, J., *Ausgewählte Werke,* Jena 1903–12, Bd. 11, S. 22.
[31] Eliot, T. S., „The Dry Salvages", in *Four Quartets,* London 1944.
[32] Eliot, T. S., „East Coker", in *Four Quartets,* London 1944.
[33] Cirlot, J. E., *A Dictionary of Symbols,* London – New York 1962.
[34] Eliot, T. S., „Burnt Norton", in *Four Quartets,* London 1944.
[35] Simson, O. von, *Die gotische Kathedrale,* Darmstadt ²1972.
[36] Wilkins, E., a. a. O. (Anm. 25), S. 113.
[37] Adams, H., a. a. O. (Anm. 5), S. 272–73.
[38] Wilkins, E., a. a. O. (Anm. 25), S. 26.
[39] Critchlow, K., a. a. O. (Anm. 24), S. 11–20.
[40] Daniel-Rops, H., *Cathedral and Crusade,* London 1927, S. 607.
[41] Frankl, P., *The Gothic,* Princeton 1960, S. 175.
[42] Jung, E., *Die Graalslegende in psychologischer Sicht,* Stuttgart 1960.
[43] Ebd., S. 122.
[44] Ebd., S. 159.
[45] Ebd., S. 100.
[46] Eschenbach, W. von, *Parzival,* Darmstadt ³1977.
[47] Jung, E., a. a. O. (Anm. 42), S. 163.
[48] Matchett, E./Trevelyan, G., *Twelve Seats at the Round Table,* London 1976.
[49] Frankl, P., a. a. O. (Anm. 41), S. 175.
[50] Jung, E., a. a. O. (Anm. 42), S. 107, mit Bezug auf L. J. Ringbom, *Graalstempel und Paradies,* Stockholm 1951.
[51] Ebd., S. 222.
[52] Ebd., S. 158.
[53] Adams, H., a. a. O. (Anm. 5), S. 234.
[54] Dante, A., *Die Göttliche Komödie (3): Das himmlische Paradies,* Übersetzt von August Vezin, Freiburg 1956.
[55] Rodin, A., a. a. O. (Anm. 2), S. 116.
[56] Dante, A., a. a. O. (Anm. 54), S. 145.
[57] James, J., „Medieval Geometry", in *Architectural Association Quaterly,* Bd. 1, Nr. 2 (1973), S. 4–10.
[58] Ebd., S. 6.
[59] Ebd., S. 9.
[60] Stevens, P. S., *Patterns in Nature,* London – New York 1976, S. 161.
[61] Huntley, H. E., *The Divine Proportion,* New York 1970.
[62] Harvey, J., *The Medieval Architect,* London 1972, S. 220.
[63] Beer, E. J., *Die Rose der Kathedrale von Lausanne,* Bern 1952.

Weitere Literatur

Aubert, Marcel, *Hochgotik,* Baden-Baden 1974.

Aubert, Marcel, *Le Vitrail français,* Paris 1958.

Aubert, Marcel/Grodecki, Louis u. a. (Hsg.) „Notre-Dame de Paris et Sainte Chapelle" in *Corpus vitrearum medii aevi,* Paris 1959.

Clemen, Paul/Hürlimann, Martin, *Gotische Kathedralen in Frankreich,* Freiburg ⁸1976.

Clerval, Jules Alexandre, *Les Écoles de Chartres au moyen âge (du Ve au XVe siècle),* Mémoires de la Société Archéologique d'Eure-et-Loir, Bd 11, (Paris 1895) Frankfurt 1964.

Copleston, Frederick Charles, *Geschichte der Philosophie im Mittelalter,* München 1976.

De Wulf, Maurice, *Philosophy and Civilisation in the Middle Ages,* Princeton 1922.

Florival, Ad. de/Midoux, Étienne, *Les Vitraux de la cathédrale de Laon,* Paris 1882–91.

Frankl, Paul, *Die Glasmalereien der Wilhelmerkirche in Straßburg,* Baden-Baden 1960.

Fulcanelli (Pseud.), *Les Mystères des Cathédrales,* Paris 1970.

Gillet, Louis, *Romanische Glasmalerei,* Stuttgart 1977.

Grodecki, Louis, „Architektur der Gotik" in *Weltgeschichte der Architektur,* Stuttgart 1976.

Jung, Carl Gustav, „Beiträge zur Symbolik des Selbst". Mit einem Beitrag von Marie-Louise von Franz u.a. in *Gesammelte Werke,* Bd. 9/II, Freiburg 1976.

Katzmann, Volker, *Glasmalerei in gotischen Kathedralen,* Tübingen 1978.

Lafond, Jean, *Le Vitrail,* in der Reihe „Je sais, je crois", Paris 1966.

Lee, Lawrence/Seddon, George/Stephens, Francis, *Die Welt der Glasfenster,* Freiburg 1977.

Mann, Aldon Taylor (Tad), *The Round Art,* London 1978.

Pevsner, Nikolaus, *Europäische Architektur.* Von den Anfängen bis zur Gegenwart, München [2]1967.

Sherril, Charles Htchcock, *Stained Glass Tours in France,* London – New York, 1908.

Simson, Otto von, *Die Gotische Kathedrale.* Beiträge zu ihrer Entstehung und Bedeutung, Darmstadt [2]1972.

Swaan, Wim, *Die großen Kathedralen,* Köln 1970.

Westlake, Nathaniel, *A History of Design in Painted Glass,* London 1879.

Worringer, Wilhelm, *Abstraktion und Einfühlung,* München 1959.

Zaehner, Robert Charles, *Mystik – religiös und profan,* Stuttgart 1960.

Stichwortverzeichnis

Geradestehende Ziffern verweisen auf den Textteil (einschließlich Schwarzweißabbildungen), nach Seitenzahlen geordnet, *schräg*stehende Ziffern verweisen auf den Tafelteil und die zugehörigen Legenden, nach Bildnummern geordnet.

Acephali 131
Adams, Henry 12 39 97 99 103
Adelard of Bath 91
Aeromantia 131
Alain de Lille 14
Albrecht von Scharfenburg 100
Alchemie 84 97 100
Alchemistenrose, *siehe* Paris, Nordrose
Amiens 36–40 87 92 *55*
Angers 87 *70*
Aphrodite 15 97
Apokalypse, Vierundzwanzig Älteste 82
Apostel 82 92 96
Aquitanien, Eleonore von 97
Aristarchus 85
Aristoteles 13 85
Arnold von Villanova 97
Artus-Legenden 100
Assisi 33 84 *46 49 50 51*
Astrologie 88 91
Astronomie 83 91
Auckland 38
Augustinus, hl. 14 18 91 122
Aulnay 33 *24*
Auxerre 37 40 94

Barfreston *23*
Baum Jesse 38 90 91
Beaulieu 103
Beauvais, Kathedrale 37 39 40 43 132 *1 77*
– St. Étienne 34 87 *25*
Bernard von Chartres 13
Bernhard de Silvestris 14
Bernhard von Clairvaux, hl. 83 97
Blanche von Kastilien 97
Boethius 14 87
Bonneval 34
Boron, Robert de 101
Bourges 40
Brahma 96
Braisne 34
Brie-Comte-Robert 34
Buddha 81 87 90
Bulteau, Abbé 12
Byzanz 82

Canterbury 44 45
Caphi 131
Caussade 103
Châlons-sur-Marne, Notre-Dame-en-Vaux *13*
Chambiges, Martin 39 131
Chartres 14 15 34 37 41 84 85 86 91 *8*
– Labyrinth 85 95 98 99
– Nordrose 11 35 40 44 45 82 84 124 125 *6 7*
– Schule von 13 14 15 81 82 84 85 91 125
– Südrose 35 40 44 90 126 *10 35–37 41*
– Westrose 11 34 35 40 82 84 93 94 98 122 123 136 137 *27 29*
Chrétien de Troyes 100
Christus 10 15 45 81 87 88 90 91 94 95 97 99 100 103
– Auferstehung von 44 81 82
– Christuskind 11 82
– Jüngstes Gericht 11 12 35 81 82
– Monogramm 33 87
Clark, Kenneth 13
Clermont-Ferrand 45 92 94 *2*
Cluny 7 13
„Compte del Gral" 100
Coucy-le-Château 33
Cynocephali 130

Dante, „Göttliche Komödie" 85 96 97 98 99
„De mundi universitate" 14
Dreifaltigkeit 15 97 102 103 122
Durham 7 *15*

Eckhart, Meister 97
Elincourt 33
Eliot, T. S. 94 95
Engelshierarchie 82 85
Eriugena, Johannes Duns Scotus 81
Erneuerung 90
Eros 14
Euklid 91 125
Evangelisten, Symbole 33 85 88
Ezechiel 33

Farbe 44 98
Fibonacci, Leonardo 15 125
Flamboyant-Stil 33 37 38

Gangaridae 131
Gazat, *siehe* Siz
Geomantik 129
Geometrie 8 15 83 91–94 122
Glasherstellung 42–44
Glaube 94 97
Glück (Schicksal) 87 88
Gnade 11 99
Goethe, J. W. von 90
Goldene Mitte 94
Goldener Schnitt 125
Gotik 7 39
Gralslegende 97 99–103
Grosseteste, Robert 96

Hagia Sophia 82
Heer, Friedrich 14
Heiligenschein 33 96
Heiliger Geist 11 15 83 84 90 94 95 99 100
„Hexameron" 14
Hildegard von Bingen, hl. 136
Honorius von Autun 87 128
Houdan *75*
Hugo von St. Victor 14

Ikonographie, typologische 8 81 82
Imago mundi 84 128
Individuationsprozeß 11 103
Intellectibilitas (Durchschaubarkeit) 14
Isidor von Sevilla 128
Islam 14 45 92 94

James, John 122–123
Johannes vom Kreuz, hl. 94 95 97
John von Salisbury 13 122
Joseph, Hermann 100
„Jüngerer Titurel" 100
Jung, Carl Gustav 11 84 88
Jung, Emma 100 103
Jungfrau Maria, hl. 2 10 11 15 34 81 82 84 88 90 91 97 103
Juwelen 43 85 95

Kariye Camii, Istanbul 12
Karl der Große 101
Katharina, hl. 88–90
Koran 13
Koritzer, Matthias 122
Kosmos, *siehe* Universum
Kreis (in Verbindung mit Kreuz oder Quadrat) 10 33 45 94
Kreuz, griechisches 8
–, lateinisches 8
Kreuzzüge 11 13
Künste, freie 82 83

Lancing 38 *18*
Laon, Nordrose 35 82 97 *28 30 31*
– Ostrose 45 82 83 84 90 *32 33*
– Westrose 8 34 35 36 88 *34*
La Rochefoucauld 38 *80*
Laster und Tugenden 82 91 94
Lausanne 35 45 84 85 94 102 128–130 *38 39 68 69*
Leonardo da Vinci 95
Licht 7 44 95 96 98
Lichthof 44 45
Liebe 14 15 92 97 100
Liebeshöfe 97
Lieu-Restauré 38 *60–63*
Limoges 40
Lincoln 35 43 *19*
Logos 10 14 15 40 81 86 90 91 92 125
London, St. Paul 38 40
– Westminsterabtei 40
Lotus 87 96
Lyon, Kathedrale *83 84*
– Saint-Bonaventure 38 *73*

Mailand *52*
Makrokosmos 84 86 95
Mâle, Emile 81 82 85 87 91
Mandala 10 11 15 81 84 86 95 98 103
Mantes 11 34 42 47 82 *65*
Maßwerk 35
McNamara, William 10
Melun 47
Merlin 101 102
Monate und Jahreszeiten 84 128 129
Monogramm ☧ 33 87
Montereau, Pierre 36
Montreal 34
Musik 82
– Sphärenmusik 47 81
„Mysterien von Chartres" 100
Mystik 10 11 97 100

Natur 14 90 91 102
Neues Jerusalem 7 81 90 92 96 102 103
Nicolaus Cusanus 86
Normandie, Schule der 39
Noyon 34
Nürnberg, St. Lorenz 37

Oculi 33
Offenbarung, Apokalypse 8 82 98 102 103 136 139
Oppenheim, St. Katharina *43 44*
Orvieto 33 87 *47 48*

Paradies 81 84 85 102 103
Paradiesesflüsse 131
Paris, Nordrose 36 40 41 82 92 135 *11 40 127*
– Notre-Dame 8 34 35 40 44
– Sainte-Chapelle 8 38 43 102 138–140 *53 54*
– Südrose 36 40 41 45 92 94 *12*
– Westrose 35 88 91 134 *9*
„Parzival" 100
Paulus, hl. 11 83
Pes manualis 123
Petrarca 98
Philosophen-Stein 100
Plato 14 81 83–85 92 122
Platon, feste Körper des 83
Plotin 14
Prester John 84 102 128
Pygmäen 131
Pyromantia 129 131
Pythagoras 14 85 86 91 95 122

Rad 33 34 83 86–90
– Glücksrad 34 87 88 89
– der Gelehrsamkeit 83
Reims 36 37 41 47 66 67 *4 5*
Rodin, Auguste 8 16 48 81 104
Romanik 7 33 34 39
„Romanze von der Rose" 97
Rose 15 81 83 96 97–99 102
Rosenkranz 98
Rouen, Kathedrale 36 37 39 40
– Saint-Ouen 38 92 95 *45 57 58*
Runder Tisch 100 101 102
Ruskin, John 91

Saint-Denis 7 34 36 41 88 *26*
Saint-Germain d'Auxerre 37
Saint-Germain-en-Laye 36 37
Saint-Germer-le-Fly 36
Saint-Maixent-l'École 38 *81*
Saint-Omer 38 *76*
Saint-Quentin 36 37
Salomon 101
Satyr 131
schöpferisches Prinzip 14 15, *siehe auch* Logos
Schöpfung 39 82 84 90 95 130
Sciapodes 131
Sées 36 37 40 45 94 *14 42 78*
Senlis 34
Sens 34 38 39 40 43 92 95 *71 72 82*
Seraphim 85
Silesius, Angelus 97
Simon, Jacques 41
Siz 102
Soissons, Kathedrale 82 *20*
– Saint-Jean-en-Vignes *21*
Sokrates 83
Sonne 83 95
Sterne, Stern Davids 92 95
Straßburg 39 *3 59 79*
Suger, Abt 7 8 34 87 96 98

Tao 12
Tarascon 33 *22*
Taube 11 15 90
Tempelritter 100
Theophilus 41 42
Thierry von Chartres 14 15 122
Thomas von Aquin, hl. 94
Thummim, *siehe* Urim
Todi 33
Toledo 43
Toulouse, Notre-Dame-de-la-Dalbade 38 *74*
Tours 40 44 92 *56 64 85*
„Traum des Gerontius" 95
„Traum des Scipio" 85
Triest 35
Troyes 38 39 40

Universum 83–86 91 92 95 101 102
Urim und Thummim 101

Van der Meulen 14
„Venezianisches Glas" 43
Venus 97
Verkündigung 88
Villard de Honnecourt 46 88 92 93
Villars-Saint-Paul 33
Vincent von Beauvais 83 90
Viollet-le-Duc, Eugène 8 9 35 36 37 44
Vitruv 94

Washington DC 38 *17*
Weisheit 82 97 103 *31*
Wolfram von Eschenbach 100 102
„Wolke des Nicht-Wissens" 11

Yin Yang 12
York *16*

Zahlen 14 91 92
Zisterzienser 97
Zodiakus 82 84 88 92 96 128 129